CHONGQING FINANCE

重庆金融

2019

重庆市地方金融监督管理局 编

西南师范大学出版社
国家一级出版社 全国百佳图书出版单位

图书在版编目(CIP)数据

重庆金融．2019 / 重庆市地方金融监督管理局编
．— 重庆：西南师范大学出版社，2020.2
ISBN 978-7-5697-0156-2

Ⅰ．①重… Ⅱ．①重… Ⅲ．①地方金融事业－经济发展－研究－重庆－2019 Ⅳ．①F832.771.9

中国版本图书馆CIP数据核字(2020)第001503号

重庆金融2019

CHONGQING JINRONG 2019

重庆市地方金融监督管理局 编

责任编辑：李 炎
封面设计：杨 涵
排　　版：重庆大雅数码印刷有限公司·夏洁
出版发行：西南师范大学出版社
网址：http://www.xscbs.com
地址：重庆市北碚区天生路2号
市场营销部电话：023-68868624
邮编：400715
印　　刷：重庆荟文印务有限公司
幅面尺寸：170mm×240mm
印　　张：22.5
字　　数：368千字
版　　次：2020年3月 第1版
印　　次：2020年3月 第1次印刷
书　　号：ISBN 978-7-5697-0156-2

定　　价：86.00元

序

2018年，在重庆市委、市政府的坚强领导下，重庆金融业认真贯彻落实党的十九大和全国金融工作会议精神，紧紧围绕服务实体经济、防控金融风险、深化金融改革三项任务，坚持“回归本源、优化结构、强化监管、市场导向”四大原则，着力增强行业综合实力、核心竞争力和抗风险能力，营造良好金融生态，有力防控地方金融风险，行业发展势头良好，稳中有进。2018年，全年全市金融业增加值1938.88亿元，同比增加6.9%，占GDP比重9.5%。金融机构加快集聚，市场体系更趋健全，全市金融业机构1853家，机构门类进一步齐全。全市银行业不良贷款率、小额贷款公司不良资产率和融资担保公司代偿率分别为1.08%、4.58%、2.36%，均远低于全国平均水平，全市金融风险总体可控。

在全市金融业的共同支持下，《重庆金融2019》得以编辑出版。本书分为综合篇、改革篇、运行篇、创新篇、环境篇、机构篇、重要事件篇以及附录八个部分，包含重庆市金融业发展的重要数据、深化改革、市场运行等内容，系统地记录了2018年重庆金融业发展的重要数据、重大项目进展、金融改革开放成果，是重庆金融业发展的权威记录。

2019年，面对复杂多变的国内外形势，重庆金融业将继续紧扣习近平总书记对重庆提出的“两点”定位、“两地”“两高”目标、发挥“三个作用”要求和营造良好政治生态的重要指示要求，全面贯彻落实市委、市政府决策部署，坚决打好“三大攻坚战”，大力实施“八项行动计划”，坚持“稳增长、防风险、严监管”，全面不断提升金融服务实体经济能力，增强金融改革创新发展动力，加强金融监管和风险防控，扩大金融对外开放，增强重庆市金融集聚辐射能力。

希望《重庆金融2019》能够为重庆金融业发展贡献绵薄之力！衷心祝愿重庆金融业发展得更好。

《重庆金融2019》编辑部

2019年10月14日

目录

第一篇　综合篇

第二篇　改革篇

第三篇　运行篇

第四篇　创新篇

第五篇　环境篇

第六篇　机构篇

第七篇　重要事件篇

附 录

第一篇　综合篇

第一章　重庆市金融业发展概况

2018年，在重庆市委、市政府的坚强领导下，重庆市地方金融监督管理局认真落实全市金融工作会议精神，牢牢把握服务实体经济的本质要求，坚持“强服务、严监管、防风险”，促进行业运行稳中有好，金融服务稳中有为，风险防范稳守底线，全面完成政府工作目标任务。

一、2018年重庆市金融业发展总体情况

（一）有力服务实体经济

一是持续增强融资保障。围绕实体经济融资需求，多渠道增强融资服务能力，有效保障重大战略、重要行业、重点领域落地实施，确保融资总量合理增长，全年新增地方社会融资4800亿元左右，高于全国平均。促进信贷加快投放，推动市政府与国家开发银行、中国农业发展银行、中国工商银行、中国建设银行、平安集团等8家大型金融机构签订战略合作协议，争取信贷支持4000亿元。出台实施《重庆市银行业支持实体经济发展若干措施》，抓好“政银企”三端协同发力，会同行业管理部门形成“双百”和重点监测企业融资需求清单，每季度组织“政银企”对接活动，引导更多信贷资源流向实体经济。全年全市新增贷款3796.8亿元，同比多增903.5亿元。截至2018年12月末，全市贷款余额3.22万亿元，同比增长13.5%，高于全国0.6个百分点，增速创近三年新高；存款余额3.69万亿元，同比增长5.8%。

二是进一步夯实上市工作机制。推动市政府印发实施《提升经济证券化水平行动计划》，部署了17项重点工作和保障措施，明确工作目标，落实区县上市主体责任和行业部门主管责任，建立上市工作片区责任制和中介顾问团，推动上市税收补贴政策落地，形成多方助推企业上市的新格局。大力提升上市资源储备质量，建立“重点拟上市资源企业名录”，聚焦80家拟上市重点企业，进行

重点跟踪服务，筛选50家科创板拟上市企业储备名单，加快科创板上市准备工作。推动上海证券交易所（以下简称“上交所”）资本市场服务重庆基地落地运营，深化与中国香港证券交易所（以下简称“港交所”）、中国香港中资证券业协会的合作备忘录，在医疗、教育行业中，培育储备10家拟到中国香港上市的企业。协调解决长江造型的专利纠纷、有友食品的“三类股东”清退、神驰机电保险赔付等事宜，“一对一”帮助企业解决上市困难。全年发行各类债券融资工具1407.2亿元，同比增长17.7%，利用资本市场实现融资2336.3亿元。新增上市企业2家、新三板挂牌企业10家。

三是持续加力稳定企业现金流。聚焦支柱行业和重点企业，加大政策引导和工作协调力度，“一企一策”协调解决融资困难。截至2018年12月末，累计成立债权人委员会1012个、覆盖贷款1.88万亿元，帮扶企业56家。推动10家企业开展联合授信试点，确定授信额度8285亿元。努力保障支柱产业骨干企业资金流，通过支持企业稳贷增贷、处置资产、优化负债结构等方式，有效解决力帆、隆鑫、北汽银翔等10余家企业债券兑付、复工生产等困难。开展规模以上民营企业走访行动，走访企业5096家，为1492家企业提供转贷、续贷、增信等融资支持321亿元。认真落实涉企30条政策措施，督促金融机构规范收费、实行差别化利率定价、规范第三方机构合作，降低融资成本，全年企业贷款平均利率5.38%，走势总体稳定。

四是进一步强化薄弱领域金融服务。推进企业信贷产品创新，引导金融机构加快“无本续贷”“税易贷”等产品创新，为民营企业、小微企业提供免抵押担保、审批简便的纯信用贷款，有效降低融资成本和还贷压力。推动12家银行、32家担保公司、3家保险公司参与“政银担”“政银保”“政银”等贷款风险共担机制，对小微贷款损失额按比例进行分担。加快金融扶贫示范区建设，推动中国农业发展银行向14个贫困区县投放长期、低息贷款110.27亿元。围绕深度贫困乡镇农村公路建设、乡村振兴、人居环境整治等项目，向18个深度贫困乡镇放贷60亿元，金融精准扶贫贷款余额1051.6亿元，同比增长22.2%。强化农村产权抵押融资服务，建立农村产权抵押融资信息系统，形成了交易鉴证、融资、处置、风险补偿一体化服务体系，累计实现农村产权抵押融资1305.86亿元，同比增长13.3%。构建面向“三农”的金融服务网络，积极开展县、村两级金融服务组织试点，实现全市行政村基础金融服务100%覆盖。深入推进农业保险倍增计划，农业保险持续“扩面、增品”，农产品收益保险扩大到9个品种，为全市1.83万户次农户提供收益保障金17.88亿元。“农业保险+支农融资”试点实现18个贫困区县全覆盖。推动巴南、涪陵等19个区县纳入巨灾保险试点范围，为全市1815万人提供风险保障金28.3亿元。全年实现保费收入806.2亿元，同比增长8.3%，高于全国4.4个百分点。

五是有效发挥新型金融机构功能。引导小额贷款行业增资提质，小额贷款公司实收资本1047.4亿元，较年初新增239.9亿元，贷款余额1621.9亿元，同比增长4.6%，综合实力居全国第一。其中，开展网络小额贷款业务的公司53家，贷款余额1086.8亿元，同比增长8.2%。融资担保在保余额2719亿元，同比增长5.8%，业务规模位居全国第3位，融资担保放大倍数4.1倍，是全国的2.8倍。全年新增股权投资类企业共29家，对外投资97.9亿元。加快建设“2+N”要素市场体系，支持油气交易中心拓展境内外市场，交易规模达150.8亿元；引导科技要素交易中心强化知识产权质押融资功能，完成交易896笔；强化重庆股份转让中心（重庆OTC）股权融资功能，融资总额34.1亿元，同比增长46.5%。全年要素市场交易规模5737.9亿元。

（二）稳步推进金融改革开放

一是扎实推进重点项目落地运营。全力推动金融中心建设，围绕28个重点项目，加大争取协调力度，推动项目落地运营。推动中保登运营系统顺利上线运行，实现保险资产管理产品的登记、发行等功能，已完成1.3万亿元份额登记，新发行产品2000亿元。富邦华一银行落地设立，填补了重庆市台资银行空白。推动全国首家巨灾风险管理公司——巨灾科技落户重庆市，泰康养老社区加快建设。江北嘴国际投融资路演中心与64家金融机构、产业园区签署战略合作协议，为400多家企业提供对接服务。信用增信机构已初步确定基石股东，有力推进合资证券公司、消费金融公司、全国性农业（财产）保险公司设立。推动长江经济带生态保护和综合治理专项资金落地，扩大补充抵押贷款（PSL）资金覆盖到生态环保、清洁能源、科创研发等领域，储备重点项目17个。牵头制定市级政府性融资担保机构整体方案，市政府已经同意，正在推进实施。推动重庆市纳入国家融资担保基金首批合作范围，市小微担保公司作为唯一直保类机构入围并获得100亿元授信额度。推进金融标准创新试点，积极争取国家金融科技及创新业务认证和服务“双中心”落地。

二是持续扩大金融领域开放。推进金融专委会工作，明确了“创品牌、谋创新、促协同”的工作思路，形成4类16项政策创新及重点项目双清单。推广运用双向人民币融资、多种贸易业态结算便利化试点等27项开放创新政策，积极争取合格境内投资者境外投资（QDIE）试点、人民币资产跨境转让、放宽跨境人民币资金池准入门槛等一批创新政策。牵头制定跨境人民币业务推广工作方案，扩大跨境人民币在贸易结算、跨境融资、跨境投资三大领域应用，促进跨境人民币业务持续快速发展。金诚互诺保险、百计信用管理等32家机构成功落地，中信银行、华夏银行、兴业银行等在渝分行融资性保函、境外机构境内外汇账户（NRA）离岸审批等17项服务功能持续深化。专业医疗保险机构设立、“新加坡‘一带一路’保险联合体”永久会址等一批项目抓紧推进。成功推动中国西部地区首笔跨境房地产信托基金赴新加坡上市，募集资金3.96亿新加坡元。全年实现跨境直贷、内保外贷等跨境融资34个项目、金额16.7亿美元，实际利用外资23亿美元，完成全年目标。加快物流金融创新，全国物流行业结算中心系统上线运行，创新设立内河航运提单，强化铁路提单物权凭证功能。

三是成功举办首届中新金融峰会。峰会聚焦金融支持陆海新通道、跨境金融服务、普惠金融合作、金融科技、物流金融等重点领域，邀请中外金融界、工商界、学术界以及西部10位省、自治区政府领导等重要嘉宾100余人参加，将中新金融合作覆盖面和影响力深化拓展到东盟国家和西部地区。峰会形成中新加强金融合作，共同推动“政策创新、服务创新、平台创新、机制创新”四点倡议；达成跨区域金融合作制度创新、支持陆海新通道基础设施金融需求、跨区域风险防控协同处置机制、推动物流金融服务创新等“陆海新通道”金融合作十点共识。西部十省、自治区、直辖市地方金融监管部门就建立西部地区监管协作和常态化信息沟通机制达成一致。

（三）稳守金融风险底线

一是全面加强地方金融监管。认真落实全市金融工作会议精神，扎实推动地方金融监管体系改革，制定《进一步加强地方金融监管工作的意见》。进一步提升地方金融监管能力，市金融监管局挂牌成立，完成融资租赁、商业保理、典当“三类机构”转隶接收。完善监管制度，制定小额贷款公司银行账户管理指引、融资担保公司监督管理办法等15项制度规范。强化日常监管，对标、对表整治和验收各项要求，完成对53家网络小额贷款公司全覆盖、全流程、全方位的实地验收，获银保监会领导充分肯定。重新确定系统重要性融资担保机构名单，严格实施全覆盖监管评价，下发监管文书84份，下调13家机构监管评级，暂停业务4家。启动27家异地交易场所在渝展业机构稳定风险排查，针对风险机构采取监管约谈、风险预警、整改通知等措施，下发监管意见80余件，开展约谈近40次。推进小额贷款、担保行业减量增质，引导7家问题机构平稳有序退出，支持21家机构通过引进战略投资、合并增资等方式实现重组。加快不良资产处置，支持银行核销不良贷款124.4亿元，同比增长60.3%；推动资产管理公司收购不良资产793.9亿元，同比增长61.4%。截至2018年12月末，银行不良贷款率1.08%，低于全国0.8个百分点；小额贷款公司不良资产率和融资担保代偿率分别为4.58%、2.34%，远低于全国平均水平。

二是打好防范化解重大风险攻坚战。制定实施《防范化解金融领域重大风险工作方案》，按照"年度化、项目化、清单化"要求，聚焦信用卡不良中介、保险欺诈、债券违约、私募股权投资基金等6大领域风险，制定年度实施方案和任务清单，对重点任务进一步细化分解，落细、落实部门责任，按季进行督察考核，确保各项工作有序推进。分类实施整治行动，推动建立信用卡不良风险信息共享和协调化解机制，信用卡不良余额、不良贷款率、呆账余额、呆账率实现"四下降"。建立债券兑付监测预警机制，及时掌握资金使用、项目进度、兑付资金准备等情况，妥善处置重钢矿业、重粮集团债券风险，全年债券兑付实现"零违约"。采取非现场核实和实地查看相结合的方式，全面摸排私募基金机构潜在兑付风险、舆情风险和失信风险，专项核查华融渝富、亚信基金2家重点机构，分类处置的427家私募基金。推进反保险欺诈中心建设，加大保险欺诈案件线索筛查与侦办工作力度，并已筛查出可疑线索119条，涉及金额3600余万元，立案18起，抓获犯罪嫌疑人10余人。

三是有效化解涉众金融风险。积极推进P2P机构整改验收工作，出台P2P网贷风险应对工作方案和风险事件处置预案，督促机构通过提前清偿、缴纳本息足额保证金、业务剥离并提供保障措施等方式，化解存量风险。截至2018年12月末，全市P2P网贷机构36家、借款余额3.5亿元，分别较整治之初下降60%和96.2%。建成非法集资监测预警、信息共享、有奖举报和"指尖打非"四平台系统，积极构建风险"智能化预测"体系，全年新发案件81起，同比下降10%，18个区县实现“零发案”。组织开展陈案处置三年攻坚行动，建立全市陈案一览表和陈案处置攻坚行动“全流程”管理台账，全年化解陈案111起、化解率22.7%，重大案件审结33起，提前完成全年任务。截至2018年12月末，案件存量459件，同比下降6.1%，首次实现同比减少。

(四)全面加强从严治党

重庆市地方金融监督管理局党组认真履行全面从严治党主体责任，深入学习贯彻习近平新时代中国特色社会主义思想和党的十九大精神，坚决肃清孙政才恶劣影响和薄熙来、王立军流毒，引导党员干部牢固树立“四个意识”，坚决做到“两个维护”，严格落实市委“三个确保”政治承诺，切实担负起管党治党政治责任。扎实推进“两学一做”学习教育常态化、制度化，认真落实意识形态工作责任制，全年召开党组理论学习中心组学习会议14次，结合党支部“三会一课”、主题党日、红岩讲习、专题宣讲报告等多种方式，推动理论学习往深里走、往实里去。结合机构改革进一步夯实机关党组织建设，加强了对金融行业党组织建设的指导力度，通过组织开展“不忘初心，砥砺前行”交流座谈会、“三转一提高”大讨论、金融服务进社区志愿服务等活动，进一步加强作风建设，引导党员干部积极拥抱新时代、践行新思想、实现新作为，为顺利完成各项工作任务提供了坚强的思想、政治和组织保证。积极支持派驻纪检监察组履行监督执纪职能，大力加强党风廉政建设和反腐败工作，认真贯彻落实中央八项规定精神和市委实施意见，深入开展集中整治形式主义、官僚主义等专项治理，通过开展“以案四说”警示教育、集中收看违纪违法干部忏悔警示录、参观廉政教育基地、旁听庭审等方式，进一步强化日常教育管理监督，坚决将纪律和规矩挺在前面，教育党员干部做到知止存畏，增强拒腐防变能力。

二、2019年重庆市金融业发展工作重点

重庆市地方金融监督管理局将认真贯彻落实中央和市委、市政府工作部署，按照全市经济工作会议要求，围绕重庆市改革发展重点工作，特别是“三大攻坚战”“八项行动计划”的实施，坚持“稳增长、防风险、严监管”，不断提升金融服务能力，增强金融改革创新发展动力，全力防范管控化解各类金融风险，保持金融稳定运行，加快建设现代金融体系。重点做好以下4个方面的工作：

(一)稳定保障实体经济融资

一是持续拓渠引流，落实好市政府与国家开发银行、中国工商银行等大型金融机构总部签订的战略合作协议，推动融资规模持续扩大。二是落实金融支持实体经济18条政策，加强供需对接，通过定期组织政银企对接活动，建立债委会、联合授信、“一企一策”帮扶等机制，帮助企业解决资金难题。三是实施提升经济证券化水平行动计划，“一对一”解决企业关键问题。四是实施好农业保险保障倍增计划，推动巨灾保险试点升级扩面。

(二)稳步推进金融改革开放

一是争取机构牌照和业务创新政策支持，加快推动金融中心建设重大项目落地。推动消费金融、外资银行、信用增进等一批金融机构加快落地运营，推动市级政府性融资担保机构整合，壮大产业基金规模。二是争取国家开发银行PSL资金加快投放，做好重点项目资金对接。三是发挥中新金融峰会常态化交流平台作用，吸引东盟各国和西部地区更多市场主体加入，扩大金融合作领域。四是依托自贸区叠加中新金融合作的优势，争取金融科技创新，争取合格境内投资者境外投资(QDIE)、人民币贸易融资资产跨境转让、境外销售人民币理财产品等金融开放创新政策试点，深化西部省、自治区、直辖市中新互联互通陆海新通道金融合作。

(三)稳妥防范化解金融风险

一是继续打好防范化解金融领域重大风险攻坚战，持续深化6大领域风险专项治理，加强重点业态、重点区域、重点机构的管控整治，守住不发生区域性风险、不引发系统性风险的底线。二是对网贷机构，分类施策做好处置，提升打击非法集资智能化水平，加快推进案件处置。对债券兑付、私募基金风险，采取针对性措施预防处置。三是认真履行地方新型金融机构监管职责，持续加强市场准入、高管管理、运营管理、风险防控、市场退出等制度建设，着力提升行业韧劲和抵御风险能力。

（四）全面加强机关建设

一是把政治建设摆在首位，持续深入学习贯彻习近平新时代中国特色社会主义思想和党的十九大精神，切实加强理论武装，牢固树立“四个意识”，坚决做到“两个维护”，严格落实市委“三个确保”政治承诺。二是扎实抓好党的建设各项工作，加强制度建设，推动机关党的建设全面进步。切实加强党风廉政建设，按照市委“十破十立”要求，坚决彻底肃清孙政才恶劣影响和薄熙来、王立军流毒，营造风清气正的政治生态。三是运用好监督执纪“四种形态”，加强党员干部日常教育管理监督。严格落实中央八项规定精神和市委实施意见，坚决反对形式主义、官僚主义，持之以恒正风肃纪，狠抓各项工作任务落实，努力把全面从严治党成果转化为推动发展的强大动力。

第二章　重庆市创新型金融发展概况

一、2018年重庆市创新型金融发展总体情况

(一)重庆市创新型金融发展概况

2018年,重庆市坚持金融服务实体经济的本质要求,加大对各类金融主体尤其是新型金融机构的引进和集聚,村镇银行、小额贷款公司、融资担保机构、要素市场、产业引导基金等各类新型金融机构极大活跃了重庆金融市场。同时,全市坚持把改革、创新、开放贯穿于各项工作,加快新型金融转型升级,着力提升创新型金融组织体系、市场体系、服务体系服务实体经济能力,有力推动了全市经济保持平稳快速运行。

截至2018年末,重庆新型金融机构已形成包含小额贷款公司、融资担保机构、融资租赁公司、股权投资公司、财务公司、汽车金融公司、消费金融公司、移动金融公司等在内的13个门类。其中,小额贷款行业资产总额1992.3亿元,小额贷款公司在营数量为284家,注册资本总额1047.4亿元,全市小额贷款公司贷款余额1621.9亿元,较年初增加70.6亿元,实现净利润31.5亿元;重庆市共有法人融资担保机构126家,较年初减少3家,注册资本总额383.1亿元,较年初增长1.38%,在保余额2395.9亿元,担保放大倍数4.4倍,当年代偿率2.36%,拨备覆盖率116.2%,风险总体可控;保险资产登记交易平台、石油天然气交易中心、重庆金融资产交易所等全国性市场形成了要素市场体系的重要支撑,重庆股份转让中心等区域性市场改革创新取得新成效,全年要素市场交易总额为5737.9亿元;截至2018年12月末,全市备案股权投资类企业注册资本(认缴出资)为3383.56亿元(其中:管理公司75.67亿元,基金3307.89亿元),较2017年新增320.84亿元。实收资本1439.62亿元,累计对外投资金额1367.81亿元,较2017年新增投资金额97.87亿元。此外,信托公司信托资产规模3694.86亿元,较年初增长1.38%,企业集团财务公司各项贷款190.31亿元,汽车金融公司注册资本增至47.68亿元,贷款余额328.89亿元。

(二)创新型金融服务实体经济情况

2018年,重庆市金融业深化改革创新,构建现代金融机构体系,提升服务能力,促进创新型金融机构对实体经济的服务,构建了良好的金融生态环境。

1.构建现代金融机构体系,增强金融服务能力

立足实体经济需求,积极争取国家各类机构牌照,力争形成功能齐备的金融机构体系。一是丰富机构门类。积极争取信用保证保险、财务公司、消费金融、金融保理、金融租赁、第三方支付等机构牌照。稳妥发展互联网金融,积极引进国内知名互联网企业来渝新设,支持线下企业转型线上经营。二是壮大法人金融机构。推动市属金融机构境内外上市,壮大资本规模,提高企业治理水平和经营管理能力。目前,已有西南证券在上交所上市,重庆银行、重庆农村商业银行、瀚华金控在港交所上市。三是稳健发展创新型机构。融资担保公司、小额贷款公司、私募股权投资企业共计约1000家。截至2018年末,重庆市小额贷款公司贷款余额1621.9亿元。

2.拓展多元化融资渠道,优化社会融资结构

围绕投资重点和主要融资需求,着力调整融资结构。一是发挥多层次资本市场作用。充分借助场内外、股票债券等多层次资本市场融资,2018全年实现直接融资增量285.83亿元,同比增加240.32亿元。其中,企业债券净融资增量250.23亿元,同比增加261.28亿元;非金融企业境内股票融资35.60亿元,同比减少20.96亿元。委托贷款、信托贷款、未贴现银行承兑汇票等表外融资合计减少199.06亿元,同比多减225.38亿元;地方政府专项债券增加641.00亿元,同比少增74.40亿元。二是积极创新非金融企业超短期融资券、永续票据、资产支持票据、非上市公司公司债、项目收益支持票据等产品。2018年,发行超短期融资券27只157亿元,发行短期融资券8只52亿元,发行中期票据29只253.5亿元,发行非公开定向债务融资工具37只228.5亿元,有效满足了投融资各方对发行期限、发行方式等多维度的个性化需求。二是创新发展投融资业务。大力发展股权投资基金,做大私募股权基金规模。截至2018年末,全市共有备案股权投资类企业707家,注册资本(认缴出资)为3383.56亿元。

3.构建金融要素市场平台,完善资源配置功能

积极创新交易机制,提高市场效率和功能,增强地方要素市场集聚辐射效应,逐步实现价格发现、资源配置、降低成本、维护市场秩序和金融结算5大核心功能。一是发展壮大交易场所。鼓励现有14家交易场所立足自身定位,创新交易机制和服务,加快发展步伐。历年累计交易额7万亿元左右。二是丰富交易品种。已形成资产、权益和商品合约三大交易板块。全国保险资产登记交易系统落户,重庆药品交易所、重庆联合产权交易所、重庆股份转让中心对全国的辐射带动效益初步显现,重庆汽摩交易所、重庆农村土地交易所、重庆航运交易所等市场加快建设具备交易结算、电子商务、融资增信等功能的综合服务平台。三是创新开展“互联网+”业务。重庆药品交易所建成全流程电子商务公共服务平台,并建立医药公信网和探索开展多样化电商业务新模式;渝涪交易市场积极打造榨菜产品国际电子商务平台。

4.创新金融产品和服务,强化薄弱环节金融服务

积极发挥政府引导作用,引导机构下沉服务、下沉资金,金融精准扶贫助推脱贫攻坚成效明显。2018年12月末,重庆银行业涉农贷款余额5380.19亿元,同比增长6.09%。一是开展“金融进村扶贫服务”普惠工程,实现重庆市18个深度贫困乡镇中166个行政村布放农村支付服务基础设施,覆盖率由84.3%提升至100%。二是完善扶贫小额信贷产品。拓宽扶贫小额信贷产品的覆盖范围,创新扶贫小额信贷支持方式,加强对产品使用的督导力度。截至2018年末,全市扶贫小额信贷余额42.87亿元,较年初增加22.35亿元,增幅108.93%,已获贷款贫困户数10.3万户,增幅102.68%。三是放大贫困家庭生源地助学贷款额度。开展生源地补充助学贷款,针对建档立卡贫困户家庭学生给予额外1000~8000元的贷款额度。四是优化创业担保贷款政策。将创业担保贷款的政策覆盖面扩大至建档贫困人口以及招聘贫困人口就业的小微企业,放大贷款额度、贷款期限由2年延长至3年,增强政策支持效用。五是切实督导“金融扶贫服务站”组建和“金融进村扶贫”宣传,坚持“扶贫+扶智”的宣传方式,加大对移动支付安全使用注意事项、银行卡助农服务、“防骗识骗,护好钱袋”为主题的防范电

信网络诈骗等金融知识宣传力度，形成金融助推深度贫困地区脱贫攻坚的浓厚氛围。截至2018年末，全市服务农村的银行和非银行支付机构（以下简称“支付机构”）达40余家；银行卡助农取款服务点11358个，村级行政区覆盖率达100%，其中加载电商功能的服务点1740个；县域农村移动支付用户2096.8万户，全年办理交易1.4万亿元，同比分别增长16.8%和20.6%。

二、2019年重庆市创新型金融发展工作重点

2019年，重庆市将进一步完善和规范全市创新型金融行业体系，紧紧围绕“严监管、防风险、促发展”三条主线，在提高创新型金融服务实体经济能力与效率的同时，提高监管有效性，推动行业可持续健康发展，牢牢守住不发生系统性和区域性风险的底线。

（一）推动创新型金融行业体系建设

深入把握中国（重庆）自由贸易试验区和中新（重庆）战略性互联互通示范项目机遇，加快推动重庆金融对内对外双向开放，支持非银行类金融机构及创新型金融机构加快发展。建立完善再担保体系，继续推进金融保理试点，及时总结前期试点经验，支持机构在严守风险的前提下创新产品和服务；推动地方资产管理公司稳步运营。

（二）支持创新型金融服务经济薄弱环节

重庆市认真贯彻落实国务院关于缓解企业融资难、融资贵和金融精准扶贫的政策部署，把服务薄弱环节作为创新型金融的工作重点。通过支持再担保公司推进体系建设、创新业务模式、推动银担合作、整合行业资源，发挥支持小微企业和“三农”融资服务的合力，促进融资担保行业在服务实体经济中的有效运用。

（三）强化创新型金融行业监管及风险防控

一是严监管。研究创新类机构日常监管模式，制定一批监管制度，丰富和细化监管手段及措施，明确市、区（县）两级监管部门分工，落实监管责任，提高

非现场监管的有效性。二是防风险。按照国家和重庆市工作部署，按时高质量完成互联网金融风险专项整治工作；防控融资担保行业风险，建立风险台账，做好后续处置和风险化解工作，确保不发生系统性和区域性风险。

(四)积极发挥行业协会作用

充分发挥小额贷款行业、融资担保行业、私募投资基金行业、要素市场等行业协会作用。加强协会对行业的业务指导和合规管理，指导协会丰富自律手段，探索建立协会工作人员激励考核制度，为推动全市创新型金融持续稳定健康发展贡献力量。

第三章　重庆市金融重点工作情况

一、重庆市建设金融中心情况

2018年，重庆市金融业认真贯彻全国金融工作会议和全市金融工作会议精神，紧紧围绕服务实体经济、防控金融风险、深化金融改革三项任务，扎实推动稳金融各项工作，较好完成了市委、市政府各项工作部署。

（一）行业发展取得新进步

金融业在服务经济高质量发展中，实现自身发展壮大。截至2018年末，全市金融业增加值增长6.9%，占GDP比重9.5%，创直辖以来新高；各类机构数量1853家，实现税收320.1亿元，占全市比重11.1%，对经济的贡献度进一步提升。全年新增社会融资5000亿元，同比多增412亿元；存贷款余额分别增长5.8%、13.5%，贷款增速是近三年的最快水平；存贷比87.4%，高于全国9.7个百分点。新增上市公司2家、新三板挂牌10家。发行各类非金融企业债券1198.2亿元，增长16%。保费收入突破800亿元，增速高于全国4.3个百分点。小额贷款公司贷款余额1622亿元，占全国的17%；融资担保公司在保余额2719亿元，处于全国第3位。

（二）融资服务取得新成效

围绕融资保障的重点领域和重点企业，加强面上对接，做好点上协调，稳定了融资基本面。市政府与国家开发银行、中国工商银行、平安集团等8家金融机构签订战略合作协议，争取融资支持和一批重大合作项目落地。建立"政银企"常态对接机制，发挥好债委会和联合授信机制作用，点对点协调解决重点骨干企业债务风险，帮助力帆、隆鑫、北汽银翔等重点企业稳贷增贷211.7亿元。制造业贷款余额增长10.4%，较年初提高18.2个百分点。扎实开展专题走访全部规模以上民营工业企业活动，为1645家企业提供转贷、续贷、增信等融资支持321亿元，有效提高民营企业获得感、满足感。

（三）改革开放取得新突破

围绕建设现代金融体系，推动金融改革开放重点项目和政策落地。金融开放方面，成功举办首届中新金融峰会，吸引包括东盟8国等在内的国内外重要嘉宾100余人参加，推动46个主体达成36项合作协议，搭建起我国西部地区与东盟国家金融互联互通国际性平台。加强自贸试验区和中新互联互通项目创新政策推广运用，实现跨境融资16.7亿美元，平均利率低于境内1.15个百分点。机构创新方面，中保保险资产登记交易系统有限公司完成资产管理产品存量份额登记1.3万亿元、新发行产品2000亿元，富邦华一银行重庆分行填补重庆市台资银行空白，合资证券获证监会受理，小微担保首批纳入国家融资担保体系。长江经济带绿色发展（PSL）资金贷款余额达到663.8亿元，支持项目106个。服务创新方面，全国物流行业结算中心系统上线运行，创新设立内河航运提单产品。建成农村产权抵押融资信息系统，推进金融科技应用试点建设，开展县域普惠金融和村级金融服务组织试点。

（四）金融风险防范取得新实效

制定实施防范化解金融领域重大风险工作方案，6大重点领域风险攻坚开局良好。P2P网贷机构数量、业务规模、投资人数较整治初期实现“三下降”。非法集资新发案件连续4年保持同比下降，18个区县“零发案”，案件总存量同比减少6.1%，得到处非联办充分肯定。信用卡不良余额、不良贷款率、呆账余额、呆账率同比“四下降”，债券实现零违约，注销私募基金17家，保险欺诈立案18起。全面加强地方金融机构监管制度建设和事前、事中、事后监管，完成网络小额贷款专项整治验收，完成融资租赁、商业保理、典当三类机构监管职责转隶接收。小额贷款公司、担保机构增资240亿元，7家机构实现市场出清。小额贷款公司不良资产率和融资担保代偿率分别为4.58%、2.34%，远低于全国平均水平，没有发生重大风险事件。

（五）金融生态建设迈出新步伐

市委、市政府出台银行业支持实体经济发展20条，优化企业资产负债结构，提升经济证券化水平；出台农业保险保障倍增计划、地方金融监管工作意见等重大政策措施，回应社会关切，提振市场信心。中央与地方金融监管部门、公安、市场监督等部门和区县政府加强统筹协调，不断完善地方金融监管和风险处置机制，工作协同更加有力。加强财政金融联动，新增中小微企业担保费补贴资金3000余万元，撬动低费率融资担保40余亿元；应急转贷政策为1000余家企业转贷141亿元；安排企业上市奖补资金2700余万元；研究建立100亿元民营企业纾困基金。围绕中美贸易摩擦等主题，开展领导干部金融专题培训，成功举办“金融大讲堂”10期，培训区县领导干部、企业高管500余人次。

二、重庆市金融服务实体经济情况

(一)服务实体经济实现“三个增长”

一是资金投入大幅增长。2018年末重庆市银行业各项贷款余额3.26万亿元，同比增长13.5%，高于全国平均0.9个百分点，在各项存款仅增长2033.8亿元的情况下，各项贷款新增3796.8亿元，占全市社会融资规模的79.1%；2018年全市保险业实现保费收入806.1亿元，同比增长8.2%，赔付支出277.2亿元，同比增长7.9%，为经济发展、社会稳定发挥了突出作用。二是重大战略信贷投入持续增长。引导机构支持长江经济带川渝合作共建，助力中新(重庆)互联互通国际陆海贸易新通道建设，对接支持重大项目建设。全年支持“一带一路”倡议和长江经济带等融资余额超过1万亿元，较年初增长9%；为中欧班列(重庆)回程货物、长江航运等基础建设提供保险保障3004.2亿元；推动46家中新双方银政企主体达成36项跨境合作协议。三是普惠投入持续增长。圆满完成小微贷款“两增两控”目标，全年小微贷款利率6.78%，较第一季度下降0.35个百分点。小微企业首次办贷时长缩减40%。农村基础金融服务实现“全覆盖”，涉农贷款余额5344亿元，增长6.42%。扶贫小额信贷余额增长超过100%，32个区县扶贫小额信贷风险补偿金得到及时发放。推广“精准脱贫保”“产业扶贫保”等综合配套产品体系，167万名贫困人口受益。

(二)加大重点领域、薄弱环节金融支持

深化金融精准扶贫“四项行动”，推进扶贫再贷款定价机制试点，开展“万户百村行长扶贫行动”，金融精准扶贫贷款余额同比增长22.3%。在分管市领导支持推动下，形成多部门协同推进绿色金融的工作体系，启动实施金融机构绿色

信贷考核评价机制，成功构建绿色项目库。两江新区、万州区两大绿色金融示范区建设进展顺利，第三季度末纳入统计的绿色信贷余额较年初增长13.6%，成功发行90亿元绿色金融债券和辖区首单绿色标准公司债。按照"几家抬"的思路，联合十部门开展深化民营、小微企业金融服务专项行动，加快发展供应链金融，在9个区县推广知识价值信用贷款试点，建立65个中小微企业电票集中签发示范点，2018年12月末，辖区本外币私人控股企业贷款余额4749.5亿元；普惠口径的小微企业贷款余额1678.5亿元，同比增长11.1%，12月贷款加权平均利率6.78%，较6月建立统计制度时下降0.44个百分点。

（三）直接融资大力支持重庆市经济发展

2018年，全年重庆市境内资本市场融资2452.83亿元。其中，沪深交易所增发融资34.84亿元（太极集团增发融资19.97亿元，博腾股份增发融资14.87亿元），新三板挂牌融资9.12亿元，公司债券融资457.94亿元，企业资产支持证券融资1866.08亿元，重庆股份转让中心支持全市中小微企业实现融资84.85亿元。

（四）拟上市企业资源库不断夯实

截至2018年末，重庆市2家公司（长江造型、有友食品）已通过证监会IPO审核，5家公司在证监会排队待审，21家公司在重庆市地方金融监督管理局辅导备案；132家公司在新三板挂牌；755家公司在重庆股份转让中心挂牌。同时，一批优质企业具备上市潜力，积极谋求上市发展，为上市公司五年倍增计划打好基础。

（五）市场机构服务实体经济能力增强

2018年，西南证券积极开展财务顾问、债券承销以及挂牌推荐等投行类业务。证券分支机构依托、协同公司资源优势和业务能力，如财通证券、申港证券等5家机构助力本地企业发行ABS、公司债等融资，支持地方经济建设。期货经营机构积极开展风险管理和定价服务创新，引导和帮助产业链上下游企业利用期货市场套期保值，同时，进一步扩大"保险+期货"业务试点规模，为农户提供了相应收入保障。私募股权和创业投资基金管理机构进一步规范发展，为企业创新发展提供支持。

第二篇　改革篇

第四章　重庆市深化金融改革情况

一、重庆市深化金融改革概况

(一)推进“绿色金融发展攻坚行动”重点工作取得显著成绩

一是通过推动召开全市绿色金融服务推进会、印发实施《2018年重庆市绿色金融任务落实责任清单》等方式，统筹开展绿色金融发展攻坚行动重点工作，绿色信贷及绿色债券等业务取得长足进步。二是丰富绿色环保企业诚信信息基础数据库和信息纠错、评价和修复机制，金融信用信息基础数据库涉及重庆企业环保信息同比增长近五成。三是加快指导绿色金融示范区建设。推动两江新区出台金融支持绿色产业园示范基地建设方案，基本完成绿色企业评价和绿色项目认定方法初稿，初步构建了绿色项目库，辖内11家绿色企业和区内金融机构顺利对接。万州区印发了《2018年绿色金融发展行动计划》，持续推进绿色信贷和绿色保险。四是推动重庆银行业金融机构绿色信贷考核评价机制建设。按照中国人民银行总行要求，印发实施《重庆市银行业存款类法人金融机构绿色信贷业绩评价实施细则(试行)》，并完成了对17家重庆地方法人金融机构三季度的绿色信贷考核评价工作。

(二)资产管理新规有序落地实施，资产管理业务乱象得到初步治理

在中国人民银行重庆营管部及金融监管部门的督导推动下，《关于规范金融机构资产管理业务的指导意见》及相关配套制度在辖区平稳落地并有序推进，辖内金融机构认真贯彻落实相关制度要求，自主制定过渡期整改方案，有序压降资产管理产品存量规模，积极推动增量业务转型，资产管理业务套利空间被挤压，快速无序发展的势头得以有效控制。截至2018年末，辖区内各银行存续的理财产品余额较年初下降16%；资金信托产品存续规模较年初减少12%。

（三）开发性、政策性金融改革继续深化，服务国家战略作用进一步发挥

国家开发银行、中国进出口银行、中国农业发展银行改革方案获批后，各行积极推动落实改革方案，研究推动业务划分，完善公司治理和内部组织架构。在分行层面，主要是贯彻落实总行工作要求，进一步发挥开发性金融、政策性金融服务国家战略的功能。如国家开发银行重庆市分行立足“发挥开发性金融在重点领域、薄弱环节、关键时期的功能和作用”，深化银政合作，积极参与重大专项、“两基一支”、民生领域等项目，棚改贷款覆盖全市20多个区县，惠及居民超过10万户。中国进出口行重庆市分行灵活运用多种信贷产品，大力推动外向型企业稳外贸，支持进出口贸易的贷款增量占全部新增贷款的比例78.77%。中国农业发展银行重庆市分行聚焦脱贫攻坚重点领域和薄弱环节，全年向全市18个贫困区县投放贷款154.06亿元，贷款余额576.24亿元，年末精准扶贫贷款余额465.96亿元，占全市金融机构精准扶贫贷款份额的43%，余额和占比均位列全市第一。

（四）中国农业银行三农事业部运行机制不断完善，经营能力和服务三农水平逐步提升

中国农业银行重庆市分行将“三农”服务纳入经营转型战略整体推进，明确三农金融事业部管理边界为“县域+涉农”，将辖内21个区县域行纳入三农金融事业部管理和核算，建立起“两部八中心”的管理架构，优化“三农”考评激励约束机制，修复县域行信贷功能，推动“大三农、新三农、特色三农”业务发展。截至2018年12月末，“三农”事业部分部各项贷款余额946.05亿元，同比增长18.85%，高于分行各项贷款增速6.17个百分点。

二、银行业深化金融改革情况

（一）对外开放水平不断提升

一是统一银行准入标准。按照银保监会《关于进一步放宽外资银行市场准入相关事项的通知》等工作要求，放宽、取消对辖内中资银行外资持股比例限制，实施内外一致的股权投资比例规则，持续丰富金融服务体系，外资银行开办代客境外理财业务、代客境外理财托管业务等四项业务由审批制改为报告制。

允许外资银行开展代理发行、代理兑付、承销政府债券业务，允许符合条件的外资银行分行经营人民币业务和衍生产品交易业务，引入首家台资银行富邦华一。

二是推动重大战略落地。以支持内陆开放高地建设为着眼点，配合修订《自贸实验区管理办法》和《中新互联互通工作要点》，深化“放管服”改革，推动简化自贸区机构、高管准入事项50余件，依托自贸区打造区域性功能性总部中心7家，投向“一带一路”和长江经济带等领域资金突破1万亿元，占各项贷款余额1/3，重大战略资金保障能力持续提升。

三是创新金融服务产品。指导辖内银行用好自贸试验区“1+4”监管政策和中新示范项目“1+3”金融服务体系，探索跨境金融新产品，降低融资成本。中国工商银行重庆市分行开立全球首份铁路提单国际信用证，率先在内陆地区实现铁海多式联运信用证结算，星展银行等机构通过“房地产投资信托基金(REITs)+银团贷款”方式帮助重庆本地企业砂之船集团在新加坡交易所成功上市，募集资金3.96亿新加坡元全额流入境内，帮助企业降低融资成本1.6个百分点，被新加坡交易所评价为在亚洲地区具有示范效应的经典案例，“本外币、境内外、离在案”一体化的金融服务体系不断完善。

(二)公司治理体系不断优化

地方法人机构初步建立起党的领导与公司治理有机融合的治理机制，并将党的领导写入公司章程。督促地方法人银行认真落实《商业银行股权管理暂行办法》，股权结构、管理架构进一步优化，全面风险管理和内审稽核体系建设持续加强。重庆农村商业银行、重庆银行、重庆国际信托股份有限公司等地方法人机构在全国同业中的品牌地位不断巩固提高，金融租赁公司、财务公司、村镇银行转型发展逐步加快。

(三)风险防化能力不断提高

一是强化对银行市场乱象的整治。组织开展公司治理、理财展业、违规销售、非法集资等重点领域专项检查，实施行政处罚17次，处罚金额920万元，对两人同时做出“禁止终身从事银行业工作”和“取消高管任职资格终身”的顶格处罚，市场乱象得到有效遏制，银行业发展环境进一步净化。

二是强化对企业债务风险的化解。先后印发《关于进一步加强银行业金融机构债委会工作的通知》《关于进一步加强重庆银行业债权人委员会工作的意见》，助力防化企业债务风险，保护银行债权。截至2018年末，辖内共组建债权人委员会1012家，实现了融资余额1亿元以上企业债委会全覆盖，为重点企业新增贷款768亿元、续贷转贷2632亿元，有力支持力帆、北汽银翔、隆鑫、东银、重庆能源投资等企业化解债务风险。按照《银行业金融机构联合授信管理办法》要求，在全国率先完成联合授信试点企业签约，压降10户企业集团过度授信336亿元，充分发挥联合授信机制规范企业融资，防范多头授信、过度授信风险积极作用。

三是强化重点领域风险防控。指导辖内银行机构处置不良贷款393亿元，同比增长43.5%，压降不良"剪刀差"至91%，较年初下降10个百分点，三年来首次低于100%。压降信用卡不良贷款率至2.28%，呆账率至1.5%。推动落实差别化房贷政策，有效遏制全市居民杠杆率上升态势，辖内融资平台贷款继续保持无逾期、无不良。

（四）支持实体发展不断巩固

一是大力发展普惠金融。推动大中型银行和地方法人银行普惠金融事业部、三农事业部，绿色金融事业部落地。出台"降成本十条"措施，辖内银行业金融机构圆满完成小微贷款"两增两控"目标，全年贷款利率6.78%，小微企业首次办贷时长缩减40%。

二是积极支持乡村振兴。印发《关于金融服务乡村振兴战略的实施意见》，涉农银行和3家地方法人银行出台专项行动计划和实施意见10余项，涉农贷款余额5344亿元，同比增长6.4%，重庆全辖38个区县，850个乡镇，8492个行政村，实现了农村基础金融服务100%全覆盖，覆盖率较2017年末提高0.41个百分点。出台《关于进一步做好扶贫小额信贷工作的通知》，推动扶贫小额信贷由18个扶贫重点区县向其他15个有扶贫开发任务的非重点区县延伸，截至2018年末，全市扶贫小额信贷余额42.87亿元，较年初增加22.35亿元，增幅108.93%，已获贷款贫困户数10.3万户，增幅102.68%。战略性新兴产业的融资余额为2550亿元，较年初增长17%。

三是不断推动创新发展。坚持底线思维、红线思维，鼓励辖内银行业金融机构创新体制机制，对新产业新业态新模式给予恰当的融资支持，促进产业转型升级创新发展，辖内银行支持科技型企业贷款余额1133亿元，户数3851户，分别较年初增长42%和267%。战略性新兴产业的融资余额为2550亿元，较年初增长17%。

三、证券业深化金融改革情况

（一）资本市场发展总体情况

1. 资本市场融资积极支持重庆经济发展

2018年，重庆市企业境内资本市场融资2452.83亿元，同比减少15.73%。其中，沪深交易所增发融资34.84亿元（太极集团增发融资19.97亿元，博腾股份增发融资14.87亿元），新三板挂牌融资9.12亿元，公司债券融资457.94亿元，企业资产支持证券融资1866.08亿元，重庆股份转让中心支持重庆市中小微企业融资84.85亿元。

2. 上市公司充分发挥稳定经济作用

从2018年第三季度披露情况来看，重庆市50家境内上市公司资产总额8874.08亿元，同比增长12.68%；前三季度实现营业收入2864.24亿元，与上年同期相比增加11.33%；归属母公司的净利润170.63亿元，与上年同期相比下降5.29%。在当前经济下行压力较大、转型升级调整关键阶段，上市公司在稳就业、稳外贸、稳投资等方面发挥了积极作用。

3. 证券基金经营机构增强服务实体经济能力

西南证券积极开展财务顾问、债券承销以及挂牌推荐等投资银行类业务。证券分支机构依托、协同公司资源优势和业务能力，如财通证券、申港证券等5家机构助力本地企业发行证券资产（ABS）、公司债等累计融资近28亿元，支持地方经济建设。私募股权、创业投资基金管理机构进一步规范发展，为企业创新发展提供了支持。

4. 期货经营机构立足自身优势服务产业发展

期货经营机构积极开展风险管理和定价服务创新，引导和帮助产业链上下游企业利用期货市场套期保值，同时，进一步扩大“保险+期货”业务试点规模，为农户提供了相应收入保障。重庆铝期货交割库自2017年开库运营以来,改善了辖区电解铝供应短缺的局面,巩固和促进了铝产业健康发展。

(二)资本市场监管服务重点工作

1.深入一线调研,服务地方经济高质量发展

重庆证监局认真贯彻落实习近平总书记在民营经济大会上的讲话精神,服务上市公司五年倍增计划。密集调研优质企业,提供IPO上市政策咨询和服务,及时向市委、市政府汇报相关调研情况。组织上市公司、新三板公司召开座谈会,走访上市企业,了解企业生产状况,及时将工作情况和建议报送证监会。在重庆证监局官网公布证券公司、证券分公司投资银行业务重庆负责人员信息表,方便区县政府、相关部门、企业、券商沟通联系。主持召开33家拟上市企业座谈会,向市政府报送工作建议报告,将拟上市企业诉求分区县、分部门提交市政府,建议市政府督促协调解决企业诉求,减少上市障碍。积极主动谋划布局,协调推动重庆市科技创新企业尽快登陆科创板。

2.倡导履行社会责任,做好资本市场扶贫攻坚工作

重庆证监局深入巫溪县天元乡扶贫调研,开展结对帮扶活动。鼓励上市公司、新三板公司结合自身产业优势,带动贫困地区产业发展。指导证券经营机构落实“一司一县结对帮扶”倡议,创新差异化扶贫方式。支持期货经营机构加大“保险+期货”试点力度。引导重庆股份转让中心设立产业引导基金,支持秀山土家族苗族自治县企业发展。初步统计,2018年,重庆市上市公司、新三板公司投入扶贫资金2.35亿元;辖区证券期货经营机构通过捐赠和公益扶贫投入资金374.5万元,帮助贫困区县融资17.2亿元,部分融资项目正在积极推进,以市场化“造血”功能提高贫困区县自我发展能力。

四、保险业深化金融改革情况

坚持“回归本源”,不断推动深化保险业服务实体经济,引导行业发挥保险服务和保障功能。

(一)服务全市重大战略

认真落实重庆自贸区保险监管简政放权试点政策。协同推进中保保险资产登记交易系统公司开业运行。支持出口信用保险发展,加大对重庆企业"走出去"的保险支持力度。推动科技与保险结合创新试点,加快发展首台(套)保险、重点新材料保险,服务国家创新驱动战略。推动提高中央财政保费补贴型农业保险保障水平,促进农产品收益保险提质扩面,稳步推进"保险+期货""保险+信贷"险资支农、土地流转保证保险创新试点,探索保险支农惠农新方式,服务乡村振兴战略。

(二)服务社会治理建设

加大协调力度,推动长寿、江津、黔江等19个区县开展巨灾保险工作,为全市1815万多人提供28.3亿元风险保障金。指导保险业做好有关区县地质滑坡等灾害的理赔工作。协同重庆市安监局落实《关于推进安全生产责任保险的实施意见》,联合印发《非煤矿山、危险化学品、烟花爆竹、金属冶炼行业安全生产责任保险实施细则的通知》,完成保险业务招投标。联合重庆市煤监局等下发文件调整煤矿安全生产责任保险保障范围和赔偿标准,指导完成2018年煤责险续保工作。

(三)服务社会保障体系

一是继续推进"孝老安康"工程、民政惠民济困保、失独家庭父母住院护理保险工作,不断织密特殊群体风险保障网。"孝老安康"为30万老年人提供风险保障,累计赔付6900人次;"惠民济困保"为119万困难人群提供保障,累计赔付3.5万人次。联系市人社局等单位,指导辖内公司参与重庆市长期护理保险、职业年金等重点民生领域。二是做好城乡居民大病保险和城镇职工大额互助保险服务。城乡居民大病保险承保2575万人,赔付65.5万人次;城镇职工大额医疗互助保险承保600万人,赔付100.5万人次。三是指导保险业做好长寿"4·21"强暴雨、武隆"5·20"地质滑坡等灾害的理赔工作,保障灾后稳定,促进灾后重建。

（四）服务助推脱贫攻坚

按照普惠与特惠相结合的思路，推动保险扶贫工作。协调市财政局、市农委出台针对建卡贫困户优惠5%保费的农业保险优惠政策。协调市扶贫办印发《关于做好2018年度“精准脱贫保”参保工作的通知》及其《补充通知》，完善保险保障内容，完成续保工作。在深度贫困乡镇推进产业精准脱贫保的承保工作，已在全市18个深度贫困乡镇全面落地，为1万余户贫困户提供风险保障1.59亿元。推进“精准脱贫保”综合保险在彭水苗族土家族自治县落地，在大垭乡开展试点。推动贫困户大病补充保险试点。调整优化贫困户大病补充保险的保障范围和保障额度；建立贫困户大病保险一站式理赔系统，实现基本医保、民政救济、大病保险、大病补充保险报销无缝对接。落实保险扶贫统计制度。

第三篇　运行篇

第五章　重庆市银行业发展情况

一、总体情况

（一）机构情况

截至2018年末，重庆辖内法人机构和市级分行达到109家，从业人员7.21万人，总量继续领跑中西部。2018年，推动成立2家自贸试验区分行、7家自贸试验区支行，已设立的离岸中心等区域性功能性总部中心达到7家，自贸试验区分支行8家。指导引入了辖内首家台资银行富邦华一，在渝外资银行分行数量位居中西部第一，指导花旗银行升级辖内零售网点为全国首家空中财富管理中心，渣打银行试点西部地区综合性支行，机构聚集效应进一步凸显、服务体系进一步丰富。

（二）资产情况

截至2018年末，全市银行业总资产4.93万亿元，同比增长4.5%。全市银行业总负债4.71万亿元，同比增长4.2%；其中，各项存款余额3.69万亿元，同比增长5.8%。表内同业资产、负债规模较年初净减少，主要表外业务增速放缓或负增长，银行业资产负债表结构持续调整、业务模式进一步回归本源。

（三）业务情况

截至2018年末，全市银行业各项贷款余额3.22万亿元，同比增长13.5%。其中，中长期贷款增长15.1%，为主要增长动力；民营企业贷款占企业贷款比重26.7%。新增贷款投向的前五大行业为：个人贷款、租赁商务服务业、水利环境公共设施管理业、交通运输仓储邮政业、制造业，合计占新增贷款总量的77.5%。

（四）盈利情况

2018年，全市银行业实现税后利润538.4亿元，同比增长12.5%。其中，商业银行实现净利润425.9亿元，同比增长20.7%。银行业资产利润率1.12%，较全国水平高0.24个百分点。法人机构资本利润率11.75%，较全国平均水平高0.66个百分点。

（五）风险情况

截至2018年末，全市银行业风险状况整体可控。银行业不良贷款余额352.6亿元，不良贷款率1.08%，继续保持全国第五低、第四低的水平。逾期90天以上贷款与不良贷款之比降至100%以内，资产分类真实性水平较高。银行业处置不良贷款393.3亿元，同比增长43.5%。银行业拨备覆盖率240.6%，高于全国平均59.7个百分点。法人机构资本充足率14.07%，较全国平均水平低0.13个百分点。

二、银行类金融机构发展情况

（一）开发性、政策性银行及中国邮政储蓄银行

截至2018年末，辖内开发性、政策性银行及中国邮政储蓄银行共有三类4家，一是开发性银行，即国家开发银行，二是政策性银行，包括中国进出口银行和中国农业发展银行，三是中国邮政储蓄银行。2018年，辖内开发性、政策性银行及中国邮政储蓄银行立足各自职能定位，紧紧围绕服务国家和地方发展战略，服务经济薄弱领域，不断加大信贷投放，积极支持实体经济发展。年末资产总额8151.47亿元，较上年增加106.29亿元，增幅1.32%；贷款余额5178.62亿元，较上年增加379.15亿元，增幅7.90%；不良贷款余额36.16亿元，占比0.70%，分别较上年减少4.32亿元和下降0.14个百分点。实现拨备后利润48.02亿元，同比减少14.35亿元。同时，开发性、政策性银行及中国邮政储蓄银行持续强化信用风险、流动性风险、声誉风险和信息科技风险等全面风险管理，守住了风险底线。

（二）大型商业银行

截至2018年末，辖内大型商业银行重庆市分行5家，机构数量合计1351家，从业人员26578人。总资产14623.69亿元，同比增长8.53%。辖内大型商业银行各项贷款余额13004.84亿元，同比增长13.16%。2018年，新增贷款主要集中在个人贷款、房地产业、租赁和商业服务业、水利、环境和公共设施管理业、交通运输、仓储和邮政业，上述行业合计占大型商业银行新增贷款总量的83.98%。辖内大型商业银行各项存款余额13722.80亿元，同比增长8.85%。2018年，辖内大型商业银行实现净利润219.12亿元，同比增长25.93%。资产利润率1.56%，较去年回升0.23个百分点；净利差2.52%，同比上升0.12个百分点；中间业务收入率19.09%，同比下降2.21个百分点。辖内大型商业银行整体风险可控。信用风险方面，不良贷款余额和不良率双降，分别较年初减少6.11亿元、0.16个百分点；利润、权益对不良贷款的覆盖程度较好，2018年全年净利润为不良贷款余额的2.10倍；年末拨备覆盖率216.57%。操作风险方面，深化整治银行业市场乱象以来，员工风险意识有所增强，内控合规制度进一步完善，除中国工商银行发生一起一类案件外，其余银行未发生案件和重大操作风险事件。

（三）股份制商业银行

截至2018年末，辖内全国性股份制商业银行共有12家，机构网点293个，正式员工9194人员。总体运行平稳，呈现以下特点：一是资产负债规模总体小幅下降。截至2018年末，12家股份制银行总资产余额6871.83亿元，较年初减少291.81亿元，降幅4.07%；总负债余额6784.89亿元，较年初减少326.42亿元，降幅4.59%。二是贷款保持较快增长。截至2018年末，12家股份制银行各项贷款余额5669.07亿元，较年初增加899.83亿元，增长18.87%，较全辖平均增速高5.35个百分点。总体来看，新增贷款主要支持了个人消费、制造业等。12家股份制银行贷款余额前五大行业依次为个人贷款（不含个人经营性贷款）、房地产业、批发和零售业、制造业、租赁和商务服务业，上述五大行业贷款占股份行全部贷款的75.92%，其中，个人贷款占比30.25%，较年初上升1.38个百分点。三是不良贷款余额和比例实现“双降”。截至2018年末，12家股份制银行不良贷款余额79.19亿元，较年初减少1.89亿元，不良贷款率1.4%，较年初下降0.3个百分点。四是盈利能力总体恢复性增长。截至2018年末，股份制银行实现净利润61.69亿元，同比增加36.38亿元，对全市银行业利润贡献度60.82%。

当前，股份制银行面临的主要风险，一是信用风险管控压力增大，个别机构逾期贷款“剪刀差”较为突出。二是合规经营及内控管理水平有待提升，市场乱象整治暴露问题点多面广，员工行为管理仍有待加强。三是案件风险防控形势严峻，部分机构轮岗制度执行不到位。四是信访及负面舆情较多，声誉风险防控压力较大。

（四）城市商业银行和民营银行

截至2018年末，辖内城市商业银行和民营银行共计10家，其中法人机构3家（城市商业银行2家，民营银行1家），非法人机构7家（城市商业银行重庆分行）。2018年末，重庆辖内城市商业银行和民营银行资产总额7715.73亿元，较年初增加448.01亿元，增长6.16%。负债总额7211.23亿元，较年初增加430.50亿元，增长6.35%。各项贷款余额3406.08亿元，较年初增加562.40亿元，增长19.78%。各项存款余额4580.48亿元，较年初增加293.23亿元，增长6.84%。实现净利润57.14亿元，较2017年减少0.76亿元，同比下降1.31%。2018年，重庆辖内城市商业银行和民营银行持续强化信用风险、流动性风险、声誉风险和信息科技风险等全面风险管理，守住了风险底线。

（五）外资银行

截至2018年末，辖内外资银行总资产221.73亿元，较年初增长了9.05%，净利润3.39亿元，同比下降27.41%，资产利润率1.60%，同比下降0.58个百分点。资产质量进一步改善，不良贷款实现“双降”，不良贷款余额比年初减少0.15亿元，不良贷款率比年初下降0.18个百分点，优于全市银行业资产质量平均水平。富邦华一银行重庆分行获批筹建，成为本地引入的首家台资银行，在渝外资银行数量达到16家，位居西部首位。2018年，外资银行借助自身优势，积极支持地方经济发展取得显著成效。渣打银行重庆分行、汇丰银行重庆分行、星展银行重庆分行等外资银行在辖内中新项下开展的海外发债、境外直贷等跨境合作业务规模达到22亿元。星展银行重庆分行通过海外联动，深度参与中新项目，协助砂之船4家奥特莱斯商业地产公司成功在新加坡实现REITs上市，募集资金19亿元。

三、非银行类金融机构发展情况

（一）机构情况

截至2018年末，重庆辖内非银行金融机构共计15家，其中法人机构11家（信托公司2家，金融租赁公司3家，企业集团财务公司4家，汽车金融公司1家，消费金融公司1家），非法人机构4家（金融资产管理公司重庆市分公司）。

（二）资产情况

截至2018年末，辖内法人非银机构资产总额（不含信托资产）2414.18亿元，较年初增加239.19亿元，增长10.99%；所有者权益总额为651.3亿元，较年初增加86.46亿元，增长15.27%；信托公司受托管理信托资产规模3694.86亿元，较年初增长1.38%。

（三）业务情况

截至2018年末，辖内法人非银机构各项贷款（不含信托贷款）余额1871.16亿元，较年初增加231.68亿元，增长14.13%。负债总额1762.88亿元，较年初增加152.71亿元，增长9.49%。

（四）盈利情况

截至2018年末，辖内法人非银机构实现净利润69.86亿元，同比增加8.25%；全年上缴企业所得税共计21.3亿元，同比增长66.80%。

（五）风险情况

非银机构持续强化信用风险、流动性风险、声誉风险和信息科技风险等全面风险管理，守住了风险底线。

第六章　重庆市证券业发展情况

一、机构情况

公司方面。截至2018年12月末，重庆市共有50家上市公司，其中：A股47家，A+B股1家（长安汽车），A+H股1家（重庆钢铁），B股1家（建车B）。2018年12月末，重庆市上市公司总市值4700.37亿元。国有控股22家，境外控股3家，民营控股23家，其他公司2家；控股股东为本市企业的33家，非本市企业的17家；ST类上市公司有1家。共有拟上市公司28家，其中，重庆市已向证监会申报IPO的拟上市公司7家，在重庆证监局辅导备案的拟上市公司21家；新三板挂牌公司132家；在重庆股份转让中心挂牌公司755家。

机构方面。截至2018年12月末，重庆市证券公司1家，证券分公司39家，证券营业部207家；重庆市期货公司4家，期货分公司3家，期货营业部32家；基金管理公司1家，管理规模400.61亿元；在中国基金业协会登记的私募基金管理机构（以下简称“私募机构”）219家，管理规模1466.35亿元。

二、资产情况

截至2018年12月末，重庆市境内50家上市公司总股本701.74亿股，较年初增长1.30%；总市值4700.37亿元，较年初下降23.31%。初步估算，重庆市证券基金期货业总资产818.28亿元，较年初增长1.84%。

三、业务情况

上市公司方面。按照证监会行业划分，重庆市境内上市公司分布于制造业、房地产业、电力、热力及水生产和供应业等11个行业。前三季度实现营业收入2864.24亿元，与上年同期相比增加11.33%；归属母公司的净利润170.63亿元，与上年同期相比下降5.29%。

证券机构方面。西南证券属于（BBB）类券商，拥有证券经纪、证券投资咨询、与证券交易和证券投资活动有关的财务顾问、证券承销与保荐、证券资产管理、证券自营、证券投资基金代销、代销金融产品、股票期权做市、融资融券等39项单项业务资格。2018年12月末，西南证券有5家控股子公司，34家分公司，94家营业部。12月末，辖区证券投资者开户数424.62万户，全年累计证券交易金额3.73万亿元。

公募基金方面。新华基金，控股股东恒泰证券股份有限公司。截至2018年12月末，共管理基金46只，管理规模400.61亿元，管理专户产品169只，管理规模507.45亿元。新华基金子公司新华富时资产管理有限公司，共管理产品52只，管理规模342.21亿元。

私募基金方面。2018年12月末，重庆市在中国基金业协会登记的私募基金管理公司210家，实缴规模1479.97亿元。

期货经营机构方面。累计代理期货交易金额100640.08亿元，比去年同期增加9.72%，占全国市场2.37%。期货投资者开户数18.06万户，交易保证金余额84.34亿元，平均每户4.67万元。

四、盈利情况

2018年前三季度，重庆市上市公司实现归属母公司的净利润170.63亿元，与上年同期相比下降5.29%。利润排名前3强是长安汽车（58.11亿元）、重庆水务（14.99亿元）、巨人网络（10.43亿元）。2018年，初步估算，重庆证券基金期货业累计净利润3.94亿元，同比下降71.92%。

五、风险情况

一是市场主体发展问题和风险仍不容忽视。上市公司大股东股票质押平仓风险整体可控，但个别公司问题比较突出，风险不容忽视；上市公司内幕交易、大股东资金占用、信息披露违规等问题还时有发生；一些新三板挂牌公司、债券发行人合规意识不足，存在资金管理、内部控制薄弱等问题；部分证券经营机构存在内控合规跟不上业务转型和快速扩张步伐，投行业务、金融产品销售及资产管理业务未归位尽责等问题；部分交易场所及其分支机构、代理商等在重庆市违规经营行为还需清理整顿。二是公司债、资产管理、私募基金等产品兑付风险压力较大。公司债陆续进入兑付高峰期，兑付风险压力提升。重庆市证券期货基金经营机构和私募基金管理机构发行的资产管理产品、私募基金产品，如果风险控制不到位，投资的企业由于经营困难等原因出现资金链断裂，容易引发产品违约风险。

第七章　重庆市保险业发展情况

一、机构情况

2018年，重庆市新增保险分公司1家，中心支公司及以下分支机构净增3家。截至2018年末，全市共有保险法人机构5家，省级分公司52家，中心支公司及以下分支机构1286家，保险专业中介法人机构35家、省级分公司89家。全市有效持证保险营销员30.4万名，同比增长9%。

二、业务情况

2018年，全市原保险保费收入806.2亿元，同比增长8.3%，高出全国水平4.3个百分点，较上年末下滑15.5个百分点。全市保费规模在全国排名第18位，较上年排名基本持平，增速在全国排名第17位，较上年同期排名下降9位。其中：财产保险公司保费收入232.10亿元，同比增长10.2%；寿险公司保费收入574.1亿元，同比增长7.5%。

三、保险赔付

2018年，全市保险赔付支出277.4亿元，同比增长8%。其中，财产保险公司赔款支出131.6亿元，同比增长13%；人身保险公司赔付支出146亿元，同比增长3.8%。

四、风险情况

2018年，全市人身保险公司满期给付规模持续减小，满期给付支出70.5亿元,同比负增长11.9%。全市人身保险公司退保金额增幅进一步收窄,退保金151.4亿元,同比增长12%,较全国水平低5.8个百分点,增幅上年收窄34.1个百分点,退保率7.6%,高出全国0.8个百分点。全市保险业整体偿付能力充足,2018年末,在渝5家法人机构和52家保险分公司的法人机构综合偿付能力充足率全部达标(>100%)。

第八章　重庆市担保行业发展情况

一、机构情况

按照“整合一批、重组一批、退出一批”思路，推进全市融资担保行业“减量增质”。截至2018年末，重庆市共有法人机构126家，较年初减少3家，机构数量连续三年减少，注册资本为383.1亿元，较年初增长1.38%，“减量增质”效果明显。其中，重庆市国有控股融资担保机构65家，占比51.6%，较年初提高2个百分点。民营机构质量有所提升，督导个别经营不善的民营机构市场化出清，引导新浪等国内知名企业对民营担保机构兼并重组，逐步增强民营担保机构的股东实力和抗风险能力。

二、规模情况

截至2018年末，重庆市融资担保机构在保余额、当年新增担保发生额2719.5亿元、1377.6亿元，分别较年初增长5.82%、0.34%。其中，融资担保在保余额2395.9亿元，占比达88.1%，经营发展回归融资担保本源。融资担保责任余额放大倍数4.4倍，高于全国平均水平，资金融通的杠杆撬动作用明显。

三、担保结构

一是加强融资担保顶层设计。积极贯彻落实国发〔2015〕43号文和国办发〔2019〕6号文，推动财金联动、银担合作，以及行业风险分担、补偿和激励机制建设。主动对接国家支持政策，力推国家融资担保基金首批落地重庆，2018年小微担保公司作为全国唯一直保类机构首批加入国家融担体系，获得100亿元授信额度，银担合作签约190亿元，2018年底前已实现14亿元项目申报，初步搭建新型政银担合作模式，实现国家融资担保基金、合作银行均按20%比例分担代偿风险，将引导更多金融资源流向小微和“三农”领域。

二是政府性机构支撑作用凸显。全市65家政府性融资担保法人机构在保余额和新增担保发生额为2123.9亿元、1123.3亿元，行业占比分别为78.1%、81.5%，有力支撑了全市融资担保行业的稳定发展。政府性机构融资担保责任余额放大倍数5.4倍，是全行业平均水平的1.2倍。政府性融资担保机构小微企业和"三农"在保余额合计902.7亿元，行业占比71.4%，凸显了政府性融资担保机构准公共产品属性的市场定位。

三是小微和"三农"支持力度突显。重庆市通过支持融资担保机构开发扶贫专项债等创新产品，服务小微企业、"三农"领域和创新创业企业信贷融资。截至2018年末，小微、三农担保在保余额1264.5亿元，占比46.5%；当年新增小微、三农担保业务650亿元，占比47.2%。主要涉农融资担保机构逐步完善区县有机构、乡镇有网点、村社有人员的扶贫金融服务体系，创新开发"农保贷""农融贷"和"机易贷"等微小批量担保贷款产品，对建档立卡贫困户提供零费用、纯信用融资担保服务。2018年，累计为贫困区县提供融资担保超过300亿元，为5000余户建档立卡贫困户提供了担保服务。

四、盈利情况

在坚持降低实体经济融资成本的同时，通过加大政策支持力度、调整业务机构等方式持续增强营收能力。2018年重庆市融资担保机构实现担保费收入22.8亿元，较上年增长14.81%；实现净利润6.2亿元，较上年增长14.8%。

五、风险情况

全市融资担保行业运行平稳、风险总体可控，截至2018年12月末，全市融资担保代偿率2.36%，低于全国1.4个百分点；拨备覆盖率116.2%，较年初提高2个百分点。守住了不发生区域性风险、不引发系统性风险底线。

第九章　重庆市金融要素市场发展情况

一、机构概况

截至2018年末，重庆市共有14家交易场所，包括重庆联合产权交易所、重庆农村土地交易所、重庆农畜产品交易所、重庆药品交易所、重庆航运交易所、重庆金融资产交易所、重庆涪陵林权交易所、重庆文化产权交易中心、重庆汽摩交易所、重庆再生资源交易中心、重庆土特产品交易中心、重庆咖啡交易中心、重庆石油天然气交易中心、重庆科技要素交易中心。各交易场所围绕“服务实体经济、促进价格发现、优化资源配置”等核心功能开展建设和运营，整体运行平稳。

二、规模情况

重庆市14家交易场所注册资本总额33.50亿元，资产总额188.53亿元，历年累计交易额7.21万亿元。2018年全年交易总额为5737.9亿元，营业收入9.63亿元，税后利润18.4万元，纳税总额1.5亿元。

三、业务特色

（一）市场体系日趋完备

重庆市金融要素市场逐步形成多层次、互补性体系，着力建设重庆金融资产交易所、重庆石油天然气交易中心两个全国性交易市场，推动重庆联合产权交易所、重庆药品交易所等区域性交易市场稳步发展。地方交易场所服务实体经济、促进价格发现、优化资源配置等功能逐步提升，机构布局日趋完善。

(二)机构功能扩展增强

重庆联合产权交易所现已发展成为四大全国性产权交易所之一,在助推公共资源交易体制机制改革、促进公共资源有序流转与降费增效、深化国有企业改革,助力区域经济发展等方面均发挥了积极作用。重庆农村土地交易所在保护耕地、保障农民权益、统筹城乡土地利用、促进新型城镇化发展等方面发挥了积极作用,于2018年入选"改革开放40年地方改革创新40案例"。重庆金融资产交易所确定了新的政府资产负债管理商发展定位,整合资源开发了智慧财政项目,在地方政府增收节支、债控保全、扶贫开发及信息规划等方面建立管理系统,实现全面动态预警、管控和监测,为地方政府加强政府债务管理和国有资本监管、深化国企改革做出创新。重庆科技要素交易中心致力于促进知识产权保护与应用,科技成果转化和促进科技型中小企业的蓬勃发展,为提升重庆市科技要素创新能力和科技服务影响能力做出贡献。

四、市场风险

2018年,重庆市始终将风险防控作为交易场所稳健审慎发展的首要任务,严格贯彻《国务院关于清理整顿各类交易场所切实防范金融风险的决定》(国发〔2011〕38号)、《国务院办公厅关于清理整顿各类交易场所的实施意见》(国发〔2012〕37号)等监管文件的精神以及清整联办"回头看"工作要求,实施全流程严格监管,持续提升监管能力建设。截至2018年末,重庆市交易场所运行平稳,未发现严重违反监管规定和引致重大风险情形。

第十章　重庆市私募股权基金发展情况

一、机构概况

2018年,重庆私募股权投资基金行业经过了成长期、高速发展期,目前行业发展趋于平稳,总体呈现稳中有增的态势,截至2018年12月末,全市共有备案股权投资类企业707家(其中,管理公司416家,基金291家)。重庆市对私募基金的管理秉承“扶优限劣”的理念,鼓励有实力的机构设立私募股权基金,并加大了财政税收政策支持力度。基金管理人平均管理规模略高于全国水平,管理能力也不断提升,从单一的财务投资策略,逐渐发展为更注重投后管理的价值投资,投资者也逐渐趋于成熟理性,为行业发展奠定了基础。

二、规模情况

2018年重庆私募股权投资类企业规模稳步扩大,发展质量同步得到增强。截至2018年12月末,全市备案股权投资类企业注册资本(认缴出资)为3383.56亿元(其中:管理公司75.67亿元,基金3307.89亿元),较2017年新增320.84亿元。实收资本1439.62亿元,累计对外投资金额1367.81亿元,较2017年新增投资金额97.87亿元。其中,外资及跨境人民币股权投资类企业45家(其中:管理公司24家,基金21家),注册资本(认缴出资)为242.86亿元,累计到位资金58.50亿元。

三、投资方向

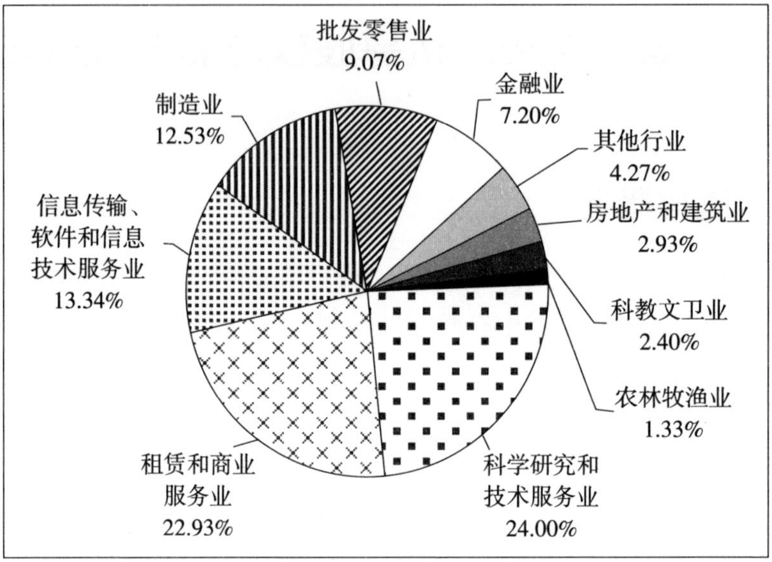

图10-1　重庆私募股权基金投资基金项目行业情况

根据对74只在重庆地区开展业务的私募股权投资基金对外投资数据的整理，对外投资的行业主要集中在“科学研究和技术服务业”“租赁和商业服务业”“信息传输软件和信息技术服务业”“制造业”和“批发零售业”等传统行业仍然保持了一个平稳的被投资比例。(如图10-1所示)

另根据对重庆市66家备案股权投资企业投资阶段的抽样调查，投资种子阶段和天使阶段的私募股权投资基金各有5只，VC(风险投资)类的基金数量有18只，投资PE(私募股权)类基金有38只。

第十一章　重庆市小额贷款行业发展情况

一、机构概况

截至2018年12月末，全市小额贷款公司284家，较年初减少3家；已经开业的网络小额贷款公司53家，占小额贷款公司总户数18.7%。

二、规模情况

截至2018年12月末，总资产1992.3亿元，较年初减少153.9亿元；净资产余额1235.7亿元，较年初增加263.8亿元；注册资本1047.4亿元，较年初增加239.9亿元。

三、业务情况

截至2018年12月末，全市小额贷款公司贷款余额1621.9亿元，较年初增加70.6亿元。

四、盈利情况

2018年1—12月全市小额贷款行业实现净利润31.5亿元，缴纳税金35.4亿元。

五、风险情况

截至2018年12月末，全市小额贷款公司不良贷款余额74.2亿元，较年初增加15.3亿元；不良贷款率4.58%，低于全国平均水平8.91个百分点。行业提取的拨备余额126.2亿元，较年初增加25.2亿元；拨备覆盖率170.1%，能够覆盖不良贷款风险。

第十二章　重庆市其他金融机构发展情况

一、新型农村金融机构

（一）机构概况

截至2018年末，重庆辖内共有40家新型农村金融机构，其中村镇银行38家，资金互助社1家，贷款公司1家。自2008年重庆第一家村镇银行——大足汇丰村镇银行成立以来，村镇银行的发展已经走过了11个年头，已覆盖除渝中区外的37个区县，共设立支行77个，逐步成长为“支农支小”生力军。

（二）规模情况

受经济增速放缓的影响，辖内新型农村金融资产负债首现双降，但结构更趋优化，底数更为真实。截至2018年末，新型机构资产总计302.5亿元，比年初减少12.05亿元，其中村镇银行资产总额301.05亿元，比年初减少12.29亿元，下降3.92%；各项贷款余额211.03亿元，比年初增加2321.25万元，其中村镇银行贷款余额209.64亿元，比年初减少542.4万元，下降0.03%。新型机构负债总计260.85亿元，比年初减少10.25亿元，其中村镇银行负债总额259.83亿元，比年初减少10.55亿元，下降3.9%；各项存款余额216.55亿元，比年初减少5.12亿元，其中村镇银行各项存款余额216.11亿元，比年初减少5.11亿元，下降2.31%。

截至2018年末，村镇银行农户和小微企业贷款合计占比达84.43%；户均贷款余额48.89万元，同比下降7.34万元；单户500万元以下贷款占比88.98%，同比上升4.28个百分点，较全国水平高5.48个百分点，“支农支小”市场定位进一步夯实。

（三）盈利情况

截至2018年末，重庆辖内已开业运营的40家新型农村金融机构中，25家机构实现盈利，盈利面62.5%。整体实现利润总额54388.06万元，计提贷款减值准备98160.8万元，缴纳企业所得税7767.33万元，实现净利润3471.01万元。虽然拨备计提导致盈利较同期下滑，但有效增强了风险抵补能力。

（四）风险情况

目前新型农村金融机构存在的风险主要表现为：一是总体经营困难增大，主要受财政补贴减少、存贷利差缩小、人力成本上升等影响，新型机构的盈利水平较同期下滑。二是个别机构信用风险压力较大，主要表现为部分机构不良贷款率、关注类贷款率较高、风险抵补能力较弱。三是部分机构治理及内控有待提升，主要表现为部分机构法人治理不健全、股权管理不规范、内部控制体系有待完善等。

二、信托行业

（一）机构概况

截至2018年末，重庆辖内已开业信托公司共有2家，分别是重庆国际信托股份有限公司和新华信托股份有限公司。

（二）规模情况

截至2018年末，辖内信托公司资产总额382.46亿元，较年初增长9.78%；受托管理信托资产规模3694.86亿元，较年初增长1.38%。

（三）盈利情况

截至2018年，辖内信托公司合计实现净利润36.56亿元，同比减少额3.75亿元，减少9.3%。

（四）风险情况

重庆辖内信托公司存在的主要风险有流动性风险化解难度大、存量风险处置难度较大、声誉风险管控难度大、关联交易复杂等。

三、财务公司

（一）机构概况

截至2018年末，重庆辖内已开业财务公司4家，分别是重庆化医控股集团财务有限公司、重庆机电控股集团财务有限公司、重庆力帆财务公司、重庆市能源投资集团财务有限公司。4家公司注册资本共计51亿元，正式员工131人。

（二）规模情况

截至2018年末，4家财务公司总资产230.28亿元，较年初减少0.76亿元，增幅0.33%，各项贷款190.31亿元，较年初增长31.19%。

（三）盈利情况

2018年，4家财务公司累计实现总收入9.29亿元，全年实现税后净利润4.03亿元，同比增加1.42%。

（四）风险情况

受集团产业结构调整、偿债压力较大等因素影响，财务公司信用风险、流动性风险逐渐上升，财务公司风险管控的压力较大。

四、汽车金融公司

（一）机构概况

截至2018年末，重庆辖内已开业汽车金融只有长安汽车金融有限公司一家，年末注册资本47.68亿元。2018年11月6日，公司在全国银行间债券市场成功发行近20亿元西部首单汽车金融ABS产品“长融2018年第一期个人汽车抵押贷款资产支持证券”。

（二）规模情况

截至2018年末，该公司资产总额367.89亿元，较年初减少41.82亿元，降幅达10.21%，其中贷款余额328.89亿元，较年初减少225.25亿元，降幅8.57%。

（三）盈利情况

该公司全年实现利润总额8.74亿元，实现净利润7.43亿元，净利润较2017年大幅增长，增幅为173.16%。

（四）风险情况

该公司风险防控形势整体稳定，加强了信用风险的防控、防范了科技外包风险隐患等。

五、消费金融公司

（一）机构概况

马上消费金融股份有限公司（以下简称“马上消费”）于2015年6月11日获批开业，6月19日正式营业。截至2018年末，公司注册资本40亿元，股东为重庆百货大楼股份有限公司、北京中关村科金技术有限公司、物美控股集团有限公司、重庆银行股份有限公司、成都市趣艺文化传播有限公司、阳光财产保险股份有限公司、浙江中国小商品城集团有限公司。

（二）规模情况

截至2018年末，公司资产总额为402.62亿元，较年初增长26.61%。其中，贷款余额为389.53亿元，较年初增长23.41%，负债总额为346.75亿元，较年初增长19.49%。其中，同业借款314.38亿元，股东存款16.21亿元。所有者权益55.87亿元，较年初增长100.90%。

（三）盈利情况

截至2018年末，公司累计实现收入109.61亿元，较上年增长78.52%。其中，利息收入64.82亿元，手续费及佣金收入43.44亿元。总支出42.28亿元，较上年增长88.67%。其中，利息支出22.51亿元，营业支出15.99亿元。计提资产减值准备58.09亿元，实现净利润8.01亿元，较年初增长38.58%。

（四）风险情况

一是不良贷款率高于行业平均水平，不良信用风险较年度呈上升趋势，尤其是核销金额出现大幅度增长，需要重点关注。二是收费项目不合理。根据信访投诉和舆情监测反映，公司息费总体水平偏高。三是对合作经销商的管理不到位，仍未形成对合作经销商有效的权利义务约束机制。

六、金融租赁公司

（一）机构概况

截至2018年末，重庆辖内已开业金融租赁公司共有三家，分别是昆仑金融租赁有限责任公司、渝农商金融租赁有限责任公司和重庆鈊渝金融租赁股份有限公司。

（二）规模情况

2018年末，辖内金融租赁公司资产总额1030.93亿元，较年初增长18.43%；租赁资产1027.66亿元，较年初增长30.49%。

（三）盈利情况

全年实现净利润13.83亿元，较上年增长13.42%。

（四）风险情况

存在一定的信用风险隐患，以售后回租为主的经营模式面临严峻挑战等。

七、融资租赁公司

(一)机构情况

1.重庆银海融资租赁有限公司

重庆银海融资租赁有限公司于2005年12月,由重庆渝富资产经营管理集团有限公司联合重庆公交集团、重庆机电集团发起设立,注册资本12亿元。银海租赁是重庆市属国有重点骨干企业、渝富集团核心企业、西南地区规模最大的内资融资租赁公司,在经营发展过程中,银海租赁充分发挥国有经济的实力优势和民营经济的活力优势,坚持服务于实体经济的根本理念,通过业务拓展与风险控制双轮驱动,不断成长壮大。

2.重庆两江机器人融资租赁有限公司

重庆两江机器人融资租赁有限公司成立于2014年9月,由重庆两江新区开发投资集团有限公司、冠鼎工贸(香港)有限公司、丰汇租赁有限公司、宿迁汇隆投资产管理咨询有限公司联合成立的中外合资融资租赁公司,注册资本5亿元,截至2018年末,公司总资产14.10亿元。公司依托重庆两江新区机器人产业,汽车、摩托车以及电子等产业优势,与国际机器人"四大家族"——瑞典ABB、德国库卡(KUKA)、日本发那科(FANUC)、日本安川电机(YASKAWA)以及沈阳新松(上市公司)等国内机器人知名制造厂商建立战略合作关系,整合中科院重庆绿色智能研究院、华中数控等企业在机器人研发、制造和培训方面的资源优势,为重庆市内外的工业机器人用户提供融资租赁服务。

3.华科融资租赁有限公司

华科融资租赁有限公司成立于2013年6月,由重庆市科学技术研究院牵头发起设立,为国内首家以"科技融资租赁"为主要服务手段的全国性综合金融服务公司。公司注册资本8亿元,主要业务为融资租赁、汽车金融、商业保理、咨询顾问、跨境融资等。未来,华科租赁将逐步打造科技金融生态圈和综合性产业金融服务平台两大战略性平台,逐步建成以融资租赁为基础,覆盖汽车金融、商业保理、股权投资等多元化业态的科技金融和产业金融服务集团。

4重庆新能源汽车融资租赁有限公司

重庆新能源汽车融资租赁有限公司成立于2015年9月,由重庆两江新区开发投资集团与中国两大汽车制造业上市品牌小康工业集团和力帆控股集团共同出资组建，注册资本4亿元。公司成立以来，已开展新能源汽车融资租赁业务25亿元，共计服务新能源汽车25000余辆，创造新能源汽车融资租赁业务领域的全国最大规模。

（二）规模情况

截至2018年末，重庆市有融资租赁企业91家，其中外资77家，内资14家，注册资本约359.1亿元，资产总额约480亿元。租赁业务模式主要包括直接租赁、售后回租、厂商租赁等，涉及装备制造、物流、医疗、教育和交通等行业。

（三）盈利情况

受宏观经济形势及国际国内市场环境的影响，2018年国有民营融资租赁企业经营效益情况总体平稳。

（四）风险情况

2018年，重庆融资租赁企业始终坚持稳发展、控风险的工作思路，在经营活动中严格遵守《中华人民共和国公司法》《中华人民共和国合同法》、商务部《融资租赁企业监督管理办法》（商流通发〔2013〕337号）等相关法律法规和政策文件规定，提升风险识别能力，进一步强化风控体系及制度建设，严格把控项目风险，加强风险预警及处置管理，全市租赁项目总体运行良好，全年未发现有重大经营风险事件。

八、典当行业

（一）机构情况

典当行，又名“典当公司”，亦称“典当企业”，是指依照《典当管理办法》设立的专门从事典当活动的企业法人，其组织形式与组织机构适用《中华人民共和国公司法》和《典当管理办法》有关规定。典当，是指当户将其财产作为当物质押或者抵押给典当行，典当行向当户发放当金，双方约定由当户在一定期限内赎回当物的行为。截至2018年12月31日，经审批许可设立的典当公司139户及10个分支机构。从业人数851人。

（二）规模情况

1. 资产规模

截至2018年12月31日，重庆市典当公司资产总额31.42亿元，同比增长4.8%，净资产30.53亿元，同比增长3.8%。注册资本为29.02亿元，其中，注册资本500万元以下（不含500万元）的有2家，占总数1.4%；注册资本500万~1000万元（含500万元）的有16家，占总数11.5%；注册资本1000万~3000万元（含1000万元）的有76户，占总数54.7%；注册资本3000万元以上（含3000万）的有45户，占总数32.4%。重庆市注册资本最大的典当企业是重庆市涪陵区国融典当有限责任公司，注册资本1亿元，由涪陵区国投集团独资设立的国有典当企业。

2. 业务规模

截至2018年12月31日，重庆市典当总额20.27亿元，同比减少4.66%，其中动产5.01亿元，占比24.72%，房地产11.02亿元，占比54.37%，财产权利4.24亿元，占比20.92%；典当余额21.85亿元，同比增长5.61%；业务笔数2242笔，同比减少18.21%。逾期金额10464.29万元，同比减少14.87%，绝当金额6525万元，同比增长10.13%。据以上数据，重庆市2018年度业务结构保持稳定，房地产业务仍是行业主要业务。

（三）盈利情况

2018年度，利息收入7984.54万元，同比增加1.25%；利润总额1514.81万元，同比增加15.1%；净利润963.8万元，同比增加8.93%，上缴税金627.15万元，同比减少19.73%。盈利情况来看，总体盈利能力有所好转，亏损企业67家，亏损面48.2%，较上年减少5.64%。

（四）风险情况

重庆市典当行业风险状况主要表现为：一是融资渠道受限，《典当管理办法》允许典当公司向银行融资，但受中央监管部门政策影响无法取得银行贷款，限制其规模扩大；二是行业内企业规模小，存在业务量萎缩，续当行为普遍，欠收综合费和利息较为严重，绝当风险增大，资金利用率偏低，经营风险大；三是诉讼执行难度大，按照规定3万元以上绝当物需公开拍卖，但在实际执行过程中，受《中华人民共和国物权法》约束，通过司法处置实现债权的难度大；四是行业内从业人员专业能力有待加强，典当从业人员多为非专业人员，风控意识较为淡薄，抵、质押物专业评估人员稀缺。

九、商业保理

（一）机构概况

截至2018年末，重庆市共有商业保理机构53家、金融保理机构4家，从业人员分别为429人和191人。

（二）规模情况

截至2018年末，重庆市商业保理公司和金融保理公司注册资本分别为70.3亿元、21.3亿元，资产规模分别为147亿元和133.4亿元，净资产分别为129.7亿元和27.5亿元，保理融资余额分别为114.6亿元和135.9亿元。

（三）业务情况

2018年，重庆市商业保理公司和金融保理公司分别实现保理业务8万笔、1459笔，保理业务量分别为303亿元和208亿元，累计服务中小企业5290户和567户。

（四）质量效益情况

2018年，重庆市商业保理公司和金融保理公司分别实现净利润2.1亿元和2.8亿元，实现税收均为1.3亿元，不良保理资产余额为1.9亿元和0.2亿元，不良保理资产率为1.67%和0.18%，风险总体可控。

第四篇　创新篇

第十三章　重庆市农村金融服务创新

一、农村金融服务政策

（一）加强宏观信贷引导，助推金融服务乡村振兴发展

一是在深入基层调研基础上，中国人民银行重庆营管部联合10个市级部门研究制定《关于金融服务乡村振兴战略的实施意见》（渝银发〔2018〕67号），推动金融全面支持乡村振兴战略。二是制定印发《2018年重庆市信贷投向指引》（渝银发〔2018〕52号），将乡村振兴、农村扶贫领域作为信贷投向倾斜类，指导金融机构给予倾斜支持。三是对涉农金融机构开展涉农信贷政策导向效果评估，同时将金融机构落实涉农信贷政策效果评估纳入宏观审慎评估体系，对评估优秀的给予政策倾斜支持，激励金融机构做好乡村振兴金融服务工作。

（二）运用各类货币信贷政策，加大乡村振兴金融支持

一是综合运用支小、支农、扶贫再贷款、再贴现等多种货币政策工具，为涉农金融机构提供支持，引导涉农金融机构加大乡村振兴投入。二是对重庆农村商业银行等涉农金融机构、村镇银行、农业银行县级“三农金融事业部”等实施定向降准，支持金融机构进一步加大“三农”投入。三是联合相关部门调整优化创业担保贷款政策，提高创业担保贷款额度，加大对返乡创业项目和人员的优惠政策支持。

（三）聚焦深度贫困，出台政策助力脱贫攻坚

一是印发《关于进一步做好扶贫小额信贷工作的通知》等系列文件，与重庆扶贫办等市级部门加强协调联动，扎实推进扶贫小额信贷扩大政策覆盖面、加

强基层联动机制建设等方面工作。开展扶贫作风问题专项治理，会同市扶贫办、市金融监管局等部门划片对口联系全市33个有扶贫开发任务的区县，定期开展现场督查，探索建立贫困村“整村建档，连片授信”、贫困户“梯度增信”、“龙头企业带贫模式”等机制，推动扶贫小额信贷风险补偿金及时到位，改善金融扶贫信用环境。

二是脱贫攻坚，加大金融资源投入力度。中国人民银行重庆营管部联合6个市级部门制定《关于金融助推打赢脱贫攻坚战三年行动的实施意见》(渝银发〔2018〕152号)，积极推进金融扶贫攻坚战。聚焦深度贫困乡镇，创新实施贫困村金融扶贫进村服务、万户百村行长扶贫行动等金融扶贫工作。在贫困区县深入推进金融扶贫主办行、扶贫产品创新、示范点创建和扶贫贷款统计“四大行动”。加强宣传，推动完善扶贫小额信贷、创业担保贷款、易地扶贫搬迁等政策性金融扶贫产品。开展金融精准扶贫效果评估，将评估纳入金融机构宏观审慎管理体系，激励金融机构加大金融扶贫投入。

(四)推动市政府出台重庆市农业保险保障倍增计划实施方案

市金融监管局、市财政局、原重庆保监局针对重庆农业保险保障能力不高、覆盖面不广的问题，通过广泛调研，听取农户、区县政府、保险公司的意见，积极向市政府提出农业保险保障倍增计划，并于2018年6月由市政府办公厅印发实施。倍增计划提出，到2019年重庆市农业保险总保障金额在2017年基础上翻一番，达到120亿元。全市农业保险品种进一步增加，地方特色产业收益保险覆盖面明显扩大，大宗农畜产品保险单位保额标准进一步提高，农业保险总保额占全市农业总产值比例达到全国平均水平，实现全市贫困区县农业保险全覆盖。

(五)推动市农委、市财政局调整中央财政补贴农业保险保额

近年，重庆农业生产物化成本及劳动力成本均较快增长，农业保险额度标准已不能完全覆盖物化成本，农业保险保障作用发挥有限，影响参保农户的积极性。市农委、市财政局联合发文，决定从2018年起调整中央财政补贴险种保险额度。水稻、玉米种植保险由300元/亩调整到500元/亩。马铃薯种植保险由400元/亩调整到600元/亩。油菜种植保险由300元/亩调整到500元/亩。生猪养殖保险由500元/头调整到1000元/头。能繁母猪养殖保险由1000元/头调整

到1500元/头。各级财政及投保业主承担比例不变,保额增加导致各级财政承担保费增加部分纳入同级财政预算安排。

二、农村金融服务创新实践

(一)对接乡村改革,推进乡村振兴金融服务创新

一是深入推进农村承包土地的经营权和农民住房财产权抵押贷款改革试点,开展试点中期评估,指导区县根据中期评估薄弱环节,围绕抵押物处置、风险缓释等核心环节加大创新力度。组织试点区县开展贷款扩面增量行动,引导金融机构创新"两权"抵押贷款产品和模式。二是在大足区创新开展农村集体经营性建设用地使用权抵押贷款,将集体经营性建设用地资源转变为发展建设的资金。三是在梁平区等区县推动金融机构创新开展农村集体资产股份收益权抵押贷款,支持盘活农民手中的集体资产股份。四是与市级部门合作,在永川区探索开展农业设施登记抵押融资,盘活乡村各类生产、生活设施资源;在38个村开展农村"三变"改革试点,指导金融机构创新农村集体资产抵押融资等,支持农村集体经济发展壮大。

(二)积极推进涉农保险服务创新

一是继续探索"保险+期货"试点。保险公司用发展新理念破解"三农"新难题,将农产品衍生品市场发展和创新服务纳入其中,积极探索开展重要农产品"保险+期货"试点工作,借助农产品期货保险防范市场价格大幅波动风险,保障广大农户预期收益,助力重庆重要农产品实现高质量发展。2018年,农产品期货保险项目累计提供风险保障14854.45万元,实现保费收入461.49万元,承保农户5259户次。其中,在合川、武隆、涪陵三地试点开办玉米期货收入保险,提供风险保障5353.65万元,实现保费收入219.33万元,承保农户5197户次(含建卡贫困户621户次)。在梁平、合川、潼南、垫江、长寿等地试点开办鸡蛋期货价格保险,提供风险保障9500.8万元,实现保费收入242.16万元,承保农户62户次。

二是开展产业脱贫保综合保险试点。针对贫困户产业发展难、脱贫内生动力不足的现实问题,原重庆保监局会同市扶贫办加大农业保险参与产业扶贫方

式路径的研究，于2018年在全市18个深度贫困乡镇启动贫困户产业扶贫保险试点，给予贫困户家庭每户15000元额度保障，保障范围覆盖贫困户发展的各类种植养殖项目，保费由相关区县全额补贴。2018年，产业扶贫保已在全市18个深度贫困乡镇全面落地，为10581户贫困户提供风险保障1.59亿元。在此基础上，保险公司还开发"产业致富保"及"产业收益保"系列产品，为深度贫困乡镇非贫困户、新型农业经营主体等发展产业提供保险保障。

三是推进"保险支农融资"试点。将保险资金和涉农客户的融资需求对接，将农业保险、保证保险、人身意外保险等保险产品和涉农客户的保障需求对接，通过设立保险资产管理产品，募集保险资金，利用保险公司广泛的农村服务网点体系，为涉农客户提供专项用于农业生产经营的融资支持和延伸金融服务。截至2018年12月，人保财险"保险支农融资"在重庆累计发放融资款项122笔，直接投资金额6175万元，惠及涪陵、黔江、巫溪、秀山等26个区县的农业生产主体。面对农村相对薄弱的信用、融资环境，"保险支农融资"以保险信息筛选和把控产业风险和信用风险，以直接投资降低融资成本，实现资金的精准投放。截至2018年12月末不良贷款率1.22%，整体风险可控。

（三）证券经营机构为"三农"发展提供支持

一是证券经营机构积极参与脱贫攻坚工作。西南证券以城口县金融扶贫工作站为抓手，支持该县企业发展，2018年继续捐赠350万元。东兴证券与云阳县签订"一司一县"结对帮扶协议。申万宏源证券继续深化与黔江区的扶贫服务工作。国金证券与石柱县签署精准扶贫帮扶协议。2018年，重庆市证券经营机构积极帮助贫困地区企业利用资本市场融资。如西南证券发行武隆城乡发展（集团）有限公司城市停车场建设专项债券第二期募集资金4亿元，浙商证券为云阳县人和开发投资有限公司发行9.4亿元债券，中金公司为开州区开乾集团发行10亿元中期票据等，部分融资项目正在推进过程中。

二是证券经营机构帮助涉农企业对接资本市场。如国泰君安证券重庆分公司对接帮扶重庆市神女药业股份有限公司，推介律师事务所和会计师事务所，不断优化"公司+农户"的中药材种植采购模式，帮助巫山的中药材增加附加值，抢占市场份额，形成良好声誉；华龙证券重庆分公司与万州区国资委、金融办、当地乡镇领导等座谈交流，深入探讨资本市场与当地特色农业项目有效嫁接，促进企业做大做强；中信建投证券开州营业部2018年11月联合中信建投期货、开州区金融服务中心、大连商品交易所举办农产品投资策略会(重庆站),吸引开州区近40多家企业百余人参会,为当地农产品实体企业提供金融服务。

三是证券经营机构深入贫困区县开展培训和投资者教育。如,东兴证券组织云阳县所有乡镇的44名扶贫专干参加由该公司与中国扶贫基金会在上海联合举办的“兴源惠民”扶贫培训教育基金第四期精准扶贫能力提升培训;华龙证券、中信建投证券、银河证券、长城证券等重庆分公司深入万州、秀山、酉阳、彭水、武隆、丰都等贫困地区开展培训宣讲工作。

(四)期货经营机构立足自身优势服务农业产业发展

中信建投期货公司不断扩大“保险+期货”业务规模和品种,期货营业部也充分发挥总部优势,开展了重庆市第一单营业部“保险+期货”业务。2018年,重庆市期货机构共开展1000吨天然橡胶、15650吨鸡蛋、60000吨玉米、6000吨白糖和1500吨苹果等5个涉农产品的10个项目,惠及重庆、四川、云南、山西等12个地区,为农户提供了相应收入保障,促进相关农业行业持续健康发展。为进一步提升期货服务“三农”发展能力,证监会正不断研发新的农产品期货品种,红枣、生猪等新品种研究工作正在深入推进,重庆证监局针对重庆市生猪养殖优势,积极探索设立其他期货品种交割仓库可能性,推动重庆市优质企业提交交割库设立申请。目前,重庆市某养殖企业已通过大商所生猪交割仓库申请材料的书面审核,并顺利完成现场模拟交割程序。

三、农村金融服务创新成效

(一)持续加大服务三农的力度和深度

多维度传导三农与扶贫的监管引导政策。建立监测台账,实施按月监测、按季通报、按年考核,督促3家地方法人银行出台三农及扶贫信贷尽职免责制度,推动涉农信贷投放持续稳定增长目标,稳步推进农村产权抵押融资试点,深化涉农银担合作,不断扩大基础金融服务覆盖面,全市38个区县设有村镇银行39家,850个乡镇均设有物理网点,8492个行政村设有电子机具和移动便民服务终端。2018年12月末,重庆银行业涉农贷款余额5380.19亿元,同比继续增长6.09%。2018年12月末,全市扶贫小额信贷余额42.87亿元,较年初增长22.35亿元,增幅108.93%。

(二)拓宽乡村振兴融资渠道,支持农业企业直接融资

一是组织区县企业、涉农金融机构等开展银行间债券市场发债融资知识培训,指导金融机构加大对涉农企业银行间市场发债项目培育,积极优化涉农企业银行间市场发债金融服务,推动涉农企业发债直接融资,拓宽融资渠道。二是支持重庆农村商业银行成功发行小微专项金融债,进一步扩充重庆农村商业银行支持乡村小微企业资金来源;支持重庆三峡银行成功发行绿色金融债,加大对乡村振兴绿色产业的支持。

二是经过积极努力,全市金融服务乡村振兴战略政策措施不断丰富,乡村振兴重点领域和薄弱环节的金融支持不断深化,金融支持脱贫攻坚的力度不断加大,乡村金融产品和服务创新不断丰富,金融对乡村振兴战略的支持作用不断增强,截至2018年末,全市涉农贷款余额5380.19亿元,同比增长6.09%,当年新增贷款350.32亿元。

(三)因地制宜深化农村支付环境建设,助推金融普惠

一是开展“金融进村扶贫服务”普惠工程,实现重庆市18个深度贫困乡镇中166个行政村布放农村支付服务基础设施,覆盖率由84.3%提升至100%。

二是以加快发展农村移动支付为着力点,印发《关于推进县域及农村地区移动支付业务发展的指导意见》,推动政府相关部门提高政策协调性,引导市场各方加强资源共享与创新合作。指导银联商务重庆分公司在重庆首届中国国际智能产业博览会上推出以银联二维码标准设计的乡村旅游支付服务平台“山城通”,实现农业观光、古镇村落、农家民居等乡村旅游移动支付服务。以资源、平台、场景融合为抓手,推动县域农村“助农取款+电商服务”“移动支付+农村产业链”“移动支付+示范景区街区”等融合发展模式多点开花,切实回应了农民群众对现代化支付服务的期盼。

三是切实督导“金融扶贫服务站”组建和“金融进村扶贫”宣传,坚持“扶贫+扶智”的宣传方式,加大对移动支付安全使用注意事项、银行卡助农服务、“防骗识骗,护好钱袋”为主题的防范电信网络诈骗等金融知识宣传力度,形成金融助推深度贫困地区脱贫攻坚的浓厚氛围。截至2018年末,全市服务农村的银行和非银行支付机构达40余家;银行卡助农取款服务点11358个,村级行政区覆盖率达100%,其中加载电商功能的服务点1740个;县域农村移动支付用户2096.8万户,全年办理交易1.4万亿元,同比分别增长16.8%和20.6%。

（四）涉农保险服务创新取得积极成效

一是农业保险覆盖面进一步提升。2018年，全市农业保险保费收入6.14亿元，同比增长50.9%；提供风险保障451.14亿元，同比增长26.2%；参保农户114.84万户，同比增加28.19万户次。全市农业保险财政补贴额度达到4.4亿元，同比增长30.93%。

二是涉农保险创新服务进一步拓展。农业保险实现涉农区县全覆盖，各区县在发展中央、市级补贴农业保险的基础上，积极发展地方特色效益农业保险，农产品收益保险、指数保险、农地流转履约保证保险等创新品种进一步增加。商业性农业保险保费收入5677.66万元，较2017年增长162.73%。

三是保险扶贫工作进一步深化。"精准脱贫保"综合保险实现与基本医保的系统对接，覆盖全市建卡贫困人口，年提供风险保障超过1万亿元，贫困户因病住院每人最高可报销50万元的自费医疗费用，意外伤亡最高可获5万元赔付，进一步提升了贫困户的获得感，提高了贫困户抵御风险的能力，放大了财政扶贫资金的配置效率。

第十四章　重庆市小微金融服务创新

一、小微金融服务政策

（一）不断完善政策体系

2018年重庆市出台了《重庆市银行业支持实体经济发展若干措施》（渝府办发〔2018〕123号）、《关于进一步支持中小微企业发展政策措施的通知》（渝中小企〔2018〕8号）、《关于进一步支持中小微企业发展政策措施实施细则（试行）》（渝中小企〔2018〕21号）、《深化民营、小微企业金融服务专项行动方案》（渝银发〔2018〕147号）、《关于印发重庆市开展市场准入负面清单制度改革试点总体方案的通知》（渝府发〔2018〕11号）、《关于进一步推进创业担保贷款相关工作的通知》（渝人社发〔2018〕175号）、《关于试点开展无抵质押物和保证人创业信用贷款工作的通知》（渝人社发〔2018〕257号）和《关于提高创业担保贷款额度的通知》（渝人社发〔2019〕14号）等文件，从多角度支持小微企业发展。

中国人民银行重庆营管部牵头10部门联合出台《深化民营、小微企业金融服务专项行动方案》，从7大领域全面推出18项金融服务专项行动。组织中国人民银行分支机构开展千户小微企业金融服务大走访行动，宣传金融服务政策，精准解决企业困难。

（二）突出财政分类政策导向

一是落实新办鼓励类中小企业财政扶持政策。针对大多数初创期中小企业缺乏抵押物等导致获得信贷支持不足的难题，市经信委牵头出台新办鼓励类中小企业财政扶持政策，即自登记注册之日起算，对2014年1月1日至2017年12月31日期间新办鼓励类中小企业，按其缴纳企业所得税、原营业税和增值税地方留成部分给予2年财政补贴。2018年新办鼓励类财政政策惠及企业223家金额1.07亿元。

二是支持中小企业挂牌融资。引导重庆股份转让中心(OTC)设立中小企业板(专精特新板),完善企业股改挂牌及首次融资奖励实施细则,对在重庆股份转让中心挂牌孵化板、成长板、专精特新板的企业分别给予3万元、25万元、30万元的一次性奖励,对符合条件的挂牌企业给予20万元的股改奖励,对挂牌后首次获得一定金额以上融资的企业按融资额给予20万~50万元不等的一次性奖励。2018年全年新增OTC孵化板、成长板挂牌企业94家。截至2018年末,OTC孵化板及成长板挂牌企业累计达589家,发挥OTC平台功能为企业融资600余亿元。充分发挥产业引导基金作用,截至2018年末,重庆产业引导专项基金累计投资重庆市中小微企业47家、约17.14亿元,分别占投资全市各类企业总量的75.8%、45.16%。

三是落实政策性担保支持政策。为解决中小企业融资增信不足问题,重庆市积极优化奖补政策,促进政策性担保机构发挥功能作用,扩大中小企业融资担保业务。根据不同融资担保费率水平占比实施梯次奖补,低费率担保占比越大,财政奖补力度越大,从而支持和鼓励担保机构为中小企业提供更多低费率融资担保。对担保费率不超过2%的,奖补0.5个百分点;对担保费率2%及以下占企业担保收入总额80%及以上的,追加奖补0.1个百分点;对占比90%及以上的,再奖补0.1个百分点。该项政策惠及的1100余户中小企业享受到了低费率担保贷款40.2亿元,节约融资成本4000余万元。

(三)充分发挥货币政策作用

一是保障银行资金来源。中国人民银行重庆营管部通过定向降准释放300多亿元流动性,适时开展常备借贷便利操作,放宽再贷款担保品范围等,确保全市金融机构流动性合理充裕。同时,向中国人民银行总行争取新增再贷款、再贴现限额,用于支持民营、小微企业,全年实现投放近300亿元,同比增长近8成。发挥好宏观审慎评估(MPA)的逆周期调控功能,为地方法人金融机构新增信贷增长空间,并引导其重点投向民营、小微企业。

二是加强政策落实督导。在给予资金支持的基础上,中国人民银行重庆营管部注重打通资金从金融机构市级总部向基层行的传导渠道,比如在再贷款投放方面,构建银行到企业的精准穿透机制,实施按月考核、单独台账管理等,确保政策“精准滴灌”民营企业;在再贴现投放方面,通过再贴现支持金融机构设立“票据贴现绿色窗口”,建设中小微企业电票集中签发示范点,完善“示范点+

票据直贴绿色窗口”服务模式。印发《关于开展小微、民营企业金融服务政策传导落实情况专项监测行动的通知》(渝银办发〔2018〕173号),建立民营、小微企业金融政策传导监测机制,督导银行从内部资金转移价格优惠、分支行绩效考核等方面,充分调动基层行积极性。发挥好利率定价自律机制的引导作用,结合服务民营、小微企业需要,通过自律机制发出倡议,倡导各成员单位积极支持民营、小微企业发展,力争降低融资成本。

二、小微金融服务创新实践

(一)持续优化机构体系

一是引导银行网点布局下沉。指导辖内5家大型银行一级分行均设立了普惠金融部,股份制银行重庆分行有6家探索设立了普惠金融部,加快落实“五专”经营机制,合理下放审批权限,稳步延伸普惠金融服务网点,提高服务效率。引导法人银行坚守支农、支小市场定位,积极探索建立普惠金融服务专门机制,下沉经营管理重心,服务地方经济和城乡居民。

二是强化担保支持作用。重庆市与重庆市小微企业融资担保有限公司等金融机构合作,建立银商协作机制,加强职能部门与金融机构之间信息互联互通,积极探索创新微型企业金融服务,优化微型企业金融服务流程。同时,以重庆市微型企业发展网为基础,建立起微型企业金融服务网上平台。通过微型企业发展网,担保公司可以获取企业的工商注册信息、生产经营状况,并对贷款申请进行受理。通过政府职能部门和金融机构的通力合作,为微型企业融资服务,为实体经济服务。

(二)积极推动重庆市中小微企业赴新三板挂牌融资

新三板定位于服务创新型、创业型、成长型中小微企业,是多层次资本市场支持中小微企业股权融资的重要平台,重庆证监局积极推动重庆市符合条件的中小微企业赴新三板挂牌融资。2018年,15家挂牌公司通过定向增发融资9.12亿元,有效降低了企业财务杠杆,筹集到长期发展资金。

(三)充分发挥区域性股权市场服务中小微企业融资功能

区域性股权市场是服务中小微企业的私募股权市场,重庆证监局支持鼓励重庆股份转让中心为中小微企业提供各类融资服务。截至2018年12月末,区域性股权市场挂牌企业755家。2018年,重庆股份转让中心为中小微企业实现各类融资84.85亿元,较上年同期增长42.7%,帮助中小微企业融资。此外,重庆股份转让中心与深圳证券交易所共建了中国(重庆)路演中心和西部并购路演中心,搭建中小微企业对接资本的平台。目前已开展路演活动18场,实现股权直接融资6000万元。

(四)引导创业投资基金为中小微企业提供资金支持

各类私募股权投资基金,特别是创业投资基金快速发展,对于中小微企业成长起到了"孵化器"和"加速器"作用,重庆证监局大力引导创业投资基金为中小微企业提供长期融资支持和战略资源。2018年,重庆市小驰智能科技、蒙蒙码教育科技、锐纳达自动化技术、万读科技、泡泡熊商贸等初创小微企业都获得了天使轮融资。

(五)持续引导银行业保持服务小微企业战略定力

通过单列信贷计划,确保小微企业信贷投放。修订优化小微考评办法,将小微金融服务质效与监管评级挂钩。出台"降成本十条意见",推动全年贷款利率降至6.78%,较第一季度降低0.35个百分点。引导银行大力推进无还本续贷、可自动续期、最高额循环等还款方式创新,积极对接政府转贷应急基金,开展知识价值信用贷款试点,持续提升金融服务能力。2018年12月末,辖内中资商业银行普惠型小微企业贷款余额2036.06亿元,同比增速20.73%,较各项贷款同比增速高7.2个百分点;户数36.69万户,同比增加10.76万户;余额较年初增加355.51亿元,小微信贷计划序时进度完成率143%。全辖"两增"指标完成良好。

(六)实现中小微企业电票集中签发示范点区县全覆盖,支持实体经济发展

全国首创中小微企业电票集中签发示范点,并联合货币信贷部门推出"示范点+票据直贴绿色窗口"服务新模式,为微企提供集电票签发使用、票据资金

融通、政策宣传辅导为一体的“一站式”电票服务，有效破解微企办理电票难、融资难的问题。采取“先主城试点、后区县推广”的发展策略，截至2018年末，全市共建成主城26家全面示范银行、区县39个示范点，成功实现全覆盖目标，其中7个示范点获评“重庆市金融服务实体经济高质量发展示范典型”，涵盖主城及远郊区县；微企办理一笔电票业务的常规耗时由过去约4小时（含往返交通、排队等待、柜面办理等）缩短至30分钟，大幅节约企业用票时间成本；成功助力近3000家微企签发电票2.1万笔，金额163.8亿元，节约各项费用超过800万元；“示范点+票据直贴绿色窗口”服务新模式成效显著，全市共开设票据直贴绿色窗口80个，办理中小微企业直贴772.24亿元。

三、小微金融服务创新成效

（一）提高贷款可获得性

一是持续推进知识信用价值贷款。出台《关于开展中小企业商业价值信用贷款改革试点工作的通知》，目前通过重庆市中小企业商业价值信用贷款管理平台注册企业1018家，提出贷款申请并通过平台初审企业272家，金融机构已受理136家，已为70家企业预授信，预授信总额13414万元。

二是推动“助保贷”落地见效。针对轻资产小微企业贷款抵押物不足的问题，积极采取政府增信方式，推动“助保贷”落地见效。由区县政府及相关部门出资建立政府风险补偿金，共同组成“助保金池”，政府和中国建设银行共同筛选企业组成小微企业池，中国建设银行按不低于10倍杠杆为企业提供流动资金贷款，企业仅需提供50%抵押物，就可获得综合成本低至5.22%的贷款。截至2018年末，“助保贷”累计为1400余户小微企业提供流动资金贷款49.48亿元，有效缓解了部分小微企业因抵押物不足造成的融资难问题。

三是推广“税银互动”融资服务。2015年以来重庆市税务局与原重庆银监局签署了“银税互动”合作协议，共同制定了银税合作联席会议制度；同时按照“分批加盟，逐步覆盖”的合作机制，与22家金融机构开展了不同程度的合作，建立了信用信息共享的银税互动工作机制、创新了融资方式。截至2018年末，已经与各金融机构联合推出了“税e贷”“云税贷”“好企贷”“闪电贷”等14款无抵押、低利息、手续简单的纯信用贷款产品，并在与各金融机构持续合作，不断开发新产品。截至2018年末，重庆税银互动项目各家银行授信户数40307户，授信金额104.95亿元，有贷户数23794户，贷款余额69.64亿元；2018全年累计投放39810笔，累计投放金额111.5亿元。

四是推动线上贷款创新。依托“互联网+”和大数据，提供线上贷款渠道。截至2018年12月末，辖内小微企业线上贷款余额124.3亿元，同比增长1.7倍。

（二）提高直接融资比例

推动重庆市政府印发《提升经济证券化水平行动计划（2018—2022年）》，明确到2022年底实现“我市境内外上市公司数量倍增”的目标。“行动计划”部署了12项重点工作和5项保障措施。加强后备上市资源摸排和筛选，推动80余家企业进入市级拟上市储备库。协调解决拟上市企业的实际困难。截至2018年12月末，在IPO节奏趋缓、审核从严和门槛提高的大背景下，有友食品顺利过会，企业利用资本市场累计实现融资1397亿元。其中，再融资和重大资产重组融资36亿元；发行公司债融资273亿元，同比增长8.9%；交易所资产支持证券融资1088亿元；新增报会和辅导企业7家，新增新三板挂牌企业10家。

（三）建设配套信用体系

一是组织开展金融服务科技型小微企业等实体经济高质量发展示范行动。在金融供给与金融服务方面打造了245个金融示范典型，以点带面引导金融服务升级。依托中征应收账款质押融资服务平台，推动全市应收账款质押融资新增300多亿元。推动金融机构基于大数据、互联网等开展金融产品创新，参与推动重庆市知识价值信用贷款和商业价值信用贷款试点工作等。

二是推动以信用为核心的小微企业融资服务模式创新。充分发挥市公共信用平台信用信息归集共享功能，积极与行业部门、金融机构、征信服务机构、大数据企业等市场主体开展信用信息融合互动，让信用好的小微企业享有便捷、无抵押、免担保的信用融资服务。累计助力支持中小企业商业价值贷款、科技型企业知识价值信用贷、“银税互动”、股份转让中心“信易融”以及重庆银行、中国建设银行、数联铭品（BBD）纯信用贷款等“信易贷”服务和产品创新。2018年末，已通过“银税互动”产品惠及企业6233户，余额约40亿元，其中信用贷款占92.62%。

（四）持续改善企业融资难题

一是构建"3+X"票据贴现体系。针对小微企业票据贴现难、贴现贵、贴现慢的问题，深入调研找准"症结"，陆续在中国工商银行重庆市分行、重庆三峡银行、重庆银行3家银行，创新打造了具有示范引领作用的全市小微企业票据贴现中心，并引导其他银行金融机构设立了多个票据直贴"绿色窗口"，从而构建起"3+X"小微企业票据贴现体系，鼓励票据贴现中心承办银行为小微企业提供全面、高效、专业的票据贴现服务，并给予小微企业贴现利率优惠。截至2018年末，累计为1745家小微企业办理16.4万笔银行承兑汇票贴现业务，贴现总额超过778.56亿元。通过搭建票据兑付现金的"快速通道"，有效缓解了小微企业急需现金结算的压力。

二是推动中小微企业转贷应急工作。为解决企业续贷难题，重庆市在全国省级层面率先建立转贷应急机制，并先后出台提高转贷资金使用额度、降低企业自筹资金比例、延长企业使用转贷资金时限等政策措施，不断满足企业转贷需求，为企业续贷提供便利。2018年1—12月，共为全市1749家企业转贷，转贷总额达140.92亿元；截至2018年12月，累计为全市3342家企业转贷4768笔，转贷总额达326.6亿元，深受企业好评。

三是切实降低企业费用负担。大力清理规范涉企收费项目，2018年取消、停征、降低一批行政事业性收费，重庆市涉企行政事业性收费目录仅保留19项；制定公布了《重庆市政府定价的涉企经营服务收费目录清单》《重庆市政府定价的涉企行政审批前置服务收费目录清单》，涉企经营服务收费减少至10项，涉企行政审批前置服务收费目录减少至1项。重庆银保监局出台《关于切实降低企业融资成本提升金融服务质效的通知》（渝银监办发〔2018〕68号），提出规范收费行为、实行差别化利率等"十条意见"并积极推动落实，起到较好的政策效果。2018年全年，全市银行业较年初免收或取消收费共计190项，整合精简44项，降低收费标准38项。2018年1—12月，辖内中资商业银行1000万元及以下小微贷款加权平均利率6.78%。

四是推进无还本续贷还款方式创新。对生产经营正常，暂时出现还款困难的企业及时帮扶，不"一刀切"，不随意抽贷、断贷。截至2018年12月末，全辖累计发放小微企业无还本续贷贷款174.73亿元，余额147.88亿元，有效降低了企业"倒贷"资金成本和时间成本。同时，推动银行机构积极对接政府转贷应急基金。

第十五章　重庆市互联网金融发展

一、互联网支付创新

大力推进移动支付便民工程建设取得关键进展，服务民生改善。成立重庆市移动支付便民示范工程领导小组，由分管部领导挂帅，组织、协调、督导16家总行指定参与银行、3家地方性商业银行和银联重庆分公司把示范工程列为"一把手工程"，对标对表重庆市示范工程实施方案和考核标准，全面推进各项政策要求落地实施。采取因地制宜、分类施策、分步推进的策略，重点在公交、校园、生活消费等三大便民领域打好"攻坚战"，取得了示范工程建设关键进展。截至2018年末，重庆主城公交线路"云闪付"覆盖率达100%，全市38个区县中已有36个实现公交领域"云闪付"全覆盖，仅剩的2个远郊区县于2019年第一季度完成推广；轨道交通移动支付购票受理设施改造正式启动；53所院校实现"云闪付"支付覆盖，全市校园覆盖率达63%；2018年12月"云闪付"移动支付交易量超过1500万笔，在全国各省（自治区、直辖市）中排名居首。

二、互联网消费金融创新

马上消费金融股份有限公司秉承"互联网+"思维，为借款人提供全自动服务，解决对消费信贷资金需求及服务响应"快"和"急"的问题。

在运营和风控方面，马上消费一是充分利用大数据技术，通过建立适用不同业务场景及需求的几十个大数据模型，对借款人实现"一人一策"的信用评价体系。实际运行中，以中国人民银行征信数据为基础，充分挖掘并利用客户的其他信贷数据、消费数据、互联网痕迹数据等，生成数万个风险变量，分别输入反欺诈、身份验证、还款能力等多个不同的预测模型中，以实现借款人全方位风险评价的量身定制。二是加大新兴技术运用,充分利用人脸对比、活体识别等新兴技术手段,增强身份识别精准度。三是加强消费者保护技术支撑,从消费者权益保护出发,围绕客户服务管理及时性和有效性,加强信息科技支撑,先后打造公司智能催收系统和智能客服系统,利用人工智能等前沿科技提升服务质效。

第十六章　重庆市跨境结算及投融资便利化发展

一、深化跨境结算便利化举措,提高跨境结算效率

一是探索建立陆上贸易融资规则,实现铁路提单、运单信用证结算常态化发展,并在公路运单信用证结算上取得突破。重庆探索陆上贸易结算方式创新在自贸区座谈会上得到了李克强总理的肯定,并被国务院纳入支持自贸区深化改革创新措施予以推广。二是支持银行以“先审电子单据,后补纸质单据”方式办理国际运输结算,运费结算平均1笔业务办理时间从半天缩短至5分钟。三是创新个人跨境消费退税集中收汇,减少境外消费退税款流失,提高退税效率,维护消费者利益。四是积极争取国家外汇管理局支持,推动重庆率先成为全国率先开展资本项目收入结汇支付试点的地区之一,支持自贸区企业按照“先支付使用、后审核单证”管理方式,提高资本项目外汇资金使用效率。

二、拓展跨境投融资渠道,提高资金使用效率

一是成功向中国人民银行总行争取人民币不良债权跨境转让业务试点,成为全国第2个试点省市;成为开展人民币海外基金业务试点城市,顺应不断增长的境外人民币投融资需求。二是稳妥扩大合格境内机构投资者(QDII)改革扩容,推动重庆2家QDII机构获批境外投资额度2亿美元。三是创新贸易融资便利化措施,允许经过外汇局、银行共同认证的重点企业简化单证审核要求,推动2018年末贸易融资余额较年初增长16%。四是对重点领域、重点行业、重点企业外债需求予以专门指导,通过境外直贷、境外发债等多种方式开展跨境融资,充分运用境外较低成本资金服务生产经营需要。

三、大力推动跨境人民币结算，合理防范汇率风险

一是出台全市跨境人民币业务推广方案，开展跨境人民币业务政策培训、千户企业跨境人民币结算推广行动，支持人民币在“一带一路”沿线国家使用，进一步提高跨境人民币结算比重。二是依托中新合作平台，起草并组织重庆、广西、贵州、甘肃、青海五地签订金融支持国际陆海贸易新通道建设跨区域合作框架，促进扩大西部内陆省（自治区、直辖市）与东盟国家的经贸往来，积极推广人民币跨境结算，2018年全年跨境人民币实际收付结算量923亿元，同比增长16.6%。三是推广远期结售汇差额交割，大力支持银行通过远期、掉期、期权等衍生产品为企业提供套期保值，满足汇率避险多元化需求，2018年完成外汇衍生品签约200亿美元。

第十七章　重庆市产业股权投资引导基金创新

近年来,重庆市通过成立市级战略新兴产业股权投资基金、产业引导股权投资基金,以及相关市级部门、区县成立引导性股权投资基金,引导社会资本加大对重庆市重点产业项目的投资,积极推动了重庆市直接融资相关工作。

一、重庆产业引导基金现状

2018年,重庆市国资、环保、科技等市级部门分别成立了一批引导性股权投资基金,以进一步加大对相关产业的扶持力度。市科技局成立引导性的种子基金、天使基金和风投基金,市环保局成立环保产业基金。同时,部分区县也在积极筹建设立产业引导股权投资基金。如长寿区出资2亿元,设立总规模5亿元的产业引导股权投资基金,巴南、渝北、涪陵、璧山、潼南、九龙坡等多个区以及两江新区也成立了区级产业引导股权投资基金。此外,多个区县也启动成立产业引导股权投资基金的前期调查。市级部门和区县成立的引导性股权投资基金,进一步加强了对社会资本的引导和撬动作用。

二、重庆产业引导基金创新实践

为充分发挥财政资金的引导和放大效应,重庆市对产业发展扶持资金的分配方式由之前的补贴支持改为市场化股权投入。为此,重庆产业引导股权投资基金有限责任公司于2014年8月正式成立,资金主要来源于此前市财政扶持产业发展的专项资金,以及其他政府性资金,由市财政按每年25亿元连续拨付4年共计100亿元。并引导社会资本出资组建专项子基金,共同投向工业、农业、现代服务业、科技、旅游业、文化产业等6大产业项目。该引导基金按照“政府引导、市场运作、科学决策、防范风险”的原则运行,政府只负责在前端审定引导基金的总体投资方案,在后端把握各专项基金的投资方向。对引导基金的运行管理,政府不干预,完全按照市场化原则运行。

三、重庆市级产业引导基金运作成效

截至2018年12月末，重庆产业引导股权投资基金已发起的专项基金26只，基金规模260.563亿元，其中引导基金认缴出资57.63亿元。发起的专项基金投资111.01亿元，带动其他资本投资129.9亿元。投向方面将全面覆盖上述的6大产业。重庆战略性新兴产业股权投资基金已完成投资或投决会同意投资项目共14个，过会总投资额约265亿元，实际投资额约125亿元，带动项目总投资超1480亿元。中新互联互通投资基金管理基金共11只，实现管理规模77.51亿元。

第五篇　环境篇

第十八章　重庆货币市场运行情况

一、债券交易市场运行情况

从发行额看，2018年重庆市银行间市场债务融资916.97亿元，同比增长29.55%。其中非金融企业债务融资工具发行707亿元，同比增长31.24%。从余额看，2018年末，中国人民银行重庆营业管理部辖区银行间债券余额2925.46亿元，同比增长9.33%，其中金融债余额526.06亿元，同比增长52%；非金融企业债务融资工具余额2399.4亿元，同比增长2.99%。全年到期金融债券1只30亿元，非金融企业债务融资工具91只667.3亿元，全部实现如期正常兑付。截至2018年末，重庆市在银行间市场发行非金融企业债务融资工具和金融类债券的各类主体达到137家。

2018年，全市大力推动债券产品创新，加大对创新创业、绿色发展、脱贫攻坚以及民营、小微企业的支持。其中，非金融企业债务融资工具方面，重庆高新区开发投资集团有限公司发行全国首单公募类双创债务融资工具，丰都县国有资产经营投资集团有限公司发行全市首单扶贫中期票据。金融类债券方面，重庆银行发行西部地区首单“双创”金融债券、全市首单绿色金融债券，长安汽车金融有限公司发行西部地区首单汽车金融信贷资产支持证券。另外，重庆农村商业银行的小微金融债券、重庆三峡银行的绿色金融债券也已成功发行。

二、短期债券市场运行情况

2018年，重庆市银行间市场非金融企业债务融资工具和金融类债券产品结构进一步优化，多层次债务融资体系不断完善。非金融企业债务融资工具方面，发行超短期融资券27只157亿元，发行短期融资券8只52亿元，发行中期票据29只253.5亿元，发行非公开定向债务融资工具37只228.5亿元，有效满足了投融资各方对发行期限、发行方式等多维度的个性化需求。金融类债券方面，发行了二级资本债券、信贷资产支持证券和专项金融债券，有效满足了金融机构对补充资本、资产负债结构调整、特定领域信贷投放的需求。

第十九章　重庆市金融行业风险及监管情况

一、重庆市金融行业风险监管情况

2018年是防范化解重大风险攻坚战开局之年，宏观经济运行稳中有变、变中有忧，重庆经济发展中不平衡不充分的结构性矛盾逐步显现，经济增速有所下滑，各类金融风险加快暴露。为了贯彻落实党中央和中国人民银行总行关于打好防范化解重大风险攻坚战的战略部署，中国人民银行重庆营管部将“区域金融风险防范化解攻坚行动”作为全辖重点工作之一，在重点企业信用风险化解、问题金融机构早期纠正、债券市场风险防范、配合打击非法金融业务活动等多个方面着力化解风险，取得明显成效，未发生系统性、区域性金融风险，辖区金融风险整体可控。

一是“挂图作战”，制定“三步走”路线。“调研制图”，全面摸排辖区金融风险，做到风险状况底数清。“分析制图”，明确金融风险防控目标、路线图及优先序，拟定辖区金融风险防控措施和应急预案。“决策挂图”，建立各司其职的总体框架，完善上下联动、内外互动的工作机制，层层压实责任，确保防风险工作有序高效推进。

二是加强风险监测排查，全面把握辖区风险状况。对辖区法人银行业金融机构开展央行评级、金融稳定压力测试、存款保险现场核查，强化银行业金融风险监测预警。进一步完善非金融企业债务、地方政府债务、房地产市场波动以及外部冲击等重点风险领域监测机制，前移风险防控关口。在全面风险监测排查的基础上，探索构建区域金融风险评价指标体系，动态反映全市金融风险分布。

三是综合施策，稳妥有序应对处置金融风险。分类施策开展存款保险早期纠正等措施，督导个别机构有序化解风险、保持稳健经营。适时向辖区金融机构宣传解读资产管理新规等新政策，引导市场合理预期，督导法人金融机构自主制定并有序推进资产管理业务整改计划，平稳转型。积极配合有关部门推进地方政府债务管控与重点企业债务风险化解。严格执行重大事项报告制度,督导相关金融机构妥善处置群体上访、大额贷款客户违约风险、内部员工涉案等突发风险事件。

二、银行业风险及监管情况

(一)银行业风险及监管情况

2018年,重庆银行业继续保持稳健运行。年末,银行业不良贷款水平处于全国较低水平,银行业拨备与盈利水平保持稳定,法人机构资本较充足。银行业信用风险整体可控,但资产投向行业集中度高,企业风险暴露加快,个别机构资产分类准确度有待提升,信用风险进一步防控的难度仍然较大。同时,经济结构持续调整,银行业面临一些外部风险持续传导,案件风险、声誉风险管理压力突出。法人机构整体流动性稳定,但中小银行负债稳定性面临考验,负债管理负债程度上升,资产负债错配问题有待进一步纠正。通过全年的综合治理,辖内银行资产负债结构、业务发展模式持续回归本源,但金融市场波动对银行业的影响负债深化,交叉金融领域的风险传递压力仍然较大。

2018年,在复杂的金融风险形势下,重庆市持续推动辖内银行业牢牢把握供给侧结构性改革主线,守住不发生重大金融风险底线。一是持续严抓市场乱象整治。严格实施检查问责,保持强监管、严监管态势,依法处罚、严格问责,坚决控制银行保险各类行业乱象。二是抓牢重点领域风险防处。推动融资1亿元以上企业实现债委会"全覆盖",稳住重点企业债务风险。认真落实防范化解地方政府隐性债务风险政策精神,平台贷款继续保持无逾期、无不良。完善差别化房地产信贷政策,排查消费贷违规进入房市。联合市级部门持续打击不良中介违法犯罪行为。三是抓实法人机构监管。持续提升法人银行公司治理水平,加强股权穿透监管、股东行为监管,妥善化解高风险机构问题。四是抓好外部风险传染。持续治理P2P风险,多部门协同协作,完善和强化在反欺诈、扫黑除恶等各领域的联防联动。

(二)非银行业风险及监管情况

1.信托行业风险及监管情况

辖内信托公司积极应对宏观经济形势和行业政策变化,在业务结构、风险偏好、公司治理等方面进行了主动调整。但在当前内外部复杂多变的行业发展大背景下,一方面风险相互传导使得信托公司单体负外部性增加,各类风险隐患需要关注,另一方面随着资产管理新规的落地和监管力度的持续加强,信托公司原有商业模式面临挑战,辖内信托公司部分业务发展可能受到限制和影响,转型发展的需求更加迫切。

2018年,面对复杂多变的外部形势和内部机构改革的双重压力,重庆银保监局严守风险底线,督促辖内信托公司严防死守化解处置风险、突出重点强化公司治理、调整结构力促转型发展,有力维护了辖内信托公司稳定运营。

一是持续监测信托项目到期兑付情况,通过督导信托公司提前预判形势、做好兑付资金筹措准备、协调提供流动性支持、争取地方政府支付等方式,确保了全年未发生重大风险事件。二是突出重点领域风险防控,通过组织开展2018年房地产压力测试、进一步强化信托公司股权治理、持续加强证券投资等重点风险业务日常监管、积极推进深化整治市场乱象工作等方式,将监管规则内植于辖内信托公司日常经营管理,督促建立长效机制,全面落实各项监管要求,切实提升管理能力和内控水平。三是切实加强资产管理新规过渡期信托监管工作,不断强化政策传导,督促公司严格落实国家宏观调控政策,压降通道类业务规模,逐步调整展业方向,切实履行金融机构服务实体经济职责,切实提升信托公司服务实体经济力度。四是引导辖内信托公司认清形势,树立资产管理行业规范发展的新理念,不断优化业务结构,强化主动管理能力,深挖信托制度优势,促进信托公司回归本源和升级转型。

2.汽车金融行业风险及监管情况

2018年,长安汽车金融有限公司以认真落实年初监管工作会及各项监管要求,促进长安汽车销售,为长安汽车产业的市场布局、产业延伸和集聚发展提供稳定的金融支持,全年业绩稳步增长,风险状况整体可控。

目前汽车金融行业存在的风险主要表现为:一是业务规模波动较大;二是信用风险管控压力增大;三是信息科技管理水平需提升;四是内部控制存在薄弱环节。

针对汽车金融行业风险特点,重庆银保监局主要采取以下监管措施:一是督促公司认真贯彻落实银保监会和重庆银保监局监管工作要求,坚持产业金融定位,着力科技支持,专注主业,有序扩大服务覆盖面,优化金融服务,不断提升服务实体经济质效。二是督促公司进一步完善公司治理,加强董事会各专门委员会规范履职,强化董事监事履职评价、考核。进一步完善绩效考核和激励约束机制,严格执行风险指标和合规指标占比、绩效薪酬延期支付等监管规定。三是督促公司坚持不懈治理银行业市场乱象,持续巩固前期整治市场乱象成果,加强自查和整改问责,加强合规管理,及时报告相关情况。四是督促公司按照信息科技快速巡查结果,落实问题清单,做好问题整改,持续优化信息科技外包管理,防范信息科技风险。五是进一步强化贷款"三查"管理,多措并举,严控新增贷款风险,积极清收和核销存量贷款,争取下一年核销全部存量不良贷款。

3. 金融租赁行业风险及监管情况

2018年,辖内金融租赁公司认真落实各项监管要求,各项指标达到监管要求,但还存在以下风险隐患:

一是个别指标未达监管要求,如对单一股东及其全部关联方的融资余额超过该股东出资额;部分监管指标如拨备率、拨备覆盖率等有所下降。二是个别机构仍未设立专门的内部审计部门,内审工作由合规部兼任。三是信用风险隐患需高度重视,应密切关注已成立债委会项目的后续相关情况。四是异地租赁项目风险管理还需进一步加强。五是个别机构股权管理规定落实不尽到位。

2018年,在复杂的外部形势和严峻的风险形势下,重庆银保监局采取多项措施严守风险底线,有力维护辖内金融租赁业的稳定发展:

一是督促金融租赁公司针对个别指标未达监管要求的问题,积极采取有效措施降低股东及其关联企业融资额,尽快达到监管标准。二是落实监管要求完善内控体系。督促公司严格按照相关监管意见进行整改落实,设立专门的内部审计部门,明确专门的内审人员,并保证人员数量与业务素质,以避免与合规部门职责冲突。三是引导公司强化风险管理,提升信用风险防控有效性,督促公司认真研究适合公司实际状况的风险偏好和风险策略,明确风险政策,使风险政策更好地为公司经营服务。四是督促公司加强异地项目风险管理,要求公司针对其异地租赁项目占比大、风险相对较高、出现风险后作出反应周期长的情况,制定针对异地租赁项目的特殊管理要求,将异地业务拓展和自身风险管理能力进行适配。五是要求公司进一步完善公司治理架构，加强制度建设和内控管理，增强风险合规意识，加强资产质量管理以及提升信息科技建设和管理水平。

4.财务公司风险及监管情况

2018年，辖内财务公司认真落实各项监管要求，总体风险可控，但还存在以下风险隐患：

一是公司治理有效性有待提高，财务公司董事会及专业委员会的履职能力，尤其是风险管理能力需要进一步提高；监事会对经营决策、风险管理和内部控制的监督检查并督促整改职能需要加强。二是流动性风险比较突出，部分财务公司受到集团成员单位经营下滑的影响，集团的融资能力有所下降，集团偿债后剩余可归集资金减少；流动性监测预警机制手段单一，流动性风险实时监测能力不足，风险应对比较被动。三是信用风险逐渐凸显，个别集团公司成员单位对外部各类金融机构的偿债压力仍比较大，财务公司面临的信用风险逐渐增大。

2018年，原重庆银监局对财务公司重点采取了以下监管措施：

一是引导财务公司发挥优势，服务集团的改革发展。充分发挥财务公司的业务优势，为成员单位开展业务提供便利；发挥财务公司的专业优势，提升集团公司资产负债管理和流动性管理的能力；发挥财务公司的成本优势，通过利率优惠、费用减免等多种方式进一步助力集团降成本。二是指导财务公司开展深化整治银行业市场乱象工作。通过整治市场乱象规范财务公司各类业务行为，提高财务公司业务经营管理质量，进一步提高财务公司各项业务合规性和风险管控能力。三是加强风险防控，重点监测流动性风险。通报财务公司行业发生的风险案件情况，并要求各财务公司加强信用风险和流动性风险管理；重点强化单一客户授信管理，建立风险限额管理机制；开展风险排查和压力测试工作，提高资金头寸的精细化管理能力。

三、证券业风险及监管情况

（一）证券业风险情况

一是市场主体发展问题和风险仍不容忽视。上市公司大股东股票质押平仓风险整体可控，但个别公司问题比较突出，风险不容忽视；上市公司内幕交易、大股东资金占用、信息披露违规等问题还时有发生；一些新三板挂牌公司、债券发行人合规意识不足，存在资金管理、内部控制薄弱等问题；部分证券经营机构存在内控合规跟不上业务转型和快速扩张步伐，投资银行业务、金融产品销售及资产管理业务未归位尽责等问题；部分交易场所及其分支机构、代理商等在重庆市违规经营行为还需清理整顿。二是公司债、资产管理、私募基金等产品兑付风险压力较大。公司债陆续进入兑付高峰期，兑付风险压力提升。重庆市证券期货基金经营机构和私募基金管理机构发行的资产管理产品、私募基金产品，如果风险控制不到位，投资的企业由于经营困难等原因出现资金链断裂，容易引发产品违约风险。

（二）证券业监管情况

1. 推进依法从严监管，净化市场发展环境

2018年，重庆证监局行政复议和应诉“零变更、零撤销、零败诉”。同时，进一步强化检查频度和问责力度，促进监管对象合规运营，及时查处市场违规行为。加强与公安部门合作，持续保持稽查执法高压态势，开展一线交流暨稽查联合作战机制试点，进一步提升稽查办案合力，全年查办案件数量始终高位运行，查办效率和质量稳步提高。加强监测和排查，及时处理和移交“涉非”线索。

2. 加强沟通协调联动，主动应对、处置资本市场风险

2018年，重庆资本市场未发生重大风险事件。重庆证监局加强与市金融监管局、中国人民银行重庆营管部、重庆银保监局等部门协调，盯住重点领域风险、突发风险：全面摸底股票质押情况，形成“一司一策”工作方案，稳步纾解风险；妥善处理奥瑞德、迪马股份、东河股份、天圣制药等公司突发风险事件；积极做好公司债券兑付风险排查和监测；组织220家私募机构全面自查排查兑付风险、舆情风险、违法失信风险等情况，稳妥应对盛云穆迪投资者突发风险；督促

经营机构承担风险防控首要责任，做好风险防控和维稳的准备工作，稳妥处置投资者投诉、缠访事件，将集访风险化解在前端，做好股票复牌及退市风险维稳工作。

3.促进投资者教育和保护水平再上新台阶

2018年，重庆证监局积极组织开展系列投资宣传教育活动。充分发挥投教基地贴近一线的优势，开展各类投教活动。主动走访辖区部分证券经营机构，实地了解投保工作要求落实情况，召开适当性管理办法、投教基地中小投资者调研座谈会，听取辖区机构和投资者意见建议，开展投资者季度调查。畅通投资者维权渠道，全年指导中证中小投资者服务中心重庆调解工作站调解证券投资咨询服务、期货手续费等纠纷5起，调解金额59.83万元。同时，指导中证重庆调解工作站受理辖区首起受法院委托调解的虚假陈述纠纷，实现诉调对接机制“破冰”。及时妥善处理各类投资投诉举报事项。

四、保险业风险及监管情况

（一）重庆保险业风险情况

在市委、市政府和会党委的坚强领导下，重庆保险业未发生区域性、系统性风险，市场风险平稳可控。2018年，两家财产保险公司非人寿保险投资型产品存续业务风险得到有效防控，均未发生满期给付舆情、流动性风险等问题。全市人寿保险公司满期给付规模持续缩小，满期给付支出70.5亿元，同比负增长11.9%。全市人寿保险公司退保金151.4亿元，同比增长12%，较全国水平低5.8个百分点，退保率7.6%。全市保险业整体偿付能力充足，截至2018年末，在渝5家法人机构和52家保险分公司的法人机构综合偿付能力充足率全部达标（>100%）。

（二）保险业风险防范化解监管情况

按照市委、市政府和会党委的工作部署，进一步深化认识、提升能力，坚持疏堵结合、标本兼治，有效防范化解处置重点领域风险，坚决守住防范区域性风险的底线。

1.健全风险防控工作机制

一是完善风险季度排查机制,定期通报风险排查情况。按季度收集各保险机构风险排查报告,汇总分析后向辖内机构发文通报风险状况和强调监管要求,并对重点公司进行约谈或窗口指导,督促开展风险排查处置。二是扎实开展舆情监测,加强舆情引导,防止出现恶意炒作。综合运用互联网大数据平台等工具,实现对网络视频、纸媒、微信、微博等领域全覆盖监测。全年监测并处置辖内敏感舆情2起。三是畅通内部沟通交流机制,相关业务处室及时沟通各类风险信息,形成防范处置合力。

2.抓好重点领域风险防控

一是召开重庆保险业防控违规销售非保险金融产品风险工作会议,部署风险防控相关工作;督促辖内保险机构落实会议精神和完善制度,辖内机构新建制度264个,修订制度204个,完善内控环节2144项。二是加强对市场突出风险的监测、预警。对两家财产保险公司非人寿保险理财型产品满期、退保、给付情况进行监测,重点关注非正常集中退保、群体性事件等重点风险。同时,定期监测人身保险公司满期给付与退保风险,对11家重点公司下发风险提示函。三是指导市保险行业协会出台《违规销售非保险金融产品行为举报奖励暂行办法》以及在保险销售从业人员管理平台录入并共享高风险人员信息。四是联合市公安局印发重庆市"安宁2018"反保险欺诈专项行动方案,开展重点领域欺诈风险调研,公安机关共对18件涉嫌保险欺诈案件立案,涉案金额669万元,抓获犯罪嫌疑人10人。此外,继续开展互联网保险风险清理整顿工作。

3.提升突发事件处置能力

一是完善风险应急预案,制定12378保险投诉热线重庆分中心热线管理应急预案。二是与相关部门沟通协作,联合处置"盛云穆迪""深圳同盈"等群访风险,督促相关公司开展风险排查处置,跟踪指导重点公司处理退保争议,防范群访风险。三是部署开展打击非法商业保险活动专项行动。

4.压实保险机构风险防控主体责任

一是组织开展举报调查、防范和处置非法集资专项检查,查处违法行为,向存在风险的保险公司下发监管函,督促机构加强内控。约谈有关保险总公司,督促指导重庆分公司加强风险防控和处置。二是组织辖内产险公司开展信用保证保险业务专项自查,并对信保业务规模较大的公司进行自查工作的现场督导。三是通过满期给付与退保月报旬报监测制度，督促公司定期排查，倒逼公司承担主体责任。四是依据非现场监管分析和专管员掌握情况，适时对公司提示风险，开展专项督导。

五、其他金融行业风险及监管情况

（一）担保行业风险及监管情况

1.行业风险

全市融资担保行业运行平稳，风险总体可控，截至2018年12月末，全市融资担保代偿率2.36%，低于全国1.4个百分点；拨备覆盖率116.2%，较年初提高2个百分点。守住了不发生区域性风险、不引发系统性风险底线。

2.监管情况

（1）建规制，支撑依法监管

一是加强监管政策传导。通过下发行业年度监管工作要点、过渡期监管文件，印制宣传手册和专家培训等多种形式，持续宣传贯彻国发〔2015〕43号文，确保政策法规落地。二是弥补监管规制短板。草拟《重庆市融资担保公司监督管理办法（送审稿）》《融资担保公司风险动态监测预警指引》等制度，推动建立首支融资担保执法队伍。三是优化监管统计功能。融资担保新监管系统实现线上统计功能，建立监管统计半年考核通报机制，提升了统计报送质量。

（2）严监管，深化分类施策

注重监管工具箱的有效运用：实施“双重要”机构名单制管理；采取机构自评、区县初评、处室复评三级联动，实施“全覆盖”监管评价；探索“标准化”现场检查，采取统一部署培训、统一检查方案、统一抽选机构、统一问题处置标准、分级组织实施的形式，完成部分机构现场检查任务，对检查发现的问题在全市进行通报，并逐家下发整改通知书、监管约谈等方式加强检查后跟踪督导。同时，实施“高压式”日常监管，全年通过开展监管谈话、下发各类监管文书、暂停业务等监管手段，保持监管的力度、强度和硬度。

（3）防风险，维护行业稳定

一是注重行业定期风险研判。实行一月一报表，一季一报告，加强对担保行业运行趋势的监测、分析和研判。二是紧扣重点领域风险防控。重点关注P2P平台涉网担保和债券担保风险，开展专项风险排查和风险研判座谈会，加强前瞻预判和风险提示。三是稳妥处置单体机构风险。加强监管联动，会同行业主管部门和区县管理部门妥善开展单体机构集中代偿风险、流动性风险和负面舆情风险处置，严守不发生区域性风险、不引发系统性风险底线。

(4)促发展，支持普惠金融

一是推动国家融资担保基金首批落地重庆。通过积极对接、推介和辅导，重庆市小微担保公司作为唯一直保类机构首批加入国家融担体系，获得100亿元授信额度、190亿元银担合作签约，2018年年底前已落地14亿元，搭建了新型"政银担"合作模式。二是引导机构加大对小微和"三农"支持力度，开发扶贫专项债等创新产品，进一步降低融资担保费率，降低实体经济融资成本。三是积极支持民营企业债务融资工具在渝落地，配合中国人民银行、中债信用增进公司等部门，及时帮助地方龙头民营企业进行债券融资，帮助民营企业渡过难关。

(二)金融要素市场风险及监管情况

1.风险情况

2018年，重庆市始终将风险防控作为交易场所稳健审慎发展的首要任务，严格贯彻《国务院关于清理整顿各类交易场所切实防范金融风险的决定》(国发〔2011〕38号)、《国务院办公厅关于清理整顿各类交易场所的实施意见》(国发〔2012〕37号)等监管文件的精神以及清整联办"回头看"工作要求，实施全流程严格监管，持续提升监管能力建设。截至2018年末，重庆市交易场所运行平稳，未发现严重违反监管规定和引致重大风险情形。

2.监管情况

一是完善制度体系。完成了《交易场所内部控制指引》等8项监管制度的论证起草、征求意见和修订。

二是严控新增业务和机构。驳回10余个不符合监管规定的机构、业务新设申请，受理通过业务申请和变更申请6项，修改意见2000余条。

三是强化事中约束。实现非现场监管全覆盖，开展全部14家机构合规性检视和风险排查，及时对5家交易场所采取风险警示和缓释措施，约谈机构高管10余次，开展现场检查11次。

四是加强风险处置。在完成前期对395家展业机构进行排查的基础上，将失联的27家异地交易场所在渝展业机构全部纳入全市非法集资监测预警平台和金融风险监测平台，发布首批5家“黑名单”，督促重庆金融资产交易所有序平稳完成资产管理产品兑付，按计划推进重庆股份转让中心私募债兑付。妥善处理交易市场所涉及的政务信息公开申请、信访投诉、行政复议、行政诉讼等。

(三)基金行业风险及监管情况

1.风险情况

当前经济发展下行压力增大，部分私募股权投资企业出现项目退出困难的情况，特别是少数私募股权投资基金存在基金募集不规范的现象，如向不特定群体募资，对投资者承诺收益等行为。甚至极少私募机构利用私募基金的幌子进行非法集资，一旦出现兑付风险，容易导致社会的不稳定。

2.化解措施

按照《全市防范化解金融领域重大风险工作方案》(渝府办发〔2018〕21号)规定，根据市防范化解重大风险攻坚战行动总指挥部办公室部署，通过对私募股权投资类企业的分类处置工作，核实吊销一批、整改规范一批、打击取缔一批，逐步实现私募投资企业注册规范、备案规范、展业规范、行业协会管理规范，为重庆市私募基金行业规范可持续发展奠定基础。私募股权投资类企业新增非法集资案件明显减少，私募股权投资基金经营合规性显著提升。私募股权投资基金风险得到有效控制。

(四)小额贷款行业风险及监管情况

1.行业风险

(1)努力化解不良贷款风险

推动银行、小额贷款、担保三个协会合作，指导建立小额贷款债权委员会，密切法院、仲裁、公证等司法部门关系，支持创新运用剥离、转让、核销、债转股、投贷结合等多种处置方式。

(2)管控资金来源风险

对融资业务实行分类管理，严格执行融资备案管理制度，扶优限劣，有保有压。支持优秀的、合规的公司融资需求，否决10家公司的融资和委托贷款申请，暂停7家公司的委托贷款业务资格。

(3)积极稳妥处理单体风险

健全信访投诉处理机制，形成信访处理“六步工作法”，全年办结191件，没有出现因投诉处理引发行业风险事件。积极参与协调处理重点企业债权债务纠纷，努力维护小额贷款公司合法权益。

(4)网络小额贷款业务整治风险

精心制定整治方案，精确摸排风险底数，精细实施现场验收，精准开展分类处置，精练提出监管建议，有序开展风险排查、问题整改、现场验收，在网贷资质、贷款产品、机构人员、银行账户、业务系统、业务管理等方面的合规水平进一步提高，网络小额贷款业务整治总体平稳有序。

2.监管情况

(1)探索建立银行账户监管方式。印发《关于印发重庆市小额贷款公司银行账户管理指引的通知》，指引全面规范了重庆市小额贷款公司银行账户的开立、使用、变更和撤销，银行账户落地和管理迈向了常态化和规范化。

(2)完善非现场监管方式和手段。改进信息统计工作，对小额贷款公司信息统计上报工作提出了新的要求和措施。推进行业信息共享，打通监管系统与政务信息共享平台接口，主动接受社会监督。优化行业监管评级，根据最新的监管政策要求和产业政策方向，修订调整监管评级指标，依据评级结果精准实施差别化管理。

(3)强化违规查处质量和力度。2018年现场检查采用小额贷款公司全面自查、区县金融管理部门自主检查、市金融监管局抽查相结合的方式进行，自查面100%，检查数量占全市机构总数的63%。对检查发现违规公司给予“暂停业务、约谈高管、评级扣分、行业通报”等方式处理，责令限期整改。

(4)持续加强监管能力建设。

一是抓区县主监管员能力。对重点区县主监管人员，请过来点对点现场辅导。组织举办市场准入、股权变更、平台合作、网贷整治培训。

二是抓小额贷款协会自律能力。加强统筹指导，坚持同计划、同布置、同检查，促进协会在行业宣传、业务培训、维权服务、行业规范方面开展大量卓有成效的工作。

三是抓团队整体能力。坚持岗位练兵，以老带新，教技能，讲方法，经常督查工作进度，确保工作效率质量。

（五）融资租赁行业风险及监管情况

1.融资租赁行业风险

（1）行业风险有待进一步摸清，关注异常类机构潜在风险隐患大

原管理部门对机构的金融风险属性重视不够，机构设立监管视为一般企业，重发展，轻监管，防风险意识较弱，相应监管指标仅有业务发展指标，无行业风险指标，缺乏对机构整体风险状况的统计、分析和监测，如91家机构中，50%的机构为未经营业务及失联等异常类机构，经营情况未掌握，风险底数不清，潜在风险隐患大。

（2）行业发展面临困境，防控风险能力弱

融资租赁公司资金来源主要为自有资金和银行贷款，银行授信难，融资受限；财税等支持政策不足，如不能享受拨备税前扣除、接入中国人民银行征信系统等政策，无法查询客户信息，使其展业过程中信息不对称，缺少约束客户的手段；行业专业人才缺乏，公司治理有待加强；注册资本实行认缴制，注册资本实缴不到位，严重影响机构风险防控和业务拓展。

2.融资租赁监管情况

为进一步加快融资租赁业发展，更好地发挥融资租赁服务实体经济发展、促进经济稳定增长和转型升级的作用，2015年8月30日，国务院办公厅出台了《关于加快融资租赁业发展的指导意见》（国办发〔2015〕68号），对融资租赁业发展提出了具体工作意见。为贯彻落实《国务院办公厅关于加快融资租赁业发展的指导意见》（国办发〔2015〕68号），重庆市商委与市外经贸委及时合作起草文件，在注重发展的同时，强化规范管理，理顺管理机制，落实管理责任。

2018年4月，按照中央统一部署，融资租赁的业务经营和监管职责由商务部划转至中国银保监会履行。重庆市高度重视融资租赁行业发展及监管，2018年4月以来，按照市委、市政府、重庆市机构改革方案有关要求和中国银保监会《关于做好三类机构职责转隶后相关工作的函》（银保监函〔2018〕25号）、《关于商请做好改革过渡期三类机构工作衔接的函》（银保监函〔2018〕204号）文件精神，市金融监管局和市商务委稳妥有序推进融资租赁、商业保理、典当三类机构（以下

简称“三类机构”)监管职责转隶工作。一是跟踪落实政策。建立与银保监会联系和信息报送渠道,掌握政策导向,按照相关文件要求持续推进转隶工作。二是完成前期调研。形成三类机构基本情况报告上报市政府。三是形成转隶方案。与市商委多次研讨形成《融资租赁商业保理典当三类机构监管职责转隶工作方案》报市政府,理清工作原则、步骤、措施等。四是出台转隶过渡期通知。防止过渡期出现监管真空,维护三类机构稳定运营。五是按照银保监会文件要求,市商委组织三类机构完善相关管理及业务系统信息,完成风险摸底排查及分类工作。2018年末如期完成包括融资租赁在内的三类机构监管职责转隶。

(六)典当行业风险及监管情况

1.风险情况

重庆市典当行业风险状况主要表现为:一是融资渠道受限,《典当管理办法》允许典当公司向银行融资,但受中央监管部门政策影响无法取得银行贷款,限制其规模扩大;二是行业内企业规模小,存在业务量萎缩,续当行为普遍,欠收综合费和利息较为严重,绝当风险增大,资金利用率偏低,经营风险大;三是诉讼执行难度大,按照规定3万元以上绝当物需公开拍卖,但在实际执行过程中,受《物权法》约束,通过司法处置实现债权的难度大;四是行业内从业人员专业能力有待加强,典当从业人员多为非专业人员,风控意识较为淡薄,抵、质押物专业评估人员稀缺。

2.监管情况

根据《典当管理办法》《商务部关于印发〈典当行业监管规定〉的通知》(商流通发〔2012〕423号)规定,商务部负责制定典当行业监管政策、制度、典当企业经营规则,指导地方商务主管部门加强对典当行业的监管工作和行业协会等自律组织的工作。重庆市商务委员会对本地区典当行业监管负责,制订并组织实施本地区监管工作政策、制度和工作部署,对“典当经营许可证”和当票进行管理;开展各种方式的监管、检查工作。区县商务主管部门负责本地区典当行业的日常监管。

2018年12月29日,按照中央相关规定,典当公司等机构,由中央金融监管部门制定监管规则并实施监管,地方金融监管部门履行属地监管职责。典当行业监督管理职能职责自市商委转隶到市金融监管局。国务院《关于国务院机构改革涉及行政法规规定的行政机关职责调整问题的决定》(国发〔2018〕17号)文件精神,现行行政法规规定的行政机关职责和工作,由组建后或划入职责的行政机关承担的,在有关行政法规规定尚未修改或者废止之前,由组建后或划入职责的行政机关承担。地方各级行政机关按照上述原则执行。目前由市金融监管局对本地区典当行业监管负责,按照原有规定组织实施本地区监管工作,对"典当经营许可证"和当票进行管理;建立典当行业重大事件信息通报机制、风险预警机制和突发事件应急处置预案;开展各种方式的监管、检查工作。

(七)商业保理行业风险及监管情况

1.行业风险

(1)操作风险

一是存在对贸易本身及其贸易链条审查不清的情况;二是存在对买卖双方主体信用状况了解不清和交易合同审查不严的现象;三是存在应收账款转让给保理机构的有效性风险;四是审查不仔细,存在一票多次融资形成的重复融资风险。

(2)信用风险

有些卖方企业编造、伪造、变造财务报表、发票,虚构应收账款贸易背景和交易合同,部分企业利用商业保理资金开展互联网金融等业务。

(3)法律风险

目前国内商业保理业务的主要法律依据是《合同法》,缺乏更为详尽的法律法规予以支撑。

(4)市场风险

伴随世界经济复苏缓慢、中国经济步入"新常态",部分企业经营困难,发生区域性、行业性金融风险的可能性加大。

2.监管情况

(1)强化政策监管

2013年12月25日,两江新区管委会联合市商委、市外经贸委共同出台了《重庆两江新区商业保理(试点)管理办法》,对商业保理公司的设立和业务范围、公司经营与管理、行政管理和服务、行业发展与自律等方面做出了规定。与国内其他试点地方的办法有所不同,《重庆两江新区商业保理(试点)管理办法》

还对商业保理公司应收账款再转让、托管银行和联席会议制度进行了创新和明确。

(2)严把准入标准

为保证商业保理公司能够合法合规、持续快速地开展商业保理业务，重庆市严把准入关口，通过材料审核、约谈负责人、一次性提前到位注册资本金等审核程序，确保新成立商业保理公司具备投资实力和经营能力。

(3)重视日常监管

自第一家商业保理公司成立以来，重庆市通过一对一调研、定期收集统计数据、召开专题座谈会等方式，深入考察调研企业，了解企业实际经营情况，确保企业合法合规经营。加强日常巡查，对商业保理企业开展风险排查，要求企业严格遵守相关法律法规，守住不吸收公众存款和不委托发放贷款的底线。

(4)建立行业组织

通过与民政部门的多次对接沟通，于2015年12月28日推动成立了重庆市商业保理行业协会，着力规范行业标准，加强行业自律，树立商业保理行业形象。

(5)开展业务培训

为切实规范行业管理，推动商业保理行业持续快速健康发展，监管部门不定期举办全市商业保理业务培训，对商贸领域信用销售相关政策进行宣贯与解析，对非金融机构接入征信系统流程和应收账款融资服务平台应用进行详细讲解，对商业保理行业风险控制进行业务交流，对商业保理的业务范围、从业规范、禁止范围进行重点强调，通过宣传教育，引导规范企业的经营行为。

第二十章　重庆市信用体系建设情况

2018年，重庆以“行政+市场”双线推进中小企业和农村信用体系建设，积极推动地方社会信用体系建设，强化地方政务信息公开、共享与应用，推动重庆在全国城市信用排名升至第二位。

一、征信市场建设与管理情况

一是征信系统覆盖面显著提升，防范信贷风险作用进一步增强。2018年末，重庆累计有238家机构接入征信系统，涵盖银行业金融机构、财务公司、汽车金融公司、消费金融公司、金融租赁公司、贷款公司、证券公司、小额贷款公司、融资性担保公司、融资租赁公司等各类机构，其中小额贷款、融资性担保机构接入数量居全国前列。个人征信系统累计收录重庆市1947万自然人，开通重庆查询用户595个；全年共计查询个人信用报告1.01亿次，同比增长99.1%；向社会公众提供查询服务202.8万次，同比增长44.8%。企业征信系统累计收录重庆市企业及其他组织24.4万户，开通重庆查询用户1218个，共计查询企业信用报告38.5万次。

二是征信市场、评级市场规范发展。备案企业征信机构积极参与全市中小企业信用体系建设，依法采集信息并提供社会化征信服务。截至2018年末，重庆2家备案企业征信机构采集所涉企业数2335万户，提供企业信用报告查询22万次。接入机构全年累计录入债券市场评级资料221笔，信贷市场评级、跟踪评级报告11笔。

二、信用体系试验区建设情况

一是与市发改委共同牵头落实工作任务。共同制定《2018年重庆市社会信用体系建设工作要点》，共同修订《重庆市公共信用信息目录（2018年版）》，涉及59家部门和单位共2717个信息事项；协同市级部门办理社会信用体系建设工作文件106份；共同推动全国信用信息共享平台（重庆）、信用中国（重庆）网站建设，信用数据归集总量超3.9亿条。

二是带头推动行政处罚和行政许可等信息“双公示”工作。行政执法信息公示后10日内上报中国人民银行金融信用信息基础数据库，同时，在中国人民银行子网站和“信用重庆”网进行公示。2018年，向“信用重庆”报送行政许可和处罚信息212824条。

三是与市级相关部门建立信息采集长效机制。2018年，金融信用信息数据库累计采集重庆企业环保信息3.6万条，新增采集24万人的公积金缴存信息。同时，依法为政府部门（司法机关）提供查询10084次，为其转变职能、提升履职效能提供支持。

三、中小企业和农村信用体系建设情况

（一）发挥政策合力，全面推进农村信用体系建设

一是建立市级层面协同工作机制，推动农村信用体系建设与乡村振兴、精准扶贫深度融合。牵头市扶贫办等11个部门向全市金融机构印发《关于金融服务乡村振兴战略的实施意见》（渝银发〔2018〕67号）；举全行之力推动“金融服务实体经济高质量发展示范行动”。29家商业银行申报农村信用体系建设、基础服务示范体系建设同精准扶贫、乡村振兴战略的尝试融合。

二是以信用创建为抓手，推动农村信用体系建设全面开展。14个区县制定了农村信用体系建设工作方案，建立信息采集工作机制，制定信用村、信用镇（街）评定暂行办法，推动金融机构开展信用户评定与授信，并要求金融机构间互认。目前已评定信用户174万，信用村521个。

三是以“重庆农村信用信息基础数据库”为平台，实现涉农信息归集共享。建设“主系统”+若干区（县）数据库“子系统”的数据库模式，采集152.5万户农户、1752个农村经济组织的700多万条信息，实现与“金融精准扶贫信息系统”的信息资源整合。

四是以财政与金融政策为导向，建立多重正向激励机制。2个区县建立了财政贴息制度，每年至少安排100万元专项资金，对信用村镇农户贷款（基准利率50%以下）给予1%~3%的财政贴息。18个区县建立了信用村镇金融主办行

制度，增加信贷投放，优惠信贷利率，推出适合农村的信贷产品，如乡村振兴贷款、新农产助农贷等，优先布局助农取款点、电商结算服务点、金融法治宣传点，推动形成信用示范效应，促进信用建设。30家银行申请创建金融扶贫示范行，其中多家机构同时申请两类示范创建，调动商业银行参与度达80%，有力地促进了农村信用体系建设。

（二）以“行政+市场”模式，双轮驱动中小微企业信用体系建设

一是建立健全“中国人民银行牵头、市场参与、统筹协调”的工作机制。2018年，重庆推动地方政府将中小企业信用体系建设纳入“十三五”社会信用体系建设规划，出台工作机制相关文件共6份，建立考核机制，在行政审批、招标投标、政府采购、公共资源分配等领域主动应用信用产品，通过信用激励辅助行政管理。二是深入调查，部领导带队走访中小企业“把脉问诊”。中国人民银行重庆营管部由部领导亲自带队联合分支机构赴10余家涵盖各领域的中小企业开展民营企业大走访活动，探索支持中小型民营企业发展的新方式，帮助辖区中小型民企度过寒冬，推动中小企业信用体系建设。三是组织征信机构参与中小企业信用体系建设，推动小微企业信息采集与共享。目前有35个区县与辖区2家已备案企业征信机构开展合作，搭建中小企业信用数据库及信用服务系统15个，采集中小企业信息268385户。通过这些信息服务系统申请贷款5597户，获得贷款5190户，贷款余额123.64亿元，较2017年末增长30%；信用贷款余额13.62亿元，较2017年末增长404%。

第六篇　机构篇

第二十一章　本地法人银行机构

一、重庆银行

2018年，重庆银行坚持以习近平新时代中国特色社会主义思想为指导，认真贯彻落实党的十九大精神、新发展理念和中共中央、重庆市委市政府决策部署，坚持“稳中求进”工作总基调，保持战略定力，有效应对国际国内各种不确定性，全面确立稳中向好发展态势，绘就了高质量发展、高起点创新、高标准管理的新篇章。

（一）基本概况

重庆银行是中国西部和长江上游地区成立最早的地方性股份制商业银行之一，前身是1996年由37家城市信用社及城市信用联社共同组建的重庆城市合作银行。1998年更名为重庆市商业银行，2007年更名为重庆银行。2013年11月6日，在港交所上市，成为首家在港交所主板市场上市的内地城市商业银行。2015年，被原中国银监会确定为全国城市商业银行12家“领头羊”之一，同年，成功实现H股定向增发。2017年，成功发行境外优先股，资本实力持续增强，经营发展得到境内外投资者认可。2018年末，重庆银行有员工4119人，网点142个，经营范围覆盖重庆、四川、贵州、陕西“一市三省”。

2018年，标准普尔连续两年给予重庆银行BBB-评级，展望稳定；在英国《银行家》杂志公布的全球千家银行最新排名中提升44名，晋级第252位；在中国银行业协会公布的全国73家参评城市商业银行陀螺体系综合评价排名中提升2位，晋级第7位。评级和排名在城市商业银行中均名列前茅。

(二)2018年运营情况

1.经营业绩稳中有进

2018年,重庆银行牢牢把握高质量发展导向,坚定推进发展方式转变,实现了规模、效益、结构和品牌协同发展,资本运营取得新成效、新进展。截至2018年末,全行资产总额超过4500亿元,增幅6.5%;客户存款余额2564亿元,增幅7.4%;贷款余额1952亿元,增幅16.1%,保持了稳健增长的良好态势。实现净利润约38亿元,增长1.5%;不良贷款率1.36%。控股参股子公司鈊渝金融租赁公司、马上消费金融公司各项经营指标在同行业名列前茅。

2.风险防控稳中见实

2018年是重庆银行全面加强风险防控的攻坚之年,坚持加快化解存量风险与坚决控制增量风险齐推进,坚持风险化解与制度建设两手抓,积极调整优化风险策略,压紧打牢风险防控基础。

(1)资产质量更加夯实

截至2018年末,不良贷款率、核心一级资本充足率、一级资本充足率和资本充足率均符合监管要求。资产质量更加夯实得到监管充分认可,在监管部门差异化调整监管指标的重庆地区三家地方法人银行中,重庆银行属于拨备覆盖率和贷款拨备率要求最低的银行。

(2)风控工具更加充实

在深入挖掘关联关系和经济依存度关系的基础上,建立客户集群管理风控框架,进一步做实统一授信管理、限额管理。建立智能风控决策引擎,建成投运首套消费金融大数据智能风控体系,持续升级小微企业“三位一体”大数据风控模型,逐步打造信贷全流程智能风控体系。以风险管理工具为基础,梳理优化信贷流程操作细则,提高线上化、标准化作业水平,促进风险管理和风控效率的提升。

(3)风控举措更加务实

继续推进全面风险管理架构优化,坚持重点管理与日常监控相结合,建立健全问题授信偏离管理机制,开展多层级、全方位风险教育。制定三年风险规划,明确资产质量管控目标。推进风险管理信息系统建设,以智能化为引领持续提升信用风险防控能力。流动性风险、市场风险、利率风险、操作风险、声誉风险防控等工作取得新进展。

3.科技赋能稳中有为

2018年，重庆银行以大数据智能化创新为驱动，实现新一代核心系统建成上线。新一代核心系统采用分布式架构+同城双活技术建设，是全国首家采用这种技术架构并成功实施的城市商业银行。

新核心系统突破了长期制约产品开发效率的技术瓶颈。可实现产品快速配置化开发，支持业务部门快速调整产品定价，缩短开发周期。进一步提升了系统稳定性和业务连续性保障能力。新核心系统能支撑千万级日交易量，每秒2000笔的并发交易量，设计性能可满足重庆银行未来十年的业务发展需要。主中心与同城数据中心之间可实现秒级应用灾备切换，极大提高了业务连续性保障能力。进一步提升了系统便捷性和功能扩展性。可通过360°客户视图交易，实现由“以账户为中心”向“以客户为中心”转变，缩短客户办理业务的时长。采用全新的面向服务的架构（SOA）和分布式架构，交易采用流程化、模块化，不仅彻底解决了功能之间的紧耦合，而且支持根据业务量横向扩展。

4.内部管理稳中增效

2018年，重庆银行紧盯重点领域，坚持对标先进，连续发力、集中施策，高标准、项目化推进内部管理机制改革，在基础保障及合规管理能力方面实现新提升。

（1）率先实现新旧准则顺利转换

以智能化方式率先实施《国际财务报告准则第9号——金融工具》（IFRS9），完善资产减值准备系统及金融资产公允价值评估系统，采用新的工具和方法更加精准地计提减值准备以及动态计量金融资产价值变化，全面改善风险架构和风险控制流程。

（2）资源精准配置能力不断提升

按照宏观审慎管理、资产管理新规等监管要求，持续优化资产负债结构，缓释资本压力，制定高效的资本策略、科学的定价策略和稳健的流动性策略，进一步提升资产负债及财务资源精准配置能力。同时加强预算和费用精细化管理，完善财务集中核算，提升投入产出效率，全年成本收入比处于行业较优水平。

（3）管理精细化水平显著提高

对标同业修订完善三年战略规划，全力与上市城市商业银行、中国商业银行争上游。围绕战略需求，不断优化组织架构、绩效考核、预算管理、采购管理、运营管理等管理机制，构筑统一评审体系，持续提升管理效能，降低运行成本。

实施全面风险管理框架下的考核模式，打造适应、引领、推动和保障业务发展的经济增加值考核体系，进一步统筹优化成本与收入、风险与收益、短期利益与长期价值，完善支持战略转型业务发展的管理举措。全面落地员工职业通道制度，推进能上能下，激发队伍活力。

(4)高质量发展动能不断迸发

持续推进科技赋能，集中力量实施大数据智能化引领创新，推进小微普惠金融、个人消费金融、渠道服务、运营支撑等智能化创新，应用生物识别等技术，促进金融科技基础支撑能力提升。持续推进创新赋能，快速迭代优化服务流程，提高产品研发效率，一批小微、零售线上金融新产品深受市场欢迎。持续推进研究赋能，建成国家级博士后科研工作站，强化金融基础理论研究，为转型升级提供智力支持。

(三)服务实体经济情况

2018年，重庆银行坚持服务实体经济不动摇，持续推进服务模式创新，与国家和地方重大战略、重点领域、重要行业同频共振，相融相伴，金融服务能力进一步深化和提升。

1.深化实体经济金融服务

建立总行分层级客户管理体系，围绕企业投入、生产、销售的三个发展阶段，开展实体经济深度营销。搭建“银行、政府、企业”合作平台，加大对地方政府扶持重点实体企业的金融支持力度。搭建“银行、股份、企业”合作平台，与上交所签订战略合作协议，向上市企业和拟上市企业提供300亿元意向性授信额度。优先保障实体企业投放需求，2018年全行实体经济贷款投放超过400亿元。

2.深化民营企业金融服务

抓实抓牢“五轮驱动”行动，坚持产品拉动、平台联动、保障催动、激励撬动、服务推动，走访民营企业近3000户，制定2000多个专属解决方案，推出5大类60余个产品组成的“套餐”，满足民营企业不同阶段融资需求，并为大中型民营企业量身定制“优优贷”“订单贷”“实体信用贷”等产品。对基本面向好、资金暂时紧张的民营企业，不减额度、不压贷，帮助其渡过难关。2018年，重庆银行被中国银保监会评为服务民营经济和民营企业特色明显、成绩突出的15家城市商业银行之一。

3.深化小微企业金融服务

实施单独信贷额度支持、内部定价倾斜等“五单”机制，加大政策支持力度。推出“知识价值信用贷款”等专属产品，坚持“保本微利”，实施利率动态管控，为企业降低融资成本，第四季度小微贷款加权平均利率较第一季度、第三季度均有所下降。2018年末，小微贷款余额、户数分别同比增长13%、58%，连续9年获“小微企业金融服务先进单位”称号。

4.深化“乡村振兴”金融服务和金融扶贫

与垫江、彭水、万州等区县深化合作，推出“农村承包土地经营权抵押贷款”“农保贷”“助农贷”等专属产品，其中“助农贷”在全市30多个区县、270余个乡镇落地，累计发放超过11亿元、客户3700多户。全年累计投放乡村振兴贷款超过50亿元，余额达296亿元。以“支困贷”批量模式推动扶贫小额信贷，试点农村“两权”抵押融资，有数以百计的小微客户经理日复一日地奔走在金融扶贫第一线。

5.深化跨境金融服务

把握自贸区建设、中新示范项目、内陆开放高地建设等重大机遇，加快跨境金融业务布局，加强境内境外联动，落地中西部地区首个在新加坡交易所上市的REITs项目，创新推出平行进口车铁路运单结算及融资产品。累计成功实施跨境融资项目13个，引进外资折合人民币44亿元。控股子公司鈊渝金融租赁公司向中欧班列(重庆)提供了2000个集装箱融资，标有“鈊渝金融租赁”(logo)的集装箱列车驰骋在亚欧大陆上。

6.深化绿色金融服务

2018年末，重庆银行绿色贷款余额约54亿元，同比增长26%；支持绿色贷款客户117户，同比增长15%。2018年11月，发行重庆地区首单60亿元绿色金融债券，储备项目32个，授信金额约64亿元。

(四)产品、服务及模式创新情况

2018年，重庆银行坚持以客户为中心，以市场为导向，聚焦客户集群、产品、渠道、服务等关键环节，精准发力，靶向突破，全面推进业务创新，呈现出传统业务转型提质、创新业务加快布局、新旧业务融合互动的良好态势，业务发展基础进一步夯实，活力进一步激发。

1.获客能力不断提升

推进私人银行建设，建立财富管理三级架构，逐渐壮大中高端客户集群及增加年轻客户数量。截至2018年末，个人（VIP）客户较上年末增长17%。开发对接公共资源交易中心系统，推动20家机构成功营销交易保证金账户。对接国家开发银行棚改项目，落地棚改资金。

2.产品创新深入推进

丰富和深化“好企贷”，推出“税抵贷”和“商超贷”，具有自主知识产权的线上金融产品集群化初具规模。公司业务方面，针对资金周转慢、有订单无资金等具有不同资金需求的客户，推出“优优贷”“订单贷”。小微业务方面，推出“房抵贷”“知识价值信用贷款”“微型企业成长扶持贷款”。个人业务方面，推出首款自主大数据风控个人信贷产品“捷e贷”，实现了纯线上秒批秒放及全行所有个人存量客户的全覆盖。推出市场上首款通过线上申请、线下审批的大额信用贷款“薪e贷”，通过互联网实现中高端客户社群或圈层的快速传播，精准锁定目标客户集群。推出以少儿财商教育为主题的长江借记卡“金豆卡”，定位儿童青少年兼顾母婴一族。形成了从企业到个人，从传统到线上等较为丰富的产品矩阵。

3.渠道建设全面推进

在线下渠道上，通过批量准入、批量授信、批量管理的业务模式，对“圈、园、链、会、带”等具备共同特征的民营和小微客户集群，进行“以点带面、一群一策”开发，实现由“分散”到“批量”的经营模式转变。在线上渠道上，提升官网、微信、微博、企业网银、对客机具以及第三方优质合作平台的展业质效，推广“好企贷”等系列线上金融产品。对线上客户的服务能力进一步增强，全年从电子渠道新增客户近46万户，较上年增长23%。北京产权交易所债权融资计划挂牌规模居西部城市商业银行前列。

4.服务体验持续优化

以客户为中心，根植“服务创造价值，服务提升网点竞争力”的理念，把创建“百佳网点”“千佳网点”“星级网点”作为提升全行服务质效和推动网点转型发展的抓手。经过多年持续改进服务质量和网点标准化建设的积累，总行营业部荣获“中国银行业文明规范服务百佳示范单位”称号。深入推进二级网点向营销型网点转型改革，提升一线营销阵地效能，以智能化提升客户体验，柜面转账业务量减少60%，超过50%的客户开卡需求通过智能柜员机得到满足。长期致力于持续提升精细化服务水平，得到行业认可，成功入选为《全国银行业金融消费者投诉分类标准》起草单位，是全国唯一一家入选的地方性银行。

（五）未来展望

2019年，重庆银行将始终坚持以习近平新时代中国特色社会主义思想为指导，深入贯彻落实党的十九大精神和中央、市委市政府决策部署，坚持稳中求进工作总基调，以供给侧结构性改革为主线，持续推动专业化、综合经营化和信息智能化的“三化”转型，加快各类结构调整升级，在助推实体经济、发展普惠金融、支持民营企业、激发微观主体活力中，把握自身发展壮大的战略机遇。紧紧围绕高质量发展目标，积极推动质量变革、效率变革、动力变革，注重资产质量、精细管理、结构优化和动能转换，着力处理好当前和长远、风控与发展、规模和效益、投入和产出的关系，不断提升公司治理和内部管理水平，充分履行金融企业服务实体经济的社会责任。

二、重庆农村商业银行

（一）基本情况

重庆农村商业银行股份有限公司的前身为重庆市农村信用社，成立于1951年。2003年，重庆成为全国首批农村信用社改革试点省市之一。2008年，组建全市统一法人的农村商业银行。2010年，成功在我国香港H股主板上市，成为全国首家上市农村商业银行、西部首家上市银行。现辖5家分行共1777个营业机构，并发起设立1家金融租售公司、12家村镇银行，从业人员1.6万人，是全国农商系统资产规模最大监管评级最优的金融机构，也是重庆规模最大、网点和从业人员最多的金融机构。

（二）2018年运营情况

2018年，在市委、市政府的正确领导和市金融监管局等上级部门的指导支持下，重庆农村商业银行深学笃用习近平新时代中国特色社会主义思想，全面贯彻党的十九大精神和市委五届三次、四次、五次全会精神，紧紧围绕习近平总书记对重庆提出的“两点”定位、“两地”“两高”目标和营造良好政治生态、做到“四个扎实”的重要指示要求，持续深化改革创新，倾力服务实体经济，有效防范金融风险，各项业务稳健增长，呈现出“三稳三升”的特点：

规模稳健增长，资产突破9500亿元、存款超过6000亿元、贷款超过3800亿元，分别增长448亿元、440亿元和428亿元。质量保持稳定，不良贷款率1.29%，虽比年初上升0.3个百分点，但第三季度以来稳中有降，资产质量在上市银行中保持优良水平。贡献稳步增长，全年纳税56.6亿元、同比增长7.4亿元，预计对全市GDP贡献度在1%以上。

“三农”服务水平提升，涉农贷款余额突破1500亿元，超过全市1/4，较年初增长71亿元。小微支持力度提升，完成“两增两控”监管目标，小微贷款余额1166亿元，较年初增长110亿元，扶持了全市50%的小微企业成长壮大。风险防控能力提升，计提拨备58.1亿元，拨备余额171.3亿元，拨备覆盖率347.8%，风险抵补能力显著提升。

（三）服务实体经济情况

1.积极支持乡村振兴，大力提升普惠金融成效

（1）服务乡村振兴战略

将支持乡村振兴纳入全行发展战略，试点设立100家乡村振兴专营机构，实施“十百千万”培育工程，协调推进“三社”融合，全力支持乡村振兴战略落地。充分发挥自身服务“三农”经验和资源优势，创新金融产品和服务模式，推广“三权”抵押、农村专业大户、美丽乡村等涉农贷款产品50余个，有效满足农村各类市场主体金融需求，带动涉农贷款突破1500亿元，涉农贷款余额超过全市的1/4。

（2）助力精准脱贫攻坚

制定脱贫攻坚20条措施，出台精准扶贫专项考核方案，扶贫小额贷款余额18.3亿元、增量占全市的46%。创新党建扶贫，从党费中拿出800万元，支持城口、巫溪等地4个深度贫困乡镇特色项目，城口鸡鸣乡食用菌厂已投产。创新产业扶贫，推广石柱辣椒、丰都肉牛等扶贫示范项目，支持各深度贫困乡镇至少培育1项特色产业，扶持农业产业化龙头企业477户、贷款余额92亿元。创新电商扶贫，打造电商扶贫专区，把城口腊肉、鸡鸣贡茶等特色农产品从“小乡村”搬上“大平台”。

(3)提升普惠金融成效

加强农村便民网络布局,通过1777个营业网点、531个便民金融自助服务点、800万户手机银行客户以及流动服务车等,打造“乡有网点、村有服务、家有手机银行”的多层次、多渠道服务体系,有效解决农村金融服务“最后一公里”问题。做好金融惠农活动,全年累计开展“金融知识进万家”“春运公益行”“帮助一个娃、致富一个家”等活动超过5500场,服务群众超过150万人次,提升群众金融防骗、反假识别等能力。

2. 坚守服务实体本业,倾力服务地方经济发展

(1)紧密对接重大倡议及战略部署

积极对接“一带一路”重大倡议以及长江经济带等重大战略部署和市委“三大攻坚战”“八项行动计划”,倾斜信贷政策支持,累计支持地方重点项目528个、贷款余额1178亿元,向沿江优势产业集群授信1300多亿元,支持中欧班列(重庆)、重庆果园港建设等重点项目贷款110多亿元。主动把握中新(重庆)战略性互联互通示范项目、重庆自贸试验区建设等契机,加强跨境结算和融资业务创新,支持自贸区内企业贷款330多亿元,有力地支持了地方经济发展。

(2)大力支持民营及小微企业发展

加快线上业务开发,推出100万元以下个人经营性贷款自助续贷等功能,提高办贷效率和资金利用效率,带动小微企业贷款客户数比年初增加1.3万户。深化银政、银担合作,入围国家融资担保体系重庆首批签约银行,创新推出创业担保贷、微企成长扶持贷等产品,知识价值信用贷投放量占全市的66%。支持民营经济贷款12.5万户、1384亿元,民营企业贷款占比高于全市平均水平20个百分点。

(3)倾力服务供给侧结构性改革

紧紧围绕“三去一降一补”要求,明确信贷投向指引,严格压降化解产能过剩行业贷款,余额减少4.9亿元。对符合政策导向、暂时出现困难的企业,不搞“一刀切”抽贷断贷。倾斜支持绿色环保、节能减排、清洁能源等优质行业客户,发放绿色信贷132.4亿元。大力支持地方产业转型升级,“6+1”支柱产业贷款余额458亿元、战略性新兴产业贷款余额95亿元。

（四）产品、服务及模式创新情况

1.稳步推动国企改革

坚定市场化改革方向，成为全国唯一入选国务院国资委国企改革“双百行动”的银行机构。推进直销银行建设，组建专门业务团队，储备了一批优质项目，直销银行注册客户数达79万户，2018年交易金额超过22亿元。有力推进A股上市，取得证监会反馈并更新披露。有序推进村镇银行股权改革，渝农商金融租赁公司资产总额和租赁资产余额均突破300亿元，集团化运营水平持续提升。

2.加快金融科技创新

专设金融创新委员会和金融创新部，择优选择外部咨询公司，制定金融创新战略规划。建立健全创新管理体系，整合从产品设计、研发上线到持续迭代的创新流程，有效支撑了全行创新发展。成功推出首款自主研发的线上消费贷产品“渝快贷”，上线新国际业务、现金管理等系统，试运行人脸识别、柜面无纸化等电子化服务，加快推进“智慧银行”建设，不断提升金融服务的科技化、智能化水平。

3.创新人才培养机制

建立“正向交流机制”，将作风正派、本领过硬的年轻同志首先派往偏远地区接受市场检验，凭业绩进行调动，营造“重实绩、比贡献”氛围。强化“人才储备机制”，加大对金融创新、科技等专业人才引进力度，2018年引进37名金融创新人才。做实“岗责匹配机制”，加强教育培训和梯队建设，开展部门和员工“双向选择”，举办高管大讲堂15期、中层管理人员轮训5期。

（五）未来展望

2019年，重庆农村商业银行将坚持以习近平新时代中国特色社会主义思想为指导，严格落实市委、市政府的工作部署和上级部门的各项要求，持续加强党对金融工作的领导，坚守支农支小定位，坚持扎根服务实体经济，坚定不移推动金融改革创新，全力推动全市经济高质量发展。重点做好以下工作：练好管理内功，筑牢风险底线，固本强基夯实科技、人才、风控“三个基础”；在服务“三农”上坚持“打头阵、贴着心”，以落实“三社”融合为切入点，解决民营及小微企业融资难题，实现乡村振兴、脱贫攻坚、民生金融“三个作为”；抓住“双百行动”改革契机，扎实推动改革创新，加快推进金融创新、A股上市、智慧银行“三项工作”，加大理财子公司等资质牌照申请力度，不断提升金融服务实体经济的水平。

三、重庆三峡银行

（一）基本情况

重庆三峡银行股份有限公司是经原中国银监会批准成立的城市商业银行，是重庆市市属国有重点企业。成立以来，重庆三峡银行牢记“立足库区、服务重庆”的定位和使命，在市委、市政府的坚强领导下，在主管监管部门的指导帮助下，秉持“一切为你着想”的服务理念，坚持“中小企业银行、零售银行、理财银行、库区银行”四大战略定位，全力服务地方经济，服务中小微企业，服务城乡居民，保持了健康快速的发展态势，经营效益持续向好，综合实力不断增强。全行员工2300多人，营业网点87个，覆盖重庆市所有区县。

重庆三峡银行在英国《银行家》杂志公布的“2018年全球银行1000强”榜单中名列第474位，较2017年提升11位，较成立之初提升464位；在中国银行业协会发布的“2018年中国银行业100强”榜单中，名列第83位；先后荣获“全国五一劳动奖状”“重庆市五一劳动奖状”“全国银行业金融机构小微企业金融服务先进单位”“中国最佳中小企业金融服务机构”“中国地方金融十佳服务小微企业银行”等荣誉。

（二）2018年运营情况

截至2018年末，重庆三峡银行注册资本55.74亿元、资产总额2046.78亿元、各项存款总额1244.64亿元、各项贷款总额647.19亿元，主要业务指标攀升至全市银行同业第7位，各项监管指标全面达到审慎监管要求。

重庆三峡银行资产规模稳步增长。截至2018年末，公司资产业务余额906.31亿元，资产结构持续优化，该行实施名单制管理，加大项目储备，加强营销进度管理，强化部门间协作，从行业投向看，投向大健康、科教文、三农与绿色产业类公司资产余额达到了248.85亿元。

重庆三峡银行存款结构持续优化。截至2018年末，公司存款余额927.17亿元、日均存款余额914.30亿元。在公司存款业务发展中，一个最为突出的特征就是存款质量得到不断提升、存款结构持续优化，财政事业单位存款下降、企业单位存款稳步增长，企业存款在公司存款中的比例较期初提升4.30个百分点。加强统筹协调和过程监控，全行存款偏离度、核心负债依存度等监管指标持续全面达标。

积极拓展基础客户群。截至2018年末，重庆三峡银行客户开户数29859户，较期初新增5164户，增幅为20.91%。战略性客户集群较期初增长69户，增幅为11.70%。客户基础进一步夯实，与两江集团、供销集团、西永公司、水务集团、庆铃集团、惠科公司、恒芯天际等100余家重点客户建立了稳定合作关系，推动业务合作向更高层次、更宽领域迈进。

零售业务发展态势良好。截至2018年末，重庆三峡银行储蓄存款余额317.5亿元，较期初增长24.7%，占全行存款余额比重达到25.51%，较期初提升4.94个百分点，存款结构明显改善；零售贷款余额147.76亿元，较期初大幅增长；存量银行卡188.2万张，较期初增长18%；电子渠道客户63.9万户，较期初增长65%。

小微企业业务稳步回升。2018年，重庆三峡银行成功挂牌“小微企业票据贴现中心”。截至2018年末，小微贷款余额357.39亿元，较期初增加102.03亿元，增长39.96%。

票据业务水平稳中有升。适时出台《2018年票据业务发展指导意见》，加强工作督查督办，公司业务“票据化”工作取得明显成效。截至2018年末，重庆三峡银行承兑汇票余额为128.06亿元，较期初增加5.71亿元。

金融科技水平持续提高。实现了四大互联网金融“突破”：一是建成一体化的“三峡付”智能支付体系，实现支付结算“突破”，完成线上线下支付渠道整合，统一对账、清算、差错处理，全面覆盖商超、餐饮、娱乐服务、菜市场等大众消费场景，2018年注册商户7545户，累计成交订单119万笔，金额2.49亿元；二是自主研发完成“三峡付”云缴费平台，实现场景金融“突破”，以云端化、标准化、轻型化为目标，“三峡付”云缴费平台无需系统开发对接，即可轻松地实现费用收取、对账清分、统计分析、商户管理、门店管理等便捷功能，2018年已实现9个学校、10个物业的云缴费上线投入使用；三是自主研发上线该行API开放平台，实现开放银行“突破”，突破传统物理网点和手机App的自有渠道，将场景金融融入互联网生态，形成即插即用的金融服务输出能力，已实现开户、支付、对账、实名认证、身份鉴权等17种服务输出，应用于11项业务合作之中；四是成功上线重庆三峡银行首款联合贷款产品，实现消费金融“突破”，积极借助合作伙伴的客户集群场景，深度开展互联网金融合作，积累业务经验，形成新的利润增长点，2018年展业仅2个月，实现放款1626笔，累计金额1.08亿元。

（三）服务实体经济情况

1.坚定助力打好“三大攻坚战”

将“防范化解金融风险”摆在企业经营发展的突出的位置，在业务发展中贯彻“质量第一、速度第二，追求高质量的发展”和“风控第一、利润第二，追求风险可控的利润”的发展理念，在风险教育、制度建设、管理流程、科技支撑等方面着力精进，全面提升风控能力。

认真贯彻落实党中央号召，运用金融资源优势，着力开展金融扶贫攻坚战。主要围绕脱贫攻坚系列工作要求，结合实际印发了《重庆三峡银行服务精准扶贫精准脱贫工作方案》等系列文件，聚焦产业扶贫政策、信贷支持政策、作风专项治理、金融扶贫示范点创建、扶贫领域作风治理、金融扶贫宣传、对口帮扶等重点工作。截至2018年12月31日，重庆三峡银行金融精准扶贫贷款累计余额23.8亿元，涉农贷款余额114.08亿元；在已确定的扶贫示范点中，其中12个已被中国人民银行重庆营管部、市扶贫办授予市级金融扶贫示范点。

坚持绿色办行的理念，把绿色经营文化融入企业经营发展过程中，着力构建节约型机构、绿色机构。同时，作为地方法人银行，积极助力全市生态质量改善，增加对绿色产业、节能产业的信贷支持，以多种举措坚决打好污染防治攻坚战。

2.全力服务实施“八项战略行动计划”

紧抓国家实施创新驱动发展、重庆发展智能化产业的历史契机，由“科教文事业部”牵头探索智能化、科技、教育等业务的创新模式，努力提升客户服务能力。2018年8月1日，与市文化委签订战略合作协议；与重庆科技金融服务中心合作，举办“重庆科技金融路演中心常态化路演活动”；加快科教文行业新产品研发，成功发放了重庆市首笔知识产权质押贷款。

以“专项信贷规模”“专项资金价格”“专项绩效考核”为保障，以“见产品、见对象、见机制、见规模、见风控”为标准，由“三农与绿色金融事业部”牵头服务乡村振兴、支持“三农”、绿色金融发展等方面工作。出台《重庆三峡银行关于金融服务乡村振兴战略的实施意见》《三农行业授信指引》等制度；加强与同业及其他公司合作，与国家开发银行等政策性银行合作开展扶贫转贷款业务，与供销体系、农投集团、涉农担保公司等客户合作共同构建多层次、多元化、互相补充的农村金融服务体系；通过“农业园区+入驻企业+农业大户”模式，积极开展针对农业产业链客户的服务，完成了重庆三峡银行首笔重庆农村土地交易所林权抵押鉴证贷款，取得了两权抵押贷款的新突破。

大力支持地方政府基础设施建设和重大民生工程。加大对道路建设、管网改造、城镇化建设等领域投资，其中绝大部分授信投向了三峡库区、远郊区县等基础设施较为薄弱、社会经济发展较为滞后的区域，有力带动了部分区域社会经济发展，有效提高了当地人民生活水平。

加速对接军民融合相关客户，创新模式，提供精准高效的金融服务。针对军民融合企业军方订单回款稳定的特点，可根据其军品订单总额的80%匹配相应的订单融资额度，并可循环使用；针对军民融合企业较为可靠的应收账款，最高可给予企业应收账款金额70%的授信额度，期限与应收账款还款期限相匹配，最高可达5年；针对行业军民融合核心企业还开展了供应链金融贷款模式，解决其上下游中小企业融资难的问题。

全力支持出市、出海、出境通道建设，以自贸区为依托，大力服务中新（重庆）互联互通项目、中欧班列（重庆）等“一带一路”重点项目，为重庆市成为内陆国际贸易中心提供全方位的金融支持。同时，积极参与区县政府招商引资，为相关企业提供专业化金融服务。

持续关注民生健康，创新研发行业免抵押特色产品“医保贷”服务民营医院，运用传统信贷和“善医融”模式支持公立医院。有力支持民政养老“千百工程”，积极推动本市养老服务行业的发展。打造“互联网+医疗健康”，通过“三峡付”平台对接“智慧医疗”，提升医疗行业金融服务水平。

3. 做好普惠金融服务着力社会民生改善

坚持中小企业银行定位，积极探索新形势下中小城市商业银行服务小微高质量发展之路。2018年，重庆三峡银行成功挂牌“小微企业票据贴现中心”。通过完善小微产品体系、优化信贷业务流程、推进小微业务特色化、优化行内资源配置、严控小微贷款综合成本、提升小微队伍服务能力、加大续贷支持力度等多方面举措助力小微企业健康发展。

全面贯彻中央、市委市政府决策部署，支持民营企业发展壮大。根据当前宏观经济形势和重庆三峡银行实际，制定《重庆三峡银行进一步加大支持民营企业发展的指导意见》等文件，形成服务民企的制度保障；着力支持重庆产业升级，积极支持科技创新、节能环保、民生保障、现代服务等新兴产业民营企业发展；优化内部资源配置，在资金内部转移定价、内部存贷比考核、差别化资本计量政策等方面加大对小微民营企业的信贷支持力度；降低企业融资成本，严禁增加企业隐性成本。

创新产品、完善体系、做好批量、优化渠道，多种举措做好个人客户服务。创新研发全行首款纯线上贷款产品——“税e贷”，鼓励市民进一步树立依法纳税法制观念的同时，为诚信纳税人提供了高效优质的金融服务。配合重庆市总工会及互助会，围绕医疗、教育、休闲、养老等领域打造惠工卡“金融生态服务圈”，截至2018年12月末，累计发行惠工卡18.8万张；加强农民工工资代发服务，顺利完成建委代发系统的开发、测试工作，截至2018年12月末，已与25个区县的建筑领域施工单位开展合作，合计为农民工代发工资7.56万笔。

（四）产品、服务及模式创新情况

1.公司业务创新

聚焦全市重大战略、重点产业、重点项目，坚持票据化、投行化、证券化发展思路，创新发展渠道，丰富业务产品，完善营销体系，大力拓展业务市场，综合金融服务能力持续提升。

多种金融工具助推资产业务投放。重庆三峡银行抢抓市场机会，推出客户应收账款资产证券化业务，参与金科集团发行的华福—联易融供应链1号资产支持证券5.40亿元。与地方金融交易所合作开展157.45亿元非公开定向债务投资，有效支持各类客户融资需求。

行业管理能力初步形成。加强与行业主管部门联系，开展高层对接，增强营销服务工作的前瞻性。重庆三峡银行围绕市场需求，先后制定了医药、三农、高端装备制造等9大行业授信准入指引，加强业务准入管理。持续开展产品创新，丰富服务手段，推出重庆市首个新能源汽车补贴贷专项产品，并成功实现1000万元信贷投放，推出并开展扶贫小额信贷847笔、3815万元，同比增加629笔、2901万元，并开发了善医融、医保贷等行业专属产品。大力拓宽业务渠道，与国家开发银行等政策性银行合作，推进5亿元扶贫转贷业务，并已实现转贷落地。

2.零售业务创新

秉持以满足客户理财、融资、生活、健康、社交五大需求为总体目标，践行“一切为你着想”经营服务理念，持续丰富各类零售业务品种、创新服务手段。随着业务种类日益完备和各类业务受理渠道日趋完善，重庆三峡银行已初步构建起了针对个人客户的综合金融服务能力，全行零售基础客户群及业务规模保持了较快增长。不断强化零售业务的市场宣传推广和品牌建设工作，依托市场领先的优势产品和优质服务满足不同客户集群的多元化金融需求，促进业务快速发展。

产品及服务体系持续丰富，综合化金融服务能力逐步提升。研发针对工资代发客户的专属存款产品——“惠薪存”，负债产品体系进一步完善；上线代销信托业务，丰富高净值客户金融资产配置手段；上线交行柜面通、银联扫码交易、银联小额免密免签交易、贵宾资质查询等服务功能，客户用卡体验不断提升；持续开展财富人生卡“全球全免费”服务举措，为持卡人提供磁条卡同号免费升级IC卡、代收生活资费等各类便捷金融服务。

资产规模快速增长，互联网信贷产品实现零突破。重庆三峡银行个人消费贷款规模实现快速增长。依托本地房地产市场，大力营销推广房屋按揭贷款项目，助力资产规模的快速提升，全年房屋按揭贷款新增28.2亿元；充分挖掘信用贷款、小额抵押贷款等产品潜力，积极发展非房屋按揭类贷款业务，优化资产业务结构和利润水平。

加速金融科技技术应用，提升电子渠道智能化水平。重庆三峡银行积极推动电子渠道向智能化、移动化、互联网化发展，全面提升电子渠道营销能力，各项工作再上新台阶。电子渠道客户集群规模增长迅速。2018年手机银行客户新增18万户，累计用户45.5万户，交易笔数207.7万笔，较上年增长39%，交易金额378.5亿元，较上年增长64%；“三峡付”个人用户数达66.28万，入驻商户7384户，落地互联网场景37个，完成订单114.82万笔，交易金额2.49亿元；完成自助柜员机扫码、刷脸取款功能的推广运用，利用金融科技手段，全面提升基础金融服务的自助化水平和传统电子机具的服务响应效率；完成智能柜员机项目投产上线，实现发卡、综合签约、转账汇款等功能，加速柜面业务离柜化和网点营销服务转型进程；持续深化移动作业系统功能运用。全行移动作业系统累计办理借记卡开卡、激活10.2万张，基础金融服务辐射范围和移动化作业水平进一步提升。

3.小微企业业务创新

加强组织保障,健全长效机制。重庆三峡银行不断完善小微金融服务的体制机制,通过制度建设增强内生动能,形成了“敢贷、能贷、愿贷”的信贷文化。成立了服务民营企业发展领导小组,强化对民营、小微业务的组织领导,建立了常态化的走访联系机制,并通过优化内部资金转移定价、设置专项奖励等措施引导经营机构主动作为,调动经营机构和客户经理的积极性和创造性,将小微金融服务工作做到规范化、专业化、精细化。

打造特色产品体系,提升服务质效。重庆三峡银行小微产品体系——“三峡小额贷款”“三峡微贷”“三峡快贷”“三峡链贷”“三峡贴现”不断丰富,综合化服务能力日益增强。拳头产品“小额抵押贷”发展迅速,市场口碑良好,全年净增21.7亿元;推出“商户财富贷”产品满足小微企业购置经营场所的融资需求;推出“融e贷”产品满足供应链核心企业上下游小微企业的融资需求;挂牌“重庆市小微企业票据贴现中心”;持续优化信贷技术,推动线上产品的研发。

坚持支小助微,践行普惠金融理念。重庆三峡银行积极支持小微企业开展无还本续贷,对暂时遇到经营困难的小微企业不停贷、压贷、抽贷、断贷,一户一策,协助128户存量小微客户化解转贷难题,与企业共渡难关。加强收费管理,严格落实银保监会“七不准、四公开”规定以及“两禁两限”收费政策,主动承担部分资产评估费、公证费等费用,降低小微客户融资成本。不断完善定价机制,综合考虑企业行业特征、贷款期限、信用等级、风险程度等因素合理确定企业贷款利率水平,重庆三峡银行普惠型小微企业贷款利率水平持续下降,充分体现让利于民、主动承担社会责任。

4.国际业务创新

围绕全市“两点”定位以及“两地”“两高”目标,响应自贸区政策,积极为“一带一路”重大倡议和长江经济带建设提供跨境金融支持。国际贸易融资累计发生10.25亿美元,同比增长192.85%,国际结算量同比增长69.67%。

借助贸易金融业务转型,加大本外币一体化金融服务力度,支持战略性新兴产业、先进制造业,服务产业升级换代。同时,充分运用境内外金融市场,通过内保直贷业务为企业从境外融入资金,有力支持了本土企业的经营发展。

5.资金运营业务创新

金融市场业务。重庆三峡银行继续保持金融市场业务健康稳定发展,持续优化同业资产负债结构，夯实同业客户基础，坚持按照银行业务回归本源的监管指导思想调整同业资金业务发展方向，取得较为显著的成效。截至2018年末，金融市场综合交易量24957亿元，入围2018年度银行间本币市场交易300强。

理财业务。重庆三峡银行理财业务稳定发展，运行平稳，业务产品推陈出新，运作模式更加灵活，销售渠道大力拓展，有效提升了市场竞争力，为客户提供了更加便利、安全、优质的服务，同时有效拉动了零售及对公业务发展。在2018年普益标准发布的全国各省（自治区、直辖市）银行理财能力排名中，重庆三峡银行在直辖市区域银行综合理财能力排行榜上居第七，综合得分76.98。

投资银行业务。重庆三峡银行投资银行业务始终坚持以打造自身品牌为核心，以产品创新和项目落地为导向，以债融计划、债券承销分销等业务品种为抓手，抢抓"债券承销商"牌照契机，推动公司业务投行化。实现债权融资计划主承销业务的有效突破；参与多家企业的银行间市场债券分销，形成稳定的中间业务收入来源；同时，荣获北京金融资产交易所颁发的"乘风破浪奖"。

6. 平台金融及信息科技创新

互联网金融以转型发展和业务落地为主线，围绕客户需求，大力推进"线上线下一体化"融合，深耕"B2B2C"垂直产业链，坚定不移把银行开进App，持续打造开放式生态金融圈，为广大客户提供不止于金融的数据化、场景化、智慧化创新服务。

信息系统建设提速，基础设施建设加快。重庆三峡银行共计160个信息科技项目，攻关完成了网贷平台研发上线，与重庆市税务局合作推出的纯线上贷款产品——"税e贷"，是重庆市首款基于个人纳税信息的纯线上贷款产品，实现了本行线上信贷业务产品零的突破，顺利完成客户关系管理、云缴费、集中作业等56个系统上线，完成各类信息系统改造版本上线523个，深化互联网金融、大数据、生物识别等先进技术应用，支撑全行各项业务快速发展。全力推进"两地三中心"优化建设，完成新生产数据中心机房环境搭建和异地灾备中心迁移，实施了14套重要信息系统灾备中心切换演练，有效提升了业务连续性管理水平。

（五）经营目标及未来展望

着眼未来，重庆三峡银行将着力打造特色金融、智慧金融、生态金融三大名片，实施上市、转型发展、集团化经营三大战略，努力成为西部城市商业银行第一梯队的标杆银行，成为更具竞争力的综合金融服务商和服务重庆经济社会发展的主力军。

四、重庆富民银行

（一）基本情况

重庆富民银行股份有限公司是经原中国银监会批准成立的中西部第一家民营银行，也是常态化审批后成立的第一家民营银行。富民银行由瀚华金控、宗申集团、福安药业、渝江压铸、海特环保、陶然居和博恩科技等重庆七家优秀的民营企业共同发起设立，注册资本30亿元。

富民银行以“扶微助创、富民兴邦”为企业使命，以服务小微企业、服务创新创业、服务金融弱势群体为自己的市场定位，并致力于用革命性的创新科技和全新的金融理念，重新塑造中国普惠金融的业务模式，重新构建中国普惠金融的生态体系，引导更多的社会资金、资源和智慧来支持中小微企业，扶持金融弱势群体，让金融服务的雨露甘霖惠及更多的中小微企业，让普惠金融无微不至地帮助更多的勤劳大众，让他们获得自信、从容和有尊严的未来。

（二）2018年运营情况

2018年，富民银行坚守“扶微助创，富民兴邦”的初心不变，稳步提升金融科技及大数据风控等核心能力，坚守合规底线、筑牢业务风险“防火墙”，建立了良好的业务激励机制，在互联网产品及业务拓展上实现了快速突破，超额完成绩效考核指标，整体品牌形象及业界认可度得到大幅提升。

表21-1　重庆富民银行业务目标及完成情况

单位：亿元

	2018年目标	2018年完成情况
资产规模	255.00	370.14
贷款余额	140.00	140.53
负债规模	224.00	339.38
存款余额	125.00	204.43
拨备前利润	3.00	2.12
净利润	0.50	0.55

1. 业务规模稳健增长

2018年，在各业务条线和中后台的通力配合和辛勤努力下，全行业务规模保持快速稳健增长，资产负债规模超额完成年初任务目标。截至2018年12月末，全行资产规模370.14亿元，完成年度增量计划的261%。各项贷款余额140.53亿元，较年初增长97.62%。负债总额339.38亿元，完成年度增量计划的264%。存款余额204.43亿元，较年初增长396.25%。

2. 资产负债结构持续改善

各项贷款占比49.51%，较年初上升10.78个百分点；各项存款占比60.24%，较年初上升33.4个百分点；同业负债比36.01%，较年初下降29.47个百分点，有效降低业务发展对同业负债的依赖程度，进一步优化了全行资产负债结构。同业负债比逐渐靠近1/3的监管要求，在民营银行业位居较好水平。

3. 经营效益总体向好

2018年全行实现营业收入3.89亿元；共计实现拨备前利润2.12亿元；实现税后净利润5522.55万元。同时，风险补偿能力持续增强，拨贷比2.1%，总拨备3.05亿元，流动性比例76.21%，资本充足率12.82%，均达到监管要求且数据表现良好。

(三)服务实体经济情况

1. 不断丰富产品体系，拓展服务广度和深度

富民银行始终坚持“扶微助创、富民兴邦”初心不改，以客户需求为中心，打造服务流程，着力解决银行服务效率低、体验差两大痛点。不断创新研发新产品，拓宽客户服务手段和渠道，满足个人和小微企业金融需求的多样性，努力解决普惠金融服务的“最后一公里”。

一是以解决个体工商户和小微企业融资痛点为己任，有针对性地开展产品研发，不断提升个人和小微企业金融服务“获得感”。为解决小微企业融资慢的痛点，2018年4月，重庆富民银行推出了电子银行承兑汇票极速贴现业务，受到了市场的一致好评。

二是急客户之所急、想客户之所想，及时推出无还本续贷业务，帮助民营企业节约融资成本，度过资本寒冬。2018年，民营企业普遍遭遇资本寒冬，重庆富

民银行作为一家民营银行，具有与民企同舟共济的天然基因，重庆富民银行第一时间响应国家号召，推出无还本续贷业务，并开展了以行领导带队的民营企业专项走访工作，深入调研了解民营企业的困难和需求，整合金融科技资源，推出了一系列服务民营小微企业的产品。

三是高效服务互联网头部平台，以质取胜。重庆富民银行向合作伙伴承诺过会后两月内实现系统投产，并创造了从商务谈判到系统投产放款仅耗时28天的富民速度，获得了合作伙伴高度认可。

2. 不断开拓合作新伙伴，以合作促赋能

一方面，各大业务板块积极转变思路、主动出击、攻坚克难，深入挖掘市场机会，深度链接场景与平台，深刻理解平台企业效率和体验痛点，不断提升服务质效，取得了较好的成绩。在打造多重赋能数字化生态银行战略的市场效应影响下，通过与头部平台企业的合作，重庆富民银行快速获得客户流量，在提高资产收益的同时提升了对不同场景风控的理解，大数据风控能力得到了进一步锻炼和提升。

另一方面，加强与同业和优质金融科技公司的合作，广泛接受赋能。通过合作，既接受了先进同业和金融科技公司的赋能，逐步增强重庆富民银行对场景、风控的理解和把控能力，又使重庆富民银行在探索合作赋能模式上迈开了实质性的步伐。

（四）产品、服务及模式创新情况

1. 创新开放思维，确立数字化战略目标，不断探索差异化竞争策略

2018年，面对互联网银行头部的挤压效应、P2P爆雷以及监管政策持续收紧等复杂局面，重庆富民银行沉着应对，以巨大的勇气和集体的智慧探索出了一条符合自身实际的差异化发展道路。一是及时完成了战略优化升级，明确提出打造数字化生态银行，借助金融科技助力普惠金融快速发展。二是抓住客户需求效率和体验痛点，旗帜鲜明地指出要把银行网点开进App，让客户可以随时随地随心享受银行服务。三是根据发展需求，探索出了适合自身发展规划的业务路径。四是积极探索以估值为中心的民营银行差异化发展道路，提出“银行+金融科技”估值模型，使民营银行换道超车，高速稳健发展成为可能。

2. 以金融科技和大数据风控为核心，重塑经营逻辑，不断优化业务流程和服务体系

科技对银行的影响历经三个阶段，一是科技作为提升金融效率的工具；二是科技对金融反客为主，以服务和产品创新的方式，推动金融机构业务的转型、跨界和客户体验的提升，成为传统金融的有效补充；三是科技驱动金融全面改革。拥抱金融科技和数字化是历史发展的必然趋势，也是全球银行业转型升级的共同选择，重庆富民银行作为参与市场竞争的一员，要打造数字化生态银行，大力发展金融科技则是必然选择。

金融科技方面，一是2018年重庆富民银行自主设计完成的同城双活中心顺利投产，达到了民营银行的领先水平，重要业务系统容灾覆盖率达到100%，实现了业务连续性保障水平跨越式提升，极大缩短了故障场景下应急处置恢复时间，实现了“业务不停摆，数据不丢失”的技术保障。二是通过对核心业务系统、信贷系统、风控系统、统一支付平台系统开展专项切换演练，充分验证了数据中心基础架构的高可用能力以及应用系统的可靠性。三是自动化运维体系已见雏形，实现了可视化操作，大幅提高了系统故障异常发现的及时性和准确性。四是科技应用研发能力大幅提升，系统投产保质保量，为业务发展提供了有力支撑。

大数据风控方面，一是接入的数据源更加丰富，客户画像更加全面。目前重庆富民银行已接入21家大数据公司150余个数据产品，包括第三方征信公司、中国人民银行征信、公检法、工商、银联、通信运营商等，涵盖了各类信息核验、欺诈识别、负面信息收集、人脸识别、信用评估、预警监测等领域。二是积极探索和应用前沿的反欺诈手段和技术，如人脸识别、活体认证、设备指纹、微表情技术等，进一步增强了客户识别能力。此外，反欺诈平台也已上线运行，通过标准接口对外提供客户认证、信息核验和黑名单验证能力。三是与优质金融科技公司开展合作，不断增强自身赋能。通过与金融科技公司开展联合建模、驻场建模等合作，不断丰富建模场景，驱动风控逐渐由以规则为主向模型为主、规则为辅转变。四是加强信息系统建设。重庆富民银行已完成决策引擎、催收系统、风险运营系统、反欺诈平台的上线，后续会继续开发反欺诈案件管理、综合贷后管理系统和数据分析与建模工具。

3. 以品牌为支点，加强对外宣传力度，积极在同业发声，撬动富民银行整体形象和品牌价值

2018年，重庆富民银行的品牌形象得到大幅提升，行业认可度显著攀升。

一是以朗迪中国峰会、中关村金融科技论坛等重要外部会议为平台，通过“打高度”，传播重庆富民银行新思维、新理念。

二是成功承办“2018银行科技与普惠金融研讨会”，会议邀请到了众多金融科技领域的知名专家学者、同业精英与合作伙伴，充分展示了重庆富民银行专业、专注、高效的整体形象，得到了与会嘉宾的高度赞赏。

三是同业机构来行交流合作大幅提升。2018年，随着品牌和形象价值的提升，同业机构纷纷来重庆富民银行交流经验，共谋发展。

四是权威媒体报道频次显著增加。2018年，新华社、21世纪经济报道、财新网、新浪财经、重庆日报等中央和地方权威媒体对重庆富民银行的战略理念、领先模式及发展举措进行了报道，提升了重庆富民银行在各界的认可度。

五是所获外部荣誉增加。2018年，重庆富民银行荣获了重庆市银行业协会颁发的年度“社会责任民生服务奖”、第三届“中国金融科技创新应用优秀案例奖”、第十届金融科技银行数字化转型典范榜“TOP20”殊荣，以及《当代金融家》杂志举办的“铁马银行”最具科技竞争力银行”荣誉称号。

综合指标显示，经过战略优化后半年的发展，重庆富民银行百度指数提升了30%，百度网页搜索数量和百度新闻数量提升均在80%以上。

（五）经营目标及未来展望

2019年，是重庆富民银行抢抓机遇，打造领先模式、差异化发展路径的重要窗口期，也是在面对监管持续深化态势下必然要进行的改革。实现多重赋能数字化生态银行战略的目标定位，需要坚守打造普惠金融中国样本的美好初心，守住依法合规经营的底线，守住善良勤奋学习自律担当的文化，守住面对市场压力不畏难、不懈怠、坚持创新协同发展的战略定力和信念。小微银行服务小微企业，两小叠加创造大美事业。重庆富民银行将坚守初心、砥砺前行，努力打造世界普惠金融的中国样本。

第二十二章　本地法人证券公司

西南证券

（一）基本情况

西南证券前身为1988年成立的重庆有价证券公司，是国内最早的10家证券公司之一。1999年，在原重庆有价证券公司、原重庆国际信托投资有限公司证券部、原重庆市证券公司和原重庆证券登记有限责任公司的基础上，联合其他股东共同发起成立西南证券有限责任公司。2009年，西南证券有限责任公司通过重庆长江水运股份有限公司重大资产重组及吸收合并在上海证券交易所上市，更名为西南证券股份有限公司，成为中国第九家上市券商和重庆第一家上市金融机构。西南证券注册资本56.45亿元，是唯一一家注册地在重庆的全国综合性证券公司。

西南证券坚持走改革创新、综合经营和市场化发展道路，核心竞争力和综合实力显著提高，逐步建立起全牌照、跨地域、多功能、一体化的综合金融服务模式。公司主营业务为证券及期货经纪、投资银行、自营业务、资产管理、股权投资、基金管理、跨境业务等。截至2018年末，公司有员工近2700名，在全国拥有34家分公司、94家证券营业部和20个投资银行业务部门，营业网点实现了国内省（自治区、直辖市）除海南、西藏外的全覆盖并已布局重庆市所有区县。

公司拥有西证股权投资有限公司、西证创新投资有限公司、西证国际投资有限公司、西南期货有限公司等全资子公司和重庆股份转让中心有限责任公司、银华基金管理股份有限公司及中国香港全牌照上市券商——西证国际证券股份有限公司（股票代码：0812.HK）3家参股或控股企业。

(二)2018年运营情况

2018年,全球发达经济体经济增速普遍放缓,中国经济全年保持中高速增长,但结构持续优化,总量再上新台阶。与此同时,贸易保护主义情绪的升温打压了投资者对经济前景的信心,全球股市普遍下跌,市值暴跌近12万亿美元,是2008年金融危机以来最大规模的一次缩水。面对国际贸易摩擦、经济下行压力、市场交易量持续下跌等形势,证券行业周期性特征凸显,结构调整和业务转型压力加大,加之受行业审慎计提资产减值损失的影响,券商收入利润大幅下降,行业景气度有所降低,行业亏损面进一步扩大。

2018年,西南证券实现营业收入27.44亿元,同比下降10.34%;净利润2.15亿元,同比下降68.85%。截至2018年12月31日,公司资产总额636.95亿元,所有者权益总额189.77亿元,母公司净资本125.74亿元,每股收益0.04元。

1.证券经纪业务

2018年,在交易规模和佣金率双降的压力下,西南证券经纪业务面临着多重挑战,但仍然积极谋求稳步发展。截至2018年12月31日,公司证券分支机构为128家,客户总数133万户,同比增长2%,股票基金交易金额市场份额0.64%;两融业务在市场规模下降的情况下份额逆势增长,两融期末余额76亿元,期末两融市场份额达到1%,同比上升24.8%,在规模稳步增长的同时,紧抓合规风控工作,不断完善内控机制;金融产品销售方面,延续优化产品结构的思路,提升客户凝聚力,产品全年销量同比增长15.94%,保有量同比增长49.52%。

在财富管理转型中,西南证券经纪业务也取得一定成效。采取以产品销售业务为重点,加大对金融科技的探索;在满足监管各项规定的前提下,提升对客户的服务品质,以提高客户收益率为目的,打造投资顾问在投资及咨询方面的核心竞争力;中间业务方面,坚持走业务条线融合之路,充分发挥网点优势,坚持走打造综合业务平台的道路,不断加大对创新业务的推广力度。

2.投资银行业务

2018年度,随着经济结构改革继续深入推进,证券监管部门进一步加强了对投行业务的监管举措,出台了包括《证券公司投资银行类业务内部控制指引》等统一行业认识、明确相关要求、加强实践指导的规定,对投行业务带来了深刻影响。投行业务总体呈现出A股IPO审核从严,并购重组收紧,债券市场发行放慢的情形。

投资银行努力保持自身股权、债权、并购三大类的业务结构特点，加大债券产品和业务的开发力度，根据监管政策的导向，保持对绿色债类项目的支持力度，完成绿色债发行42.2亿元，努力履行了自身社会责任。2018年，公司投行按照《证券公司投资银行类业务内部控制指引》的要求，对投资银行类业务内控体系进行调整，持续完善内部控制制度，规范内部控制制度执行，强化内部控制监督、检查，通过加大对信息系统投入等方式，通过科技手段，提高内部控制和风险管理水平，促进投行业务健康、可持续发展。

3.资产管理业务

2018年是国内大资产管理行业统一监管的元年，资产管理新规及配套细则的颁布实施，将逐渐结束过去以通道业务为主的发展模式，促使行业回归主动管理本源，资产管理业态正在发生根本性变革。

在此背景下，西南证券资产管理按照公司整体战略部署，着力防范化解信用风险和流动性风险，深挖销售渠道，拓宽零售客户规模，加强产品创设和业务开拓，积极支持实体经济发展。截至2018年12月末，母公司存续资产管理计划153只(含终止未清算产品)，管理规模648亿元。其中，集合资产管理计划50只，份额规模约141亿元；单一资产管理计划97只，份额规模464亿元；资产支持专项计划6只，份额规模43亿元。2018年，西南证券新增发行资产管理计划5只，新增管理规模27亿元。其中新增单一资产管理计划4只，规模7亿元；新增ABS产品1只，规模20亿元。

4.证券自营业务

2018年，受国内外各种因素的影响，我国A股市场震荡下跌，国内主要股票指数创下了仅次于2008年全球金融危机的跌幅。面对挑战，西南证券自营方向性投资业务持续坚持价值投资策略，将严格控制风险作为重中之重，根据市场环境变化，适时调整策略，灵活操作，严格控制规模和仓位，推行低风险投资策略，控制净值下跌，全年大幅跑赢沪深300指数。量化投资业务继续坚持以绝对收益为核心，多策略、多品种、全市场的多元化投资理念，以量化交易为工具，灵活运营各种金融工具及衍生品进行风险管理，有效分散了投资风险，丰富了收益来源，适时通过多种对冲策略降低股票头寸风险，并加大固定收益策略配置规模，规避了权益市场风险及低评级债券的信用违约风险，取得了良好投资收益，持续为公司创造了稳定的绝对收益。

5. 其他业务

新三板业务平稳发展，年内新增挂牌家数13家，行业排名第13位；累计督导企业数量246家，市场份额占比2.3%。同时，推进新三板业务体系的重构，完善内控体系，配合完成监管检查，强化风险项目化解，通过多种手段提升执业质量水平。机构业务深化同业合作，全面推进PB业务，年内新增产品47只，产品总数达398只，总资产规模近200亿元；积极拓展基金业务代销合作的产品数量和种类，累计引进重点公募基金首发销售42只，同比实现增长100%。场外业务积极推动收益凭证业务，共推出10种产品系列，实现了产品常态化、持续化发行，全年收益凭证合计发行67期，累计募集金额47.8亿元；同时，全力推动场外期权业务，累计完成78笔交易，名义本金2亿元。研究业务对外实现卖方业务逆势增长，对内强化服务，全年累计为各业务条线提供数百次研究服务，且团队结构与研究体系逐步完善，医药等研究团队在水晶球、福布斯、Wind、天眼、慧眼等分析师评选活动中不断取得佳绩，品牌影响力继续提升。

6. 子公司业务

西证创新投资有限公司新增投资基金项目1个，新兴装备项目实现A股IPO上市，成功签约重庆两江西证股权投资基金，积极增加项目储备，完成349个项目的初调筛选和其中30个潜力项目的尽职调查工作。西证创新投资有限公司着力提升专业投资能力，以医疗大健康、军民融合、新能源、TMT等领域为重点，积极拓展股权投资业务，审慎开展港股通投资业务，探索周期性另类投资机会，大力拓展供应链金融等投资业务。西南期货分类监管评级从BB级上升至BBB级，不断推进营业网点建设，期货经纪业务全年累计成交额和成交量实现大幅增长；风险管理子公司完成增资，扭亏为盈，业务规模有所增长。西证国际证券获得5.7亿港元的增资，完成1.5亿美元境外债及7.8亿港元境外债的发行工作，年内完成2笔独家保荐IPO及其承销项目、2笔IPO承销项目、1笔财务顾问项目和3笔美元债发行项目。

(三)服务实体经济情况

2018年，西南证券加快落实服务实体经济战略行动计划。

一是积极贯彻落实习近平总书记于2018年11月1日在民营企业座谈会上的讲话精神。西南证券在会议召开后的短短两个月时间内，已为民营企业融资逾15亿元;同时推进设立支持民企发展的资产管理计划,筹备设立纾困基金。

二是依托资产管理产品支持实体经济发展。截至2018年末,西南证券服务于实体经济的资产管理产品规模逾百亿元,在业务模式上形成了债券投资、股票质押式回购、资产证券化、定向增发、大股东增持、员工持股等类型,以满足实体经济的多样化投融资需求。

三是依托经纪业务网点布局支持实体经济发展。为重庆区县企业融资项目逾40个,推荐重庆市各区县中小企业在OTC市场挂牌,通过股票质押、约定购回等业务为民营企业融资,通过金融产品销售为重庆企业募资。

四是依托投行类业务支持实体经济发展。西南证券投行积极探索国企混合所有制改革、国资证券化、供给侧结构性改革、市场化并购、跨境并购等领域的业务机会,为实体企业融资。

五是依托践行"精准扶贫"支持实体经济发展。西南证券积极探索金融扶贫和产业扶贫,比如,为处于国家级贫困地区的重庆市云阳县城市开发投资集团成功发行专项债。

六是依托西证股权投资有限公司、西证创新投资有限公司、西南期货有限公司等子公司支持实体经济发展。比如,西南期货有限公司大力推广期货交易所"保险+期货"模式服务"三农",为农业经营主体提供价格管理与风险管理咨询服务,为实体企业提供套期保值策略服务等。

(四)产品、服务及模式创新情况

1.有效把握资本市场发展机遇,深入推进公司创新转型发展

(1)继续稳步推进公司盈利模式转型,不断提升公司发展活力

一是2018年,西南证券继续稳步推进商业模式向"资本+中介"模式转型,进一步优化业务条线的业务模式,增强业务联动和业务合作,不断强化各业务板块间的相互协作、相互支持和相互融合,持续健全公司一站式、立体化、多维度的综合金融业务体系。

二是西南证券经纪业务搭建了互联网证券人工投资顾问在线服务系统和智能客服系统;投行业务按照监管机构要求,建立和完善了全面的内控体系,提高了项目质量控制的有效性;资产管理业务逐步突出以固收产品为主的业务特色,兼顾发展ABS等创新产品;投资业务进一步夯实量化、债券和PE等优势业

务领域的能力；机构业务更加注重为客户提供高质量的投研和交易策略服务；国际业务强化内外联动，丰富了跨境产品的品类。

(2)持续开展业务创新和产品创新，进一步丰富金融服务工具

一是根据监管环境和市场环境的变化，西南证券持续加强业务研究和预判，有效挖掘各类监管新规及市场新环境下跨境业务和跨境产品创新的资源，进一步丰富西南证券产品服务范围，努力为客户提供更加多元化的服务手段。积极联合海外优秀券商，共同探索跨境投行、海外私人银行、跨境股权基金等业务，积极满足企业客户和个人客户的跨境投融资需求。

二是为进一步丰富客户服务方式，提高服务效率，2018年，西南证券有效打造和推出了两大创新服务平台："慧投顾"平台和智能客服"灵犀通"平台。"慧投顾"平台为人工投资顾问的在线服务平台，主要包括在线投资组合和投资观点两大功能模块，为客户提供标准化的投资顾问产品和服务，与线下"金点子"投资顾问签约的一对一、个性化服务方式形成互补。"慧投顾"平台拥有操作便捷、安全的客户端，客户通过手机可享受在线订阅产品、获取数据、阅读观点等一系列服务，支持微信支付，免去线下签约、转账的过程。"灵犀通"平台为以智能客服为主、人工客服为辅的智能客服体系，是西南证券第一款落地应用的智能化产品。"灵犀通"以人工智能技术为核心驱动力，为投资者提供智能语义识别、知识库、智能辅助、关键词深度学习以及7×24小时全天候的在线服务能力。"灵犀通"将通过金融科技进一步提升客户服务的质量和运营效率，打造公司智能化服务的新模式。

(3)以智能化发展为契机，深入开展信息技术建设，助推公司创新业务发展

一是2018年，西南证券信息技术建设深入围绕公司发展战略的需求与《西南证券股份有限公司2018—2020年信息化建设规划报告》的计划持续推进，以智能化发展为契机，按照有效探索业务创新、客服体系、安全营运、风险管理的技术支持方式，全力满足业务创新，努力以技术进步引领和助推公司各业务发展。

二是2018年，西南证券实施新建逾百项信息技术项目，涉及集中运营平台、金点子手机证券升级优化、创新企业股票及存托凭证交易系统(CDR)等。同时，公司积极探索大数据、人工智能领域的相关应用，对经营业务数据、互联网交互信息等结构化数据和非结构化数据综合处理。分析研究互联网大数据应用处理方案，通过已有客户价值挖掘和外部信息价值挖掘相结合，预测业务

发展趋势。建立全渠道智能客服系统,及时应答客户需求,提高客户满意度,利用移动客服以及智能机器人,逐步为用户提供7×24小时在线服务。

三是西南证券通过持续的信息技术建设,有效提升了内部管理效率,进一步增强了为客户创造价值的能力,并将继续努力打造与战略目标相匹配的IT支持和服务体系。

2.积极把握和落实国家与地方战略,推动公司高效服务实体经济发展

一是研究和落实国家“一带一路”重大倡议和中新金融互联互通等国家战略,为各类企业跨境发展提供更加丰富的金融支持。2018年,西南证券围绕“一带一路”倡议以及中新金融互联互通等国家战略机遇,积极挖掘有效资源,先后协同中俄地区合作发展投资基金、华侨银行等机构,共同探讨设立“一带一路”基金的可行性,努力为国家战略服务。同时,积极借力政府搭建的国际平台,参加首届中新(重庆)战略性互联互通示范项目金融峰会,与中国—东盟中心、亚金协等国际组织和境外机构探讨在东南亚及“一带一路”沿线其他地区的业务合作机会。

二是为把握重庆大数据智能化产业发展机遇,西南证券积极探索重庆大数据智能化发展计划,研究公司投身重庆市以大数据智能化为引领的创新驱动发展战略的举措。一方面着力提升自身的大数据智能化服务和运营水平,为政府、实体企业、个人提供优质、高效、便捷的证券金融服务;另一方面依托专业优势以及多年丰富的资本市场服务经验,积极调动社会资源,全力投入到为重庆市大数据智能化战略的推动实施中去,协助提升重庆智能经济的证券化水平。

三是随着创新驱动发展战略的深入开展和实施,西南证券持续研究和探索支持战略性新兴产业、高技术制造业以及新产业新业态新商业等新兴产业的支持方式。公司全资子公司西证创新投资有限公司积极投资服务国家战略性新兴产业,通过“PE+”的模式为企业提供股权投资、产业链整合等全方位的资本增值服务。2018年,全资子公司西证股权投资有限公司与重庆两江股权投资基金管理有限公司签署基金投资协议,在两江新区合作设立重庆两江西证股权投资基金,基金将由西证股权的专业团队负责管理、投资和运作,采用市场化的运作模式,以股权投资为主,主要投资于先进制造业、移动互联网、生物医药、节能环保、大数据、人工智能等战略新兴产业,这将为重庆地区创新型企业的发展提供重要的资金支持。

3.创新发展成果良好，经济社会效益持续显现

一是西南证券创新活动屡次获奖，创新成果广获好评。2018年，在由华夏时报社、新浪财经主办的华夏机构投资者年会暨第十一届“金蝉奖”颁奖盛典上，西南证券被评为“金蝉奖2017年度证券公司创新奖”；在由新财富杂志社举办的“首届新财富最佳投资顾问”评选活动中，西南证券在券商排名中获得“上榜投顾券商排行榜”第三、“月度明星投顾券商活跃榜”第七的殊荣，成为同时获得两项奖项的8家券商之一。同时，西南证券投资者教育基地荣获中国证监会颁发的“全国证券期货投资者教育基地”称号，并被人民日报社旗下国际金融报评为“2018年中国证券期货投资者教育先锋”。

二是在创新发展理念的引导下，2018年西南证券进一步完善了业务格局，积极推动了业务的创新发展，为长期健康可持续发展奠定了更加坚实的基础。

（五）经营目标及未来展望

展望未来，西南证券将立足重庆、布局全国、走向海外，坚持“为投资者、客户和实体经济创造价值”的经营宗旨，树立“最有责任心公司”的企业形象，全面推进业务转型和创新发展，全力打造综合金融服务模式，形成比较优势和差异化竞争能力，努力成为创新驱动、品牌引领、综合化经营、国际化发展的中国一流证券集团。

第二十三章　本地法人保险公司

一、安诚财产保险股份有限公司

（一）基本概况

2006年12月，安诚财产保险股份有限公司（以下简称“安诚保险”）在重庆成立，是第一家总部设在重庆的全国性财产保险公司，注册资本为40.76亿元，现有省级分公司19家，分支机构254家，同时还设有全国性独资子公司保险销售、保险经纪公司，全辖员工5000余人。

2018年，安诚保险深入贯彻十九大精神和习近平新时代中国特色社会主义思想，在上级党委的坚强领导下，在公司董事会、股东大会的关心支持下，按照年度工作会议部署，积极面对商业机动车辆保险改革不断推进、市场竞争加剧增速趋缓、监管力度不断加强、资本市场复杂多变四大挑战，紧盯目标，积极追求规模与效益并重，公司上下奋力拼搏，战略发展稳步推进，治理结构不断完善，公司经营取得了一定成绩。

（二）2018年运营情况

1.主要经营指标完成情况

2018年实现保险业务收入41.17亿元。其中机动车辆保险保费收入30.61亿元，机动车辆保险以外保险保费收入9.16亿元，农业保险保费收入1.13亿元，分入保费2656万元；投资收益率5.68%，全年实现净利润3462万元。

2.经营工作的七大亮点

（1）市场排名保持在24位。截至2018年12月末收集的行业数据，安诚保险在国内88家财产保险市场主体中，排名24位，与去年持平。

（2）机构建设稳步推进。截至2018年12月末，已获准开业及批筹的三四级机构共计29家。其中已获准开业的三四级机构17家。2018年公司共有分支机构248家，其中分公司19家，中心支公司85家，支公司124家，营销服务部20家。

(3)风控能力持续强化。安诚保险2018年SARMRA自评得分90.63分，较2017年监管评分提升15.76分，较2017年自评得分提高2.72分。制度健全性改进84项，遵循有效性改进86项，2018年第一季度获分类监管A类评级，第二季度获B类评级，第三季度获B类评级，第四季度获A类评级。第四季度末偿付能力充足率513.14%。风险管控能力总体良好。

(4)理赔减损成效显著。通过加强理赔过程质量管理，狠抓落实理赔人伤案件标准化操作，截至2018年12月末，安诚保险实现理赔减损1.34亿元，同比增长415.2万元。

(5)科技创新卓有成效。截至2018年12月末，安诚保险互联网保险平台建设初具成效，保费收入涨势喜人，科技创新动力驱动业务发展取得良好成效，互联网业务保费收入1.7亿元，计划达成率142%。

(6)品牌内涵价值提升。安诚保险在2018年先后荣登“2017中国保险年度影响力赔案及服务创新”榜单，“2018中国价值成长性十佳财险公司”榜单，市场认可度不断提高。

(7)渠道拓展成绩可喜。通过不断完善销售推动体现、队伍管理体系，截至2018年12月末，公司渠道发展取得“保费、增员双超预期”的阶段性成果。

(三)产品、服务及模式创新

1.优化配置严控成本，深耕细作算账经营

一是坚持严控固定费用成本，承保、理赔前后端协同作战。二是高压态势抓理赔，降本增效动真格。三是严格费用管理，固定费用管控取得成效。

2.积极应对市场变化，推动业务稳健发展

安诚保险紧盯年初任务目标，对内以提升精细化管理为支撑，促进业务提质增效；对外以深入机构调研为抓手，及时调整策略紧跟市场，较好地实现了业务的健康发展。机动车辆保险方面，一是加强销售推动力度。通过强化渠道建设，巩固对营销渠道和客户资源的掌控力度，提升资源配置能力，推动价值业务发展。二是加强业务风险管控。落实承保规范化、标准化、精细化管理，加大业

务“去劣质化”力度，不断优化机动车辆保险业务结构。三是加强系统模型建设。通过不断优化自核系统、费用跟单系统和机动车辆保险定价模型，进一步提高了跟单效率和准确性，进一步增强了承保风险、边际成本、业务筛选的测算能力，有效提升机动车辆保险业务核心竞争力。机动车辆保险以外保险方面，一是“组合拳”推动非机动车辆保险业务发展。公司加大了机动车辆保险以外保险重点产品的推动力度，加强了对机构开展机动车辆保险以外重点项目的专业指导和跟踪。其中重庆轨道运营保险项目实现2条线路首席承保的新突破，白居寺大桥工程保险是公司成立以来独家承保保费和保额最大的桥隧项目。二是坚持算账经营，落实成本管理。通过实施“总额控制、放管结合、动态调整”的管控模式，提升费用投放灵活性和竞争力的同时，优化业务品质，主动摒弃高风险、高成本业务。三是加强产品研究，推动创新发展。安诚保险开发、修订产品232个，开发微信商城新产品销售方案20款，积极探索研究新领域保险产品和发展机会，开展建筑工程质量责任保险、建筑工程合同履约保险等相关产品研发，有力支持了机动车辆保险以外业务的经营发展。农业保险方面，通过完善内控制度，优化产品体系，抢抓政策机遇，农业保险保费首次突破亿元大关，同时通过积极调研，选定甘肃分公司作为农业保险突破口，实现了公司农业保险业务走出重庆的战略目标。

3.高压态势狠抓理赔，严格把控降本增效

安诚保险通过深化内控管理、实施重点帮扶，不断强化过程管控、持续优化理赔流程追求管理持续提升，以减损降赔和提升客户服务体验为抓手，切实推进各项理赔工作。一是制定并下发理赔管理相关制度、规定18个，有效指导总、分公司开展提升理赔案件处理质量工作。二是大力加强对分公司理赔条线的垂直管理，开展关键岗位综合能力评估、重点分公司理赔帮扶，严格执行分公司理赔绩效管理。三是强化理赔案件过程质量管理，狠抓理赔降本增效，从事故真实性、责任准确性、定损合理性、单证齐全性等方面通过加强对理赔案件各个环节的管控，抽调专人开展案件基础作业质量回溯检查，对发现的问题要求限期整改，对存疑案件坚决开展调查，严把理赔成本关。

4.科技支撑平台建设，创新推动渠道拓展

安诚保险以“抓安全、提管理、谋创新，科技支撑公司运营发展”为主线，以“信息建设与渠道拓展相结合”为抓手，进一步凝聚推动公司发展合力。一是加

强信息安全建设，夯实基础架构支撑，有效清除了系统安全隐患，保障了公司业务日常运维。二是公司着力加强技术需求管控和项目实施跟踪。三是支持创新工作，加快互联网业务发展，微商城门店实现机动车辆保险及其他产品全覆盖。

5.严控风险强化合规，不断完善内控机制

安诚保险紧紧围绕“偿二代”监管要求，坚守合规经营底线不动摇，有效开展风险合规管理工作，为公司稳健发展保驾护航。一是新建、修订风险管理制度及方案14个，不断完善风险管理体系，风险管理信息系统如期上线，如期完成SARMRA风险管理自评工作。二是全面有效开展合规管理工作，深入开展保险业市场乱象整治工作，公司内控合规制度“立、改、废”如期完成，加强法律风险防控，完善反洗钱内控体系建设，合规管理与公司发展结合愈加紧密。三是强化内部审计机制，督促整改工作不足。开展反洗钱、资金运用、信用保证保险、内部控制、公款消费等专项审计；扎实开展理赔督查工作，整改督促力度不断强化。

6.深入市场加强调研，分类指导助推产能

安诚保险进一步加强机构经营管理，促进机构持续稳健发展。一是深入开展市场调研，汇总当期宏观经济走势、监管动态及市场、行业信息，定期发布市场分析报告，指导机构开展相关工作。二是加强基层机构管理，进一步严格三、四级考核制度的刚性。三是加强销售体系建设，通过细化销售管理指标、调整销售薪酬结构、简化工作流程，对机构实施差异化管理，重点帮扶经营情况不理想的机构走出困境。

7.持续强化队伍建设，系统开展培训工作

一是安诚保险党委坚持党管干部原则，按照公司经营发展的新要求，强化干部队伍建设，努力打造党性强、敢担当、有作为、守纪律的干部队伍。二是打造高素质员工队伍，不断夯实培训基础。公司适时开展了产品、理赔、财务、合规等各类培训，完成41个专业课件的开发，系统化课件体系开发迈出新步伐。

8.勇担社会责任，提高风险保障能力

安诚保险参与承保了中欧班列(重庆)铁路运输保险，为中梁山隧道工程，红岩村大桥工程，重庆轨道交通一、二、三、五、六、十号线工程，主城十一桥，重庆水土与蔡家嘉陵江大桥工程，重庆三环高速公路合川至长寿段工程，快速路二纵线华岩至跳磴段工程等提供了工程保险服务。其中，2018年11月16日独家承保“白居寺长江大桥PPP工程项目”一揽子业务，提供风险保障金21.42亿元。首席承保重庆轨道交通环线东北段一揽子保险业务，保额约220亿元，保费251.54万元。安诚保险在重庆27个区县开展了生猪、奶牛、肉(蛋)鸡、森林等农业保险业务，2018年为约96866户次提供风险保障约573169万元，赔款支出约6156万元。自2015年承办重庆市城镇职工大额医保以来，直接赔付约84.21万人次，支付赔款约16.14亿元。2018年直接赔付23.59万人次，赔款3.93亿元，连续三年荣获重庆市城镇职工大额医保年度考核第一名。积极参与地方精准扶贫工作，累计为黔江、潼南、酉阳、秀山、巫溪等地提供扶贫捐款约58万元。

9. 坚持全面从严治党，两个责任落地落实

安诚保险党委紧紧围绕“坚持党的领导、加强党的建设”中心思想，围绕中心抓党建，抓好党建促发展，以政治建设为统领，积极发挥公司党委在国有企业的领导作用，不断把全面从严治党引向深入。一是以政治建设为统领，以习近平新时代中国特色社会主义思想为指导，牢固树立“四个意识”、坚定“四个自信”、做到“两个维护”，落实市委“三个确保”，把政治标准和政治要求贯穿于党的各项建设之中，带动党的建设质量全面提高。二是严格落实意识形态工作责任制，确保意识形态领域安全。将意识形态工作责任制和舆情工作纳入考核，对照“十破十立”坚决肃清孙政才恶劣影响和薄熙来、王立军流毒。开展定期研判，不断强化正面宣传引导。三是把制度建设贯穿从严治党始终，严格执行“三重一大”集体决策制度和“四步工作法”，加强对公司经营工作的领导，集体决定或参与公司重大决策。四是以提升组织力为重点，扎实推进基层党组织建设。严格落实“三会一课”、民主生活会、组织生活会、谈心谈话等组织生活制度，强化支部带头人建设，全面完成“五化”党支部建设，严把党员“入口关”，全年吸收14名条件成熟人员入党。五是深化政治巡察，压实全面从严治党政治责任。以“四个意识”为标杆，始终坚持问题导向，推动全面从严治党责任落实到基层。六是重点整治官僚主义、形式主义，持续加强作风建设，深化巩固拓展作风建设成果。七是注重宣传教育，增强廉洁自律意识。安诚保险纪委着力把正面引导与反面警示有机结合，在公司OA内网纪委专栏刊载学习资料、纪律文件和违反中央八项规定精神典型问题的通报35期，积极开展学习宣传《监察法》和新修

订的《中国共产党纪律处分条例》;在全公司组织开展"以案四说"警示教育,用国资系统和本公司典型案例,教育广大干部员工懂规矩、守纪律、知敬畏。

(四)经营目标及未来展望

2019年,工作要求更高,发展困难更大,任务也更为艰巨。安诚保险将在深刻领会习近平新时代中国特色社会主义思想对保险业发展重要指导意义的同时,贯彻发展新理念,落实高质量发展要求,以服务供给侧结构性改革为主线,紧紧围绕"规模是基础、效益是根本"两大主题,坚持控制风险、合规经营,坚持廉洁自律底线,全力以赴做好2019年各项工作。

1.趋前管理紧盯市场,调整策略提升产能

深入开展调研主动适应改革。努力抓住全国范围内商业机动车辆保险自主定价改革前的窗口期,寻找市场机遇,优化机动车辆保险业务结构,保持机动车辆保险业务稳健发展。抓发展、防风险,提升机动车辆保险以外业务的效益。加强销售体系建设提升,加大效益产品推动力度,改善各险种发展不平衡的状况,力争实现重点产品和机构良性发展。强化支撑农业保险发展实现突破。对标行业先进主体,加快农业保险体系建设,加快农业保险信息化技术配套建设,积极调研扩大农业保险区域覆盖面。拓展销售渠道创新开发产品。提升销售队伍人均产能;大力拓展个人渠道业务;迅速扩大线上销售网络,拓宽保费来源;持续推进新产品开发,拓宽产品的延展性和覆盖领域。总分合力帮助机构增盈减亏。认真分析各机构业务品质、发展潜力,着眼大局,科学调配销售资源。切实加强机构"一把手"责任制,积极配合总部推动业务发展。总部各后线部门要全力支持前端业务发展。

2.多措联动严控成本,算账经营降本增效

提升资金运用盈利能力。科学研判宏观经济形势,做好风险评估,调整投资渠道,合理投资配置,提高资金运用收益。严把固定成本开源节流。一是严把后援进人关,合理配置人力;二是做好销售人员固定人力成本预算管控;三是严控固定费用开支。科学制订销售费用策略。做好业务风险评估,找准业务风险和费用投入的平衡点,提升费用投放灵活性。

全面加强业务品质管控。一是要加强精算对业务开展的前置指导作用。二是持续加大"去劣质化"工作力度,提高机动车辆保险业务品质。三是加强机

动车辆保险以外业务的风险评估，深挖优质非机动车辆保险资源。四是优化农业保险产品体系，降低农业保险发展成本，扩大区域发展覆盖面。五是进一步畅通再保险通道，加强临分渠道支撑力，增强再保险对直保业务、创新业务的支持能力。六是狠抓理赔努力挤压水分。坚持高压态势抓理赔，狠抓理赔过程管控，深入开展理赔督导和打假挤水工作，持续推进理赔降本增效。加强理赔基础管理，提升服务水平。

3. 加强信息安全保障，加大科技创新支撑

持续做好业务系统开发运维工作。加快核心业务系统功能优化，提升公司经营管理效率。全力支持互联网+保险开发工作。大力提升互联网+保险业务信息技术支持力度，支撑公司互联网保险战略实施。重视网络安全做好规划改进工作。加强网络信息安全，为公司业务和管理提供安全保障和稳健可持续的系统支撑。

4. 提升风险防控质量，牢筑合规内控防线

提高风险管理效能。完善风险管理制度体系，严格对标“偿二代”相关要求开展风险管理工作，确保分类监管评级稳中有进。加强内控合规工作。强化合规理念，夯实组织建设，完善工作机制，做好风险监测，加大反洗钱工作力度，推动公司合规管理工作再上台阶，确保公司合规健康发展。深化内审监督机制。严格落实“三年轮审”机制，落实审计发现问题的整改，持续改进工作的不足。遵守民主决策机制。遵循民主科学的决策流程，严格执行“三重一大”决策机制。

5. 优化考核考评机制，激发员工工作效能

优化考核机制，完善考核指标；优化人才队伍结构，加强人才队伍建设。

6. 加强公司品牌宣传，树立企业正面形象

丰富企业文化内涵，加强品牌正面宣传力度，强化舆情监测工作，严密防范声誉风险。

7. 持续开展精准扶贫，履行保险社会职责

安诚保险将进一步牢固树立和贯彻落实创新、协调、绿色、开放和共享的发展理念，积极响应国家精准扶贫、精准脱贫号召，扎实开展脱贫攻坚工作。

8. 围绕经营抓党建，加强党建促发展

一是把深入学习宣传贯彻习近平新时代中国特色社会主义思想引向深入，始终以思想建设为引领，不断巩固党的领导、加强党的建设。二是贯彻落实党管意识形态原则，落实党管意识形态责任制，进一步加强意识形态工作，为公司的持续健康发展提供强大精神动力。三是贯彻新时代新要求，坚定不移推进全面从严治党，树立党的一切工作到支部的鲜明导向，抓严抓细抓实支部工作，打造坚强战斗堡垒。四是强化问题导向，弘扬改革创新精神，切实克服公司点多线长面广的问题，结合公司党委兴调研转作风促落实的要求，积极挖掘基层党建好的做法和优秀案例，树立正面典型，引导广大党员发挥先锋模范作用。

二、利宝保险有限公司

（一）基本情况

利宝保险有限公司（以下简称“利宝保险”）是一家在华经营的外商独资财产保险企业，母公司是来自美国的利宝互助保险公司（以下简称“利宝互助”），中国总部设立在重庆。截至2018年末，利宝保险在重庆、北京、浙江、广东、山东、四川、河北和天津八地进行商业运营。

母公司利宝互助是一家多险种的国际保险公司，创建于1912年，总部设在美国马萨诸塞州的波士顿，目前在世界各地设有800多家机构，有大约50000名员工，按2016年毛保费收入排名，是全球第6大国际财产保险公司。截至2017年，整个利宝互助保险集团的总资产达到了1425亿美元，总收入达394亿美元，并获标准普尔“A”级（强）评定、穆迪“A2”级（好）评定、A.M.Best“A”级（优秀）评定。在2018年《财富》世界500强中排名第255位。2003年利宝互助获原中国保监会批准在重庆设立分公司，并于2007年获准改建为全资子公司——利宝保险。目前，利宝保险在北京、浙江、广东、山东、四川、重庆、河北和天津分别设立了分支机构。

（二）2018年运营情况

2018年是利宝保险在中国展业以来取得成果最好的一年，这主要得益于2015年以来的战略调整。公司在不断优化业务结构，提升业务质量，降低综合成本,推行业务规模与盈利能力均衡发展的战略指导下,超标达成各项关键业务指标。2018年,公司业务规模显著增长,毛保费收入为19.6亿元,较2017年上升了28%;综合成本率105.2%,较2017年下降了3.8个百分点。2018年,净亏损较2017年降低了52%。公司连续六年实现减亏。另外,偿付能力达到168%。2018年,公司实际新入职377人,人力净增长38人。

1.经营情况

表23-1 利宝保险经营情况

单位:万元

项目	2018年计划	2018年实际	2017年实际
毛保费	174994	195976	153329
净保费	170172	190914	148840
净已赚保费	159526	172176	141719
税前利润	-4747	-4715	-9749
净利润	-4747	-4715	-9749
净资产	30986	59971	33001
经营活动收到的现金流量	-3805	12557	-3402
赔付率	65%	64%	64%
手续费率	20%	25%	24%
费用率	20%	17%	22%
综合成本率	105%	105%	109%
投资者回报	-13%	-10%	-30%

注:公司业务计划基于美国通用会计准则。

2. 业务结构

表23-2　利宝保险业务结构

险种名称	2018年计划		2018年实际		2017年实际	
	保费收入/万元	占比	保费收入/万元	占比	保费收入/万元	占比
机动车辆保险类	82550	47%	79158	40%	71468	47%
意外伤害保险类	4396	3%	7657	4%	3374	2%
责任保险类	51473	29%	56736	29%	46209	30%
货物运输保险类	971	1%	2648	1%	607	0
企业财产保险类	654	0	592	0	725	1%
机动车交通事故责任强制保险	26999	15%	44463	23%	26735	17%
其他	7950	5%	4722	3%	4211	3%
合计	174994	100%	195976	100%	153329	100%

注：公司业务计划基于美国通用会计准则。

（三）服务实体经济情况

2018年，利宝保险为209.82万家/位企业及个人客户提供财产保险、机动车辆保险或意外伤害保险等保险服务，其中企业客户57.18万家，个人客户152.64万位，为2.91万家企业客户提供理赔款累计人民币5.52亿元，为9.12万位个人客户提供理赔款累计人民币4.46亿元。

（四）产品、服务及模式创新情况

利宝保险秉承“帮助人们生活得更安全，更稳定”的理念，不断进行产品、理赔及服务等各方面的创新，提升客户体验。

1. 持续推动非机动车辆保险业务发展

机动车辆保险以外的业务是利宝保险未来发展的重要方向，根据“新国十条”产品创新的发展要点，公司持续探索机动车辆保险以外的业务发展的新方向，持续进行责任保险、意外伤害保险等非机动车辆保险产品的市场调研。对于新产品，利宝保险前期保持谨慎、开放的态度，了解同业动向，听取市场反馈，定期监控产品经营情况，动态调整各项政策，保证新产品经营情况平稳。同时，为了推动机动车辆保险以外业务的发展，核保部门持续采用“核保走出去”方式，让核保站在业务第一线，成为接地气的核保人，直接了解市场动向的同时也了解业务第一手资料，对承保风险有更直观的判断。同时继续做好产品的合规管理工作，坚持依法合规经营。

2.积极开拓业务网点，拓展服务区域

2018年，利宝保险在全国范围内新设立了天津分公司及8家三级机构和10家四级机构。随着公司的网点不断铺设，公司的整体服务水平更上一个新的台阶，有能力为更多客户带去保险服务。

3.创新服务方式，提升服务能力

随着利宝保险业务发展、同行业服务方式及服务内容的不断变化，在与行业对标的过程中客户服务中心在现有服务水平的基础上不断提升创新服务方式，以提升整体服务水平，2018年客户服务中心新增电话处理新车客户增加车牌批改业务，全年共受理108笔。2018年公司一方面持续加强公众微信号、官网在线客服与客户的沟通体验，另一方面公司也根据不同分公司地域特点以及客户的需求，在拓展新的尊客会服务区域的同时也对尊客会服务项目按各分公司不同区域的需求不断进行调整；同时，确保400服务热线的接通率和满意度，在当年的保险公司服务评价中评价等级由2017年的B上升为BB。

4.提升理赔管理、提供优质服务

(1)优化理赔流程，提高客户感受

推行多渠道报案；小额案件快赔落地各分公司，并推行小额案件免纸质单证快赔付服务；推行单证电子化，减少纸质单证；合并索赔材料，减免证明材料；严格执行代位求偿服务；推行赔案全流程透明化，提高服务时效，提高客户感受。

2018年以来利宝保险通过推动车物、人伤5000元以下“捷赔”服务，“捷利宝”移动定损理赔系统上线试运行等工作，理赔效率得到提升，客户满意度得到进一步改善。截至2018年12月，利宝保险机动车辆保险结案率99.31%，比2017年提高0.46个百分点，万元以下案件索赔支付周期13天，比2017年缩短

1.6天,5000元以下机动车辆保险案件结案周期9.11天,比2017年缩短1.32天。理赔效率得到提升,客户满意度得到进一步改善。

(2)严控保险欺诈,强化理赔打假降赔

通过SIU减损的强力推动,促使机动车辆保险赔付率下降。SIU全年减损7275万元,较2017年6056万元提升1219万元。对于保险欺诈案件的防控,初步形成了良好的内部氛围,一定程度上改善了外部环境。

(3)开发新系统,打造新理赔

2018年利宝保险通过内部科技创新升级搭建综合性客户服务平台,推出移动互联网理赔客户端,实现全新的快速、便捷、人性化的场景化理赔服务。同时,引进了行业内先进的理赔自动化规则引擎,并基于此系统,不断完善、优化理赔流程各环节,提高理赔运营效率,有效管理控制漏损点,使其更好地为理赔工作服务。

(4)移动报表门户体系助力理赔精细化管理

"理赔精细化管理"是利宝保险发展战略目标,全天候数据监控是实现此目标的重要保障,2018年公司先后完善了理赔风控模型,通过数据挖掘,补齐短板,完善理赔全流程风控评价体系,不断提高理赔信息电子化程度,通过系统智能检索和实现风控渗流点的实时监控;同时打通了业务管理、销售管理、合规风控规则,实现了全流程的风险管控。通过移动端报表打通总、分数据流,提升了理赔管理的透明度及信息传导速度并实现了对关键理赔指标的实时监控。日常理赔管理报表移动端的可查询率达到70%且在持续提升。

5.打造诚信品牌,提升品牌知名度

2018年,利宝保险秉着"再创业、再出发"的经营理念,将品牌建设工作与公司发展相结合,从推动业务发展的角度着手,完成了如下工作:

(1)继续强化统一的品牌认知

根据监管的最新要求和公司的实际情况,对《行销品管理制度》《对外新闻宣传管理制度》《官网管理办法》等制度进行了更新,并制定下发《广告投放管理办法》《自媒体管理办法》,规范相关品牌工作流程。通过品牌规范和品牌知识专项培训及日常审核沟通等方式,持续加强《品牌手册》及前述系列品牌制度的严格执行,维护统一的利宝视觉形象,强化公司员工的品牌认知。

(2)管控声誉风险

2018年5月,利宝保险积极组织开展突发事件应急演练活动,选择山东公司、石家庄公司和宁波公司作为演练机构,分别以群访群诉、停业作为等突发事件进行演练,总公司风险管理、客服、产品、理赔、品牌宣传等相关部门,联合分公司总经理室、综合管理部等责任部门共同开展应急演练及排查工作,确保有效管控声誉风险。2018年6月,梳理声誉风险管理流程,更新《声誉风险管理制度》和《声誉事件管理手册》,加强声誉风险防范工作,每个季度组织各部门进行声誉风险自查,发现可能引起声誉事件的风险时,由电子商务部牵头进行声誉风险防范准备,确保公司及时准确地解答媒体和公众的疑问,避免造成公众误解。2018年7月,利宝保险组织全公司各级机构相关岗位员工,通过视频会议的方式,开展品牌宣传及声誉风险制度专项培训活动,规范岗位职责及操作流程,提高公司应对声誉风险的能力,维护利宝保险和保险行业的正面形象。

(3)紧跟监管指示,增加正面宣传

2018年利宝保险继续积极组织营销活动,通过活动中与客户面对面的互动沟通,以及线上线下的持续宣传,传递企业使命,树立品牌形象。2018年3月,利宝保险集中组织"3·15"国际消费者权益保护日活动、防范非法集资宣传教育、自媒体保险营销宣传行为管理等多项宣传活动,集中宣传消费者权益保护知识。2018年7月,利宝保险组织全员开展"7·8保险扶贫健步走""给7·8点个赞"活动,并在总部和分公司举办了十余场形式多样的开放日活动。2018年8月,利宝保险组织开展为期一个月的"金融知识普及月金融知识进万家"活动。在活动中,通过官方微信、官方网站、电子屏展播、放置宣传资料、在社区等人群密集的区域设立服务咨询点、组织渠道经理上门面对面开展宣传活动等方式,强化正面宣传,提高消费者防范风险的意识和能力,提升公司的品牌形象。

(4)以营销带动品牌推广

2018年,利宝保险围绕节假日、热点新闻等主题,设计海报、软文等宣传材料,将品牌推广融入利宝重点产品和营销工具的包装和营销中,通过官方微信、利宝微门店的特色产品、营销活动、线上线下营销材料、突发事件的客户服务信息等载体,传达利宝保险"帮助人们生活得更安全,更稳定"的企业使命,将公司的品牌形象与有形的产品和服务关联起来,加深客户对公司品牌理念的理解,提升品牌知名度。

6.积极履行社会公益责任

在社区责任方面，2018年度的Serve with Liberty志愿者活动以保护环境，呵护美好家园为核心，以“呵护一叶绿，共掬一片蓝”为主题，总部和分公司进行了植树、捡拾垃圾、宣传环保知识、回收废旧电池等形式志愿服务，共有596名员工参与，参与率达到60%。

（五）经营目标及未来展望

利宝保险在过去几年业务清理和公司架构调整后，业务已经走上了高速发展的道路。2017年经历了一系列的改革，包括组织架构、管理模式、企业文化、绩效改革等，进一步明确了未来的战略规划及发展方向，已经为未来的发展明确了方向，铺好了基础，让业务发展走向了正轨。2018年，中小企业和外资公司面临更加严峻的生存环境，在市场竞争如此激烈的环境下，在既定的战略下，精益发展，高效执行，实现了业务增长的不断突破。

利宝保险未来发展的战略具体为：

1.打造多渠道营销体系，实现多样化可持续发展

利宝保险深入探索Safeco模式，为广大中小企业提供系统支持等全方面服务，加强渠道之间深度合作，提高业务的稳定性。借力电话、网络直销等新渠道，实现直销创新，推动业务发展，深入挖掘新型营销模式的巨大潜力，打造盈利性、多元化、可持续的多渠道营销体系。利宝保险也将在未来持续发展个人代理人渠道，以使用更加丰富的渠道，吸取市场和同行的优良经验，更加深入地渗透市场，扩大保费规模，提高利润。

2.优化理赔管控，提升客户服务

利宝保险一方面利用先进的数据分析和数字工具，深度挖掘理赔数据，通过数据分析、加强定损管理等措施，有效降低赔付率，并简化理赔程序；另一方面，不断完善客户服务体系建设，优化尊客会服务，打造全新的客户服务平台，使得对客户的服务更加贴切有效，提升客户忠诚度，实现业务可持续发展。

3.优化险种结构、完善和丰富产品线

稳步发展机动车辆保险业务，加强机动车辆保险精细化管理，打造强大的风险选择模型；大力发展优质非机动车辆保险业务，逐步提高机动车辆保险以外保险在整体保费收入中的占比，加强风险控制，增强盈利能力；持续关注互联

网保险等新兴市场的需求，不断进行产品创新，加快抢占机动车辆保险以外的市场。

4.严控成本费用、低成本机构铺设模式

未来利宝保险发展将在兼顾整体经营绩效的前提下，严控成本费用，实现开源与节流并重，加快盈利的步伐，并深度挖掘现有分公司所在区域的市场潜力，通过低成本增设省级以下分支机构，实现轻资产机构运营模式，稳步提升业务规模，进一步摊薄经营成本，提高公司经营绩效，力争公司尽快减亏。

5.加强总分协同、高效运营的管理模式

持续建设总部能力，加强总分协同，简化管理流程，放大部门权限、责任与自由度，充分调动各层级员工的创造力与主动性，建设卓越的公司管理能力；持续加强分公司销售团队建设，全面提高销售能力，加强业务知识和技能训练，制定合理考核激励机制；探索更加扁平高效的组织架构和管理模式，探索更加合理的工作分配模式。

面对外部市场变化带来的机遇和挑战，利宝保险将凭借集团总部的全力支持、借力海外先进经验的输送，以及本土团队的智慧与勤勉，在中国市场深耕细作，合规经营，创造佳绩，为更多客户提供更优质更专业的服务，以秉承公司历经百年的使命——“帮助人们生活得更安全，更稳定”。

三、恒大人寿保险有限公司

（一）基本情况

恒大人寿保险有限公司（以下简称“恒大人寿”）是一家全国性人寿保险公司，于2006年经原中国保监会批准设立。恒大人寿立足人寿、年金、健康和意外伤害等保险业务，以客户为中心，以保险为纽带，积极推进大养老、大健康、大社区战略布局，为客户提供涵盖人身保障、财富管理、康养医疗等贯穿全生命周期的专业化保险保障服务。目前，恒大人寿排名已跻身全国人寿保险20强，总资产超1000亿元。

2018年，恒大人寿继续秉承“恒守诚信，大爱保障”的经营理念，稳步推进战略转型，持续优化产品结构，坚持依法合规经营，为客户提供优质专业的保险服务。同时，积极利用保险企业优势，开展精准扶贫、灾难救助等，积极履行企业的社会责任，为社会、股东、客户、员工创造价值。

(二)2018年度经营情况

2018年,恒大人寿全面贯彻落实"保险姓保"的监管要求,围绕"价值+服务"年度经营主题,深入转型发展,聚焦价值经营,严控风险、合规经营,实现业务稳步发展,进一步推动业务结构转型。

1.深化业务结构转型

2018年,恒大人寿实现总保费375.3亿元,同比增长2.2%,在规模保费平稳增长的同时,大力拓展风险保障型和长期储蓄型业务,保费结构实现三大优化:一是原保费收入323.7亿元,原保费占比达86.3%,占比同比增长近10个百分点;二是风险保障型和长期储蓄型业务快速增长,价值保费77.7亿元,同比增长近3倍;三是趸期交结构改善,续期保费47.2亿元,同比增长12倍;四是市场排名持续提升,在全国91家寿险公司中,原保费排名第17位,较2017年上升3位。

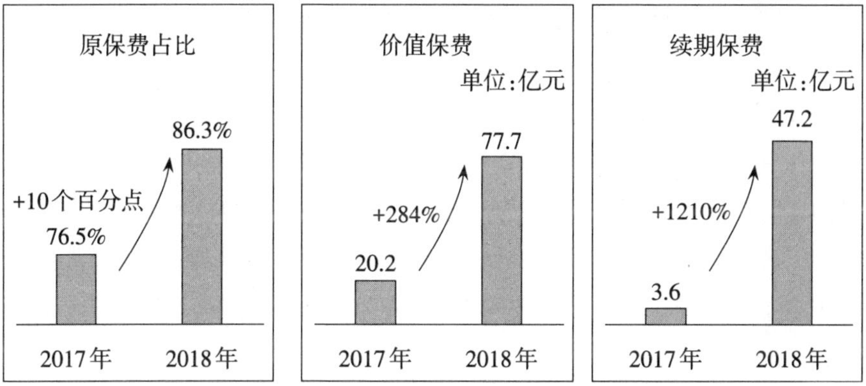

图23-1　恒大人寿2017年和2018年指标增长图

2.渠道转型效果显著

2018年,各渠道经过不懈努力,克服转型阵痛,长期储蓄型、风险保障型业务取得长足发展。其中,个人保险渠道以销售高内涵价值产品为主,完成新单保费5.0亿元,同比增长2.2%;银保渠道重点贡献规模的同时持续向价值转型,全年达成新单保费312.8亿元,其中价值保费63.2亿元,同比增长4倍,价值保费占比同比提升13个百分点;团体保险渠道与集团开展创新合作,并大力推动职域营销,全年累计达成新单保费3.8亿元,同比增长129.7%;经纪代理渠道积极扩展合作机构,重点发展价值业务,全年销售新单保费6.5亿元,同比增长152.9%。

3.财务指标健康发展

2018年,恒大人寿总资产达1200亿元,较2017年末净增长178亿元;全年实现净利润17.1亿,同比增长54.2%;2018年公司向国家缴纳税收共计3.9亿元。

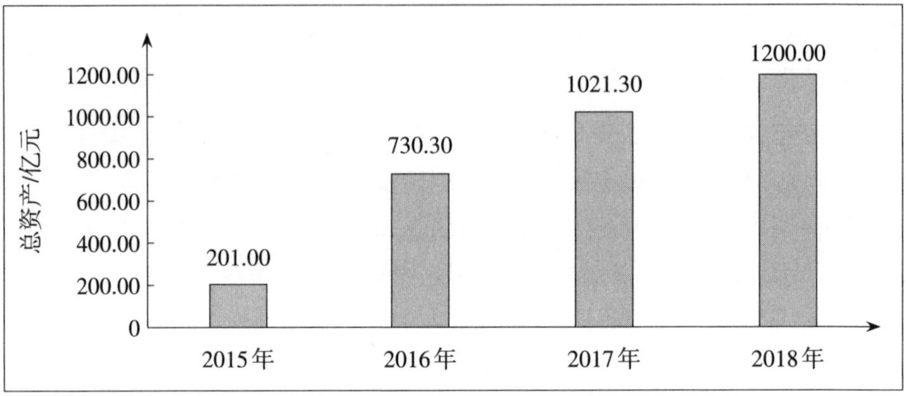

图23-2 恒大人寿2015—2018年总资产趋势图

4.合规工作精细管理

2018年,恒大人寿对内加强合规管理基础工作,完善制度建设,优化管理流程,提升法律合规人员专业素质,提高法律合规审核质量和效率;对外积极配合监管部门开展一系列自查自纠、反洗钱等工作,不断加强与监管日常沟通,指导分公司主动向当地银保监会和中国人民银行汇报,及时掌握监管政策和监管动态,主动寻求指导。

5.偿付能力符合要求

2018年,恒大人寿综合偿付能力充足率为131.29%,核心偿付能力充足率为128.58%,偿付能力符合监管要求及公司可持续发展需求。持续加强对偿付能力的研究,不断优化完善偿付能力分析和预测,进行不同情景的压力测试,针对偿付能力管理中的主要风险,制定相应的应对方案。

6.打造高素质人才队伍

恒大人寿致力打造一支高素质的人才队伍,其中员工本科及以上学历占比95%,平均金融从业工作经验8年,经监管核准的高级管理人员平均金融从业经验超15年。2018年,恒大人寿通过完善优胜劣汰机制,建立高质量发展的目标和指标体系,打通员工管理和专业序列双向发展通道,内部大力培养年轻干部和专业人才,打造了一支契合公司文化、具有凝聚力和战斗力的干部团队。

（三）服务实体经济情况

恒大人寿始终把服务实体经济作为保险资金运用的出发点和落脚点，持续发挥保险资金期限长、成本合理的优势参与“一带一路”倡议、扶贫攻坚等，投资国家基础设施建设，积极参与现代技术和先进制造业等国家主导产业投资，为国家战略和实体经济提供长期稳定的优质资金，助力经济转型升级。截至2018年12月31日，恒大人寿持有支持实体经济投资金额约294亿元，占资金运用规模的26.14%。未来恒大人寿将继续致力于发挥保险资金的优势，全力支持实体经济的发展。

1.继续全力支持实体经济，助力实体经济转型升级

按照银保监会对于支持实体经济等文件的相关要求，恒大人寿结合发展需要积极投资文化产业、医疗健康、高新科技发展等行业。2018年，通过参与投资方向为高新技术企业和软件企业的私募股权基金的认购以及通过各类金融产品等方式投资相关行业约55亿元。恒大人寿未来将更加立足保险主业，积极拓展相关实体产业的投资。

2.继续参与创新保险扶贫基金，助力国家脱贫攻坚战略

恒大人寿紧紧围绕“十三五”脱贫攻坚目标，发力精准扶贫，加大投入力度，发挥保险资金运用对扶贫的重要作用。积极参与中国保险业产业扶贫投资基金发起产业扶贫类项目投资，共认缴6000万元投资金额，已实缴2789万元，是整个基金的第二大投资者。未来恒大人寿将继续通过市场化产业投资开展对贫困地区的精准扶贫，助力国家脱贫攻坚战略和贫困地区产业建设。

3.继续支持供给国家基础设施建设、区域经济发展战略

恒大人寿紧紧围绕支持供给侧结构性改革、“一带一路”建设、国家区域经济发展战略、推进保险资金参与PPP项目和重大工程建设等方面有针对性地进行投资，助力经济转型升级。2018年参与了高速公路股权项目投资25亿元，助力国家基础设施建设。

未来，恒大人寿将积极发挥保险资金融通和引导作用，紧紧围绕供给侧结构性改革，促进钢铁、煤炭等行业加快转型发展；继续积极参与区域城市群发展的重点项目和工程，助力国家经济发展；继续推进高新技术产业及先进制造业投资工作，助力实体经济腾飞。

（四）产品、服务及模式创新情况

1.产品创新

恒大人寿秉承“大健康+大养老”的创新发展思路，以“价值+服务”为产品开发导向，践行“保险姓保”发展理念，致力于向市场推出具有创新性与竞争力的产品。

（1）“稳得利至尊版”养老年金保险。该产品是恒大人寿主打的养老保障类产品，投保范围广，0~70周岁均可购买，致力于满足更多客户的养老需要。保单满5年，且被保险人满60周岁后，每年给付养老年金，可提供足额的养老保障。除此之外，该产品还归属于“恒享福”养老保险计划，购买达到一定额度后可获得恒大养生谷的入住权，多方位满足养老需求。“稳得利至尊版”上市后即受到市场广泛关注，2018全年保费收入达44.9亿元。

（2）“恒养健康”团体重大疾病保险C款。恒大人寿通过积极整合股东资源，不断强化“保险保障+生态养老+医养结合”的战略模式，并推出长期重疾险——“恒养健康”C款，创新地将保险服务与养生谷会员权益相结合。该产品为一次性交费，保障至70周岁，提供80种重疾的保障责任，具有投保便捷、性价比高等特色，与养生谷项目相得益彰，为客户提供全面优质的重疾保障，收到了市场的积极反馈，2018全年实现保费收入约6300万元。

（3）“万年康”终身重大疾病保险。该产品是一款市场领先的不分组多次给付的重大疾病类产品，为客户提供多达105种重大疾病、20种中症以及35种轻症的全方位疾病保障，并且针对诸如恶性肿瘤、急性心肌梗死、脑卒中后遗症等高发疾病提供二次给付责任；此外，该产品提供三重豁免保费，豁免首次重大疾病、中症或轻症确诊之日后的主合同各期保费，搭配丰富完善的附加险体系，充分满足医疗+疾病+豁免的健康保障需求。

2.服务及模式创新

（1）2018年，恒大人寿首次推出VIP贵宾服务，为贵宾客户提供专属服务。贵宾客户在办理各项业务时可享受贵宾专席服务、柜面贵宾通道服务、贵宾专属优先规则。并且为客户提供生日关怀、健康体检、重大疾病绿色通道及理赔探视服务。全年共为16000余位贵宾客户提供贵宾专属服务，切实践行公司服务理念。

（2）为提高投诉案件处理时效，实现从案件受理、处理、协谈等全流程线上处理，建立投诉管理信息化，2018年恒大人寿启动投诉管理专属系统建设工作，该系统上线后可准确、实时监测分公司案件受理、处理时效、案件损失金额等情况，同时可实现微信审批投诉案件，有效提高投诉案件处理时效，维护消费者权益。

（3）为从销售前端管控销售品质，2018年恒大人寿对品质管理体系进一步优化，建立品质管理绿色通道，对品质优秀的销售人员授权授信，优先办理各类业务，简化流程，提升客户服务体验。

（4）恒大人寿拥有健全的重大理赔案件工作体制，当灾难发生时，公司能及时启动应急措施，有效防范化解重大理赔事件风险。2018年，面对“9·12湖南衡东滨江广场车祸事件”及“9·16超强台风山竹”，总、分公司积极响应，第一时间成立应急小组，启动突发事件应对预案，通过微信公众号对外公布快速理赔举措，同时开展主动排查工作，并与涉险客户迅速取得联系，提供相应帮助。

（5）2018年“3·15国际消费者权益日”期间，为更好地开展消费者权益保护工作，树立和传播保险行业良好形象，恒大人寿围绕“品质时代，诚信保险——恒大人寿与您同行”主题，开展了一系列保险知识普及和消费者权益保护活动。活动期间，总、分公司悬挂宣传条幅、张贴主题海报，并组织内外勤人员开展专题学习和特别晨会，提升全员诚信服务意识，为广大客户提供更加优质的服务。同时，各分公司积极参与地方保监局、行业协会、同业协会组织发起的专项活动，共开展消费者教育普及活动53场，发放各类宣传材料9000余份；举办总经理接待日活动43场，为众多市民和保险消费者现场答疑和解决问题。

（五）经营目标及未来展望

1.2019年经营计划

2019年，恒大人寿综合考虑市场环境、监管要求、公司偿付能力等因素，科学审慎制定保费目标，2019年总保费目标400亿元，同比增长6.6%；新单保费目标324亿元，与2018年基本持平。在稳定维持规模保费的同时，重点发展长期保障型及风险保障型价值业务；各渠道发展逐步实现多元化和均衡化，银保重点贡献规模的同时逐步向价值转型，个人保险、经济代理、团体保险主要聚焦价值。

2019年，恒大人寿持续完善以价值为导向的考核机制，进一步加强成本意识、强化费用管控，优化升级业务渠道、产品、投资等结构，实现持续盈利目标，确保核心偿付能力及综合偿付能力符合监管要求。通过持续强化风险合规管理工作，不断健全风险控制机制，严守各类风险底线，确保年度综合评级达到B类，力争实现A类评级，争做行业稳健合规经营典范。

2.战略目标规划

随着恒大人寿进入新的发展阶段，面临的内、外部环境发生了深刻的变化，内部转型发展压力加大，过去的规模型扩张不可持续，外部市场竞争加剧和分化，监管力度不断加强，保险消费需求不断升级跃迁。因此，着眼于长远发展，恒大人寿从战略层面进行深入的研究和思考，确立未来五年发展的“1234”总体战略：

锚定一个总体目标。立足保障本源、发挥协同优势、体现专业价值，致力于成为全球领先的全方位高端医养社区服务人寿保险公司。

打赢两场攻坚战。打赢转型发展的攻坚战，由规模导向向“规模+价值”联动转变，由资产驱动向“资产+负债”双轮驱动转变，由要素投入向创新引领转变。打赢防范风险的攻坚战，守住不发生系统性风险、重大合规事件、重大负面舆情三大底线。

建立三大资源网络。推动“大养老”“大健康”“大社区”战略布局，将虚拟金融保险产品与实体养老健康服务相结合，构筑公司发展核心竞争力。

聚焦四项核心指标。遵循“规模+价值”联动发展导向，恒大人寿将严格遵循监管政策，在偿付能力的硬约束下，把握好业务规模与业务价值的平衡，聚焦于资产、保费、内含价值、新业务价值四项核心指标，逐步调整业务结构，实现业务价值稳步提升，追求长期稳定的价值回报。

3.恒大人寿未来展望

从外部环境来看，第一，宏观经济方面，我国经济发展由高速增长阶段转向高质量发展阶段，经济发展动能转换、人口老龄化进程加速、消费需求升级等因素将不断催生出庞大的多元化、差异化的新的保险需求，为保险行业发展提供广阔的发展空间。第二，政策支持方面，国家政策大力支持商业保险发展，鼓励保险公司进入健康养老市场，同时，随着金融监管不断强化，我国的金融体系将更加完善，金融市场也逐步健全。第三，保险行业方面，当前我国保险市场发展仍处于初级阶段，2018年我国保险深度、保险密度分别为4.22%和2724元，与成熟保险市场仍有一定差距，发展空间和潜力巨大。未来，人身保险行业有望释放近几年行业转型调整积蓄的动能，迎来新的战略发展机遇期。

从恒大人寿自身层面来看，第一，近年来发展迅速，奠定了良好的业务基础。保费规模稳步增长，2018年规模保费跃上375亿元平台，跻身全国人寿保险20强，总资产突破1200亿元。业务结构不断优化，渠道多元化建设取得成效。经营效益逐步提升，投资收益处于行业领先水平。治理和内部控制体系逐渐完善，风控能力持续增强。第二，管理团队日趋成熟，引进了一批在行业内具有丰富经验的管理人才和专业人才，充实了管理团队，为经营决策提供了坚实的人才基础。第三，制定了发展"大养老""大健康""大社区"的战略目标，进军健康养老市场，充分发挥了恒大人寿与恒大集团的地产、健康、养老、文化旅游等资源的协同发展优势。同时，也顺应了国家支持健康养老产业发展的政策方向、推动保险行业回归保障本源的监管导向以及消费者日益增长的健康养老保障需求，未来发展前景广阔。

四、三峡人寿保险股份有限公司

（一）基本情况

三峡人寿保险股份有限公司（以下简称"三峡人寿"）是市委、市政府支持，国务院保险监督管理机构批准设立的全国性保险金融机构，同时也是第一家总部位于重庆的中资寿险公司。

三峡人寿于2017年12月20日正式成立，注册资本10亿元，股东包括重庆渝富资产经营管理集团有限公司、重庆高科集团有限公司、新华联控股有限公司、江苏华西同诚投资控股集团有限公司、重庆迪马工业有限责任公司、重庆中科建设（集团）有限公司六家大型企业。

三峡人寿业务范围包括普通型保险（包括人寿保险和年金保险）、健康保险、意外伤害保险；上述业务的再保险业务；国家法律、法规允许的保险资金运用业务；国务院保险监督管理机构批准的其他业务。

2018年8月29日，三峡人寿第一家分公司——重庆分公司正式成立，公司当前正按照机构发展规划，继续做好在渝分支机构筹建准备工作。

三峡人寿因三峡而生，是国家支持三峡库区建设、服务长江经济带发展的金融布局，肩负着服务库区人民和重庆经济社会发展的历史使命，将以满足客户差异化、全方位的保险需求为出发点，着力通过产品创新和服务创新，扎根重庆、立足中西部、面向全中国，打造国内一流、国际知名、最具成长性的保险公司，成为百姓的幸福守护者、价值创造者和财富规划者。

（二）2018年运营情况

2018年，是三峡人寿首个完整经营年度，公司按照既定战略目标和规划，凭借“混合制、市场化”体制、机制优势，紧紧围绕“打造最具成长性的寿险公司”的企业愿景，全体员工在董事会的领导下，在管理层的带领下，上下一心，努力拼搏，积极顺应保险业形势变化，稳步推进各项经营管理工作，内部管理规范有序，团队素质稳步提高，经营基础扎实牢固，为行稳致远打下了坚实的基础。

1.经营达成情况

表23-3　三峡人寿2018年经营指标达成情况

项目	达成情况
总保费/万元	1122.22
总资产/万元	92134.53
偿付能力充足率/%	2880.88
分公司数量/家	1

2.业务结构

（1）产品结构

2018年，三峡人寿积极践行“保险姓保”的经营理念，大力推动保障型产品的发展，以健康保险和意外保险为主的纯保障型产品保费收入合计695.27万元，占总保费收入的61.95%。公司业务结构主要以保障型为主，理财型业务占比较低。

（2）渠道结构

2018年，三峡人寿业务来源于个人保险渠道、银保渠道和团体保险渠道，业务结构较为均衡。其中：个人保险渠道保费收入281.30万元，渠道占比25.49%；

银保渠道保费收入391.41万元，渠道占比35.46%；团体保险渠道保费收入430.99万元，渠道占比39.05%。

（三）服务实体经济情况

1.立足实体经济需求，放大牌照功能

三峡人寿作为重庆“全牌照”现代金融体系的重要组成部分，一直致力于立足实体经济需求，发挥、放大保险法人机构的金融牌照功能，有效丰富重庆金融机构门类。

2.保障实体经济运行，服务社会民生

（1）发挥保险风险保障和经济补偿的基础功能，参与重庆市基础设施建设。

2018年，共承保建筑工程人身意外保险67件，累计为52个承保工程提供了近50亿元的风险保障。

（2）发挥保险风险保障和经济补偿的基础功能，参与多层次社会保障体系建设。在企业推广意外保险、医疗保险等员工福利商业保险，帮助企业建立补充医疗保险机制，减轻城镇职工看病就医负担，减轻企业财务压力，帮助企业释放更多的资金用于实体经济发展。2018年共承保企业员工福利商业保险100余件，累计为当地企业承担了近30亿元的风险保障，有效分担了企业的经营风险。

（3）发挥保险风险保障和经济补偿的基础功能，助力脱贫攻坚战。定向发挥保险风险保障和经济补偿功能，努力扩大保险覆盖面和渗透度，为贫困人口提供特惠的基本意外风险保障。2008年，原中国保险监督委员会下发《关于印发〈农村小额人身保险试点方案〉的通知》（保监发〔2008〕47号），在前期试点的基础上，2009年进一步下发《关于进一步扩大农村小额人身保险试点的通知》（保监发〔2009〕59号）。万州区政府于2013年起在区内推动小额人身保险的推广工作，目前已取得了初步成效，一定程度上填补了目前城乡居民在人身意外伤害补偿、意外身故、疾病身故方面的空白，分担了政府一部分脱贫致富的任务，起到了防止“因病致贫、因灾致贫、因病返贫、因灾返贫”的作用。但随着经济的增长、生活水平的日益提高，人们对保险的需求也随之提升，基本的农村小额人身保险已经不能完全覆盖人们的保险保障需求。2018年，三峡人寿利用总部在重庆的优势，开发了“简易人身(小额保险)”意外险组合产品并在万州区推广，共计承保人数1万余人，补充了农村居民的保险保障。

3.满足实体经济发展，构建合作关系

贯彻落实“创新、协调、绿色、开放、共享”五大发展理念，广泛构建合作关系，形成助力实体经济发展的合力。

一是与具有绿色产业识别准、绿色项目储备多等优势的中邮重庆分公司、中国邮政储蓄银行重庆分行建立战略合作关系，三方紧扣“绿色产业扶持，金融机构可持续发展，保险业供给侧改革”，将从“绿色金融产品开发、保险资金运用绿色化、运营管理绿色创新”等方面开展合作，以“保险+邮政+银行+政府”的模式在服务实体经济、小微企业、普惠金融和精准扶贫中充分发挥作用。

二是基于共享理念，与重庆目前唯一一家持有银保监会消费金融牌照的全国性金融机构马上金融消费股份有限公司达成战略合作，双方将在人工智能、技术合作、大数据联合建模、业务合作、运营、渠道等方面开展全方位合作。

(四)产品服务模式创新情况

1.助力脱贫攻坚，聚焦“两不愁三保障”，创新产品开发

三峡人寿自成立之初，就一直遵循“服务库区、服务移民”的宗旨，打造具有三峡特色的移民保险项目，创新推出保险产品，为包括三峡库区移民在内的广大客户提供人寿、年金、医疗健康等多方面保障，切实解决三峡库区移民因病返贫、因病致贫等问题，助力脱贫攻坚。

一是适应新政策，建立优化产品结构。随着“保险姓保、回归保障”理念的践行和推广，一系列新规对产品形态设计、现价计算等方面提出了新要求，引导保险公司重点转向长期储蓄型产品和风险保障型产品。顺应监管趋势，公司2018年设计产品33款，均为普通型产品，健康保险20款，意外伤害保险7款，人寿保险5款，年金保险1款，其中健康保险保费占比为34.71%，意外伤害保险保费占比为26.60%，人寿保险保费占比为24.01%，年金保险保费占比为14.68%。公司产品种类齐全，风险保障型产品数量和保费占比较高，产品体系的风险保障功能显著。

二是把握新形势，充分发挥保险社会服务功能和风险保障功能。疾病的高发性、医疗费用的昂贵性使得健康成为社会的热点问题。以消费者需求为中

心，发展有利于保障和改进民生的保险产品，三峡人寿开发设计了20款健康保障型产品，给消费者提供全方位的健康保障，不断优化公司运营服务能力，帮助消费者科学有效地管控健康风险。结合公司地域性特点、特殊人群，尝试探索进行创新，开发设计特色产品，如向因三峡水库建设而迁移的民众提供有针对性的意外伤害保险和医疗保险等风险保障型产品。

三是抓住新机遇，提前蓄力，布局未来。科技赋能保险，为保险发展创新提供了平台和土壤。三峡人寿把科技融入保险产品的经营服务，利用互联网科技，着眼于互联网平台。开发了一系列具有公司特色、适合互联网平台销售的保险产品，研究探索互联网产品创新模式，为未来互联网渠道的发展提前准备。

2.拥抱金融科技，坚持“客户服务至上”，创新服务方式

近年来，运用于保险服务的科技手段层出不穷、亮点频现，三峡人寿作为一家伴随新一轮产业革命成长起来的新保险公司，高度重视并积极拥抱金融科技，以客服为中心，以便捷、高效为服务目标，积极创新服务方式。

(1)全程电子化，低碳、高效、便捷的智能投保服务

三峡人寿通过建设专用App，将传统的纸质投保流程全面移植至App对应功能中，并搭载OCR识别、活体检测、公安信息核查、电子签名、电子保单等先进技术手段，通过设置智能需求分析问卷快速匹配符合客户需求的保险产品，全程电子服务，快捷、高效满足客户投保需要，完成线上线下服务融合。

(2)微信自助客服，随时随地的保单管家

通过三峡人寿的官方微信，客户可轻松查询自己专属的保单，同时还能实现自助保全与自助理赔等多项服务项目，随时随地管理自己的保单账户，让无形的保险产品通过自助服务的方式变得具象化，贴近客户。

(3)互联网保险服务，线上消费新模式

在互联网线上消费逐渐成为主流消费模式的时代，三峡人寿积极创新产品形态，优化配套服务手段，通过各大专业互联网保险平台，推出独具特色的互联网保险产品，深受客户青睐。

(4)智能核保，开启保险智能服务新时代

随着移动互联网、人工智能、大数据的技术深入运用，智能核保技术作为未来智能保险服务的先驱技术，涌现人寿保险行业，成为行业新宠儿。三峡人寿深入调研，结合实际，逐步推进智能核保服务功能的建设，将其逐步嵌入电子化

投保流程中,助推业务发展与产品创新。

3.强化责任担当,积极“宣政策普知识”,创新品牌宣传

一是积极参与金融监管部门组织开展的各类宣传活动,通过总分联动、线上线下结合的方式,积极与重庆各级金融监管部门及行业协会配合下开展地推式咨询服务、教育宣讲服务,送政策入万家、送政策进群众,发出“三峡人寿好声音”,亮出“三峡人寿好形象”。

二是通过公司各种庆典活动,重大项目合作活动,i-VISTA自动驾驶汽车挑战赛冠名及赠险事宜等重大活动,开展多种形式的公司品牌宣传活动。

(五)经营目标及未来展望

当前,重庆上下正在深入学习贯彻习近平总书记系列重要讲话精神和视察重庆重要讲话精神,围绕“两点”定位、“两地”“两高”目标,三峡人寿在国家区域发展和对外开放格局中发挥更大作用、做出更大贡献。

习近平总书记系列重要讲话精神和视察重庆重要讲话精神总揽全局,为重庆各项工作指明了方向,指出了道路。三峡人寿作为重庆第一家中资人寿保险法人机构,也将紧随国家战略,将时刻牢记肩负的历史使命,抓住这一良好的环境和难得的机遇,当好经济高效发展的“生力军”,成为社会稳定发展的“助推器”,加速产品服务模式创新发展,积极发挥保险扶贫功能,力争在新格局中实现新发展、新作为,共同描绘重庆金融业长远发展的宏伟蓝图。

2019年,是三峡人寿“扎根重庆、立足中西部、面向全国,打造国内一流、国际知名、最具成长性的保险公司”战略布局的开局之年。公司将以“善思笃行,风雨兼程”的突变文化为引领,弘扬“简单、专业、高效、担当”的职业素养和合规底线文化,以规模和价值均衡发展的业务规划,建基础、搭平台,逐步形成公司差异化的竞争能力。

一是继续做好创新产品开发。三峡人寿遵循“保险姓保、回归保障”的理念和“积极、创新、试错”的方针,围绕宏观经济政策、市场需求、公司发展战略进行产品开发和创新,逐步形成完善的、具有三峡人寿特色的产品体系,满足客户多样化的保险需求。

二是继续做好机构开设规划。优先立足重庆本地市场,高效稳步推进机构建设相关工作,有计划、有步骤、有效果地开展。

三是继续做好服务能力提升。借助科技赋能,实现公司内部运营能力的全面升级。以云柜面、移动展业、一账通和线上管理等创新服务提升客户体验;以大数据、人脸识别、ORC等科技应用优化现有运营流程;制定基于价值的数据治理计划,做好数据标准化、报表自动化、销售管理和支持科技化工作,提升管理、服务效率。

四是继续做好创新渠道建设。将积极探索与"互联网+"的全面深度融合,通过与互联网企业和科技型企业深度融合,全面对接场景化的互联网平台,布局直面客户的运营服务模式为抓手,借助其平台、流量和营销等优势,通过互联网渠道建立公司的品牌认知,将互联网渠道打造为创新渠道、潜力渠道和重要获客渠道,力争在创新产品和业务上实现弯道超车。

五是继续做好社会民生保障。推进政保、医保合作,以万州区为重点市场,积极开拓具有库区移民特色的包含意外伤害保险和重大疾病保险责任的居民小额人身保险和"脱贫保"业务。

五、阳光信用保证保险股份有限公司

(一)基本情况

阳光信用保证保险股份有限公司(以下简称"阳光信保")是我国首家市场化运营的全国性专业信用保证保险公司,成立于2016年1月,注册资本为30亿元,主体信用等级"AA+",公司注册地为重庆。

"让信用产生价值"是阳光信保的使命,阳光信保致力于通过金融业务与大数据、云计算、人工智能等科学技术深度融合,成为一家科技驱动的信用风险管理及信用资产交易的平台型机构,为我国信用经济发展和社会信用体系的建设贡献专业力量。

客户为本,因势而为。阳光信保积极洞察市场需求,深入理解新时代社会主要矛盾,以信用保证保险业务为依托,聚焦个人消费和小微企业两大客户群体,着力发展普惠金融,尽己所能破解融资难、融资贵的难题,促进消费增长,助力小微企业成长。

(二)2018年运营情况

2018年阳光信保秉承“让信用产生价值”的使命,坚持贯彻“严控风险、合规经营、稳健发展”的经营理念,聚焦业贷保、消费金融、汽车金融三大核心业务,积极推动“一朵云+多个端”的经营模式,强化核心能力建设,持续提升风险控制、人才队伍建设、产品研发、数据管理和平台运营能力,各项工作合规有序开展。

2018年阳光信保实现保险业务收入25197.64万元,净利润2801.07万元,当年累计承保金额196.32亿元,总资产35.54亿元,净资产29.64亿元,偿付能力充足率1197.92%,符合保险监管要求。

重点工作情况如下:

1.聚焦核心业务,稳步推进业务发展

2018年阳光信保聚焦核心业务,不断迭代业务模式,优化风控手段,在风险可控的前提下,各项业务呈现较快的增长态势,为信保业务健康、合规、快速发展奠定了良好的基础。

(1)扎实推进业贷保业务

2018年阳光信保稳步推进业贷保业务,在深耕北京及现有业务区域的基础上,积极开拓南京、武汉、广州等新区域,优化产品类型及费率,风险管理不断完善,业务流程持续优化,形成了较为成熟的业务模式。

(2)规模化发展消费金融业务

2018年阳光信保积极推动消费金融业务发展,累计实现保费收入8438万元,承保金额31.58亿元。2B2C模式立足银行直融,重点在3C消费分期及信用卡代偿领域进行深耕;2C模式不断积累客户及风控数据,持续迭代风控策略,同时实现期缴产品上线,保费充足度得到有效提升。

(3)稳健发展汽车金融业务

汽车金融业务以库存融资形式为主,全面实现对车库的远程实时监控,在北京市场实践的基础上,启动天津地区业务,全年累计实现保费收入1253万元,承保金额13.04亿元,汽车金融业务步入稳健发展阶段。

2.加强全面风险管理,严控经营风险

(1)完善风险管理制度及系统建设,持续强化风险管理水平

阳光信保修订完善《全面风险管理办法》《市场风险管理办法》《信用风险管

理办法》《流动性风险管理办法》《操作风险管理办法》《战略风险管理办法》等一系列风险管理制度，建设完成全面风险管理信息系统，搭建了公司KRI核心风险指标体系，开展偿付能力风险管理自评估工作，不断强化公司全面风险管理水平。

(2)细化合规管理，防范合规风险

阳光信保合规管理工作重点围绕"培养合规文化、完善合规管控"开展，依据《关于对2017年保险业乱象整治开展回头看工作的通知》(稽查局函〔2018〕171号)、《关于进一步深化保险业乱象整治工作的通知》(银保监办发〔2018〕52号)等文件要求，开展了2017年乱象整治"回头看"工作及2018年乱象整治回顾总结工作，紧扣文件的整治要求和整治重点，全面覆盖公司治理、资金运用、保前、保中、保后以及理赔追偿等各个经营管理及业务环节。对发现的问题，立查立改、如实上报、从严问责，强化员工合规意识，防范公司合规风险。

(3)建立健全资产负债管理体系，有效保障资产负债管理工作

阳光信保根据《〈保险资产负债管理监管规则(1—5号)〉及开展试运行有关事项的通知》要求，制定资产负债管理相关制度及办法，搭建资产负债管理组织架构，明确资产负债管理体系的构成及相关职能部门的工作职责，制定资产负债管理量化评估模型，对资产负债情况进行定期分析与监测，加强资产负债联动，引导资产负债在期限结构、成本收益和现金流等方面的合理匹配，防范资产负债错配风险。

2018年银保监会对公司资产负债自评估的监管反馈结果为第七档，高于全国71%的产险公司。

3.深化信息安全及大数据管理

阳光信保进一步健全信息安全体系建设，发布《征信合规与信息安全管理办法》《征信合规与信息安全自查自纠管理规定》《征信信息安全应急预案》等管理规定，部署征信系统数据库审计工具，实现征信数据使用情况的监控，信息安全管理能力得到进一步提升。

大数据方面，对接完成包括中国人民银行征信在内的34个数据源；数据产品方面，"真查"系统和"数据工厂"作为信联云子模块完成了个人保后风险预警、管理、监控、查看功能，以及合作平台企业风险审查、预警、智能涉诉信息分析预警等功能上线；AI能力建设方面，OCR识别完成房产证四要素的自动提取，已上线提供服务。

4.加强人力资源管理，激发团队活力

2018年阳光信保秉持“强力猎取、关爱培养、成长激励、竞争淘汰”的人力资源管理思想，持续优化组织架构，提升组织效能，强力猎取并及时补充人才队伍，为公司注入新活力。

组织开展“假如我是总经理”“总裁面对面”等活动，为人才展示提供平台，为发现人才增加了新途径；依托阳光大学和阳光学堂等平台，采取“线上”“线下”双线并举、“送出去”和“请进来”相结合等立体化的培养方式，强化公司新员工培训以及专业化培训，进一步提升员工队伍综合素质。

截至2018年末，阳光信保在岗员工共256人，其中非销售类员工178人，销售员工78人；男员工133人，占51.95%，女员工123人，占48.05%。全员平均年龄32.6岁，本科以上学历占比为90.23%，硕士以上学历占比为24.61%。公司员工15%来自保险行业，38%来自银行、信托、担保等金融行业，23%来自互联网行业，24%来自其他行业。从员工分布看，业务人员78人，占比30.47%；风控人员68人，占比26.56%；科技与大数据人员69人，占比26.95%；其他人员41人，占比16.02%。整体队伍结构相对合理，符合公司业务发展特点和人才结构特点。

（三）服务实体经济情况

阳光信保通过基于大数据和互联网的风险定价技术与保险服务，有效连通更多的资产与资金，致力于降低客户的融资与贸易成本，提高金融市场效率，解决企业“融资难”“融资贵”的问题，释放信用价值，推动实体经济的健康发展。

(1)阳光信保业贷保业务旨在为小微企业主经营性融资提供信用保证保险，所融资金用于企业的经营运转。2018年业贷保业务承保金额147亿元，平均承保放款时间不超过3天，极大地缓解了小微企业的经营压力。

(2)为了促进汽车流通，支持汽车产业发展，阳光信保汽车金融项目通过提供保证保险产品，为众多汽车经销商提供融资增信服务，扩大其生产经营。2018年公司汽车金融业务共计承保13亿元，已经在汽车金融市场上获得了较好的口碑。

(3)2018年阳光信保为个人消费金融贷款提供信用保证保险，累计承保32亿元，一方面有效解决了个人消费融资需求，另一方面通过拉动消费，促进实体经济的发展。

（四）产品、服务及模式创新情况

1.科技驱动的“一朵云+多个端”模式初具雏形

以信用风险管理为核心的大数据云风控平台“信联云”正式上线，六大风控产品全面支撑公司现有业务运作，阳光信保风险体系更加完善，为“一朵云+多个端”的战略模式落地打下坚实基础。

2.积极拓展创新业务领域

阳光信保围绕旅游业务场景，以信用评价为核心，重点研究旅游行程管理、诚信购物和旅游资金监管，从旅游前、旅游中、旅游后全过程对游客提供“信用+旅游+保险”服务，开发了“安心游”“乐享游”等产品，同时积极探索“信用+医疗”“信用+交通”等新领域。

（五）经营目标及未来展望

1.经营目标

2019年阳光信保坚持“严控风险、合规经营、稳健发展”的经营理念，深入践行“让信用产生价值”的使命，重点培育风险识别、风险评估、风险处置、数据获取能力，确保业务的安全、稳健发展。

2.强化风控核心队伍和基础能力建设

一是“信联云”风控建设。以信保业务促进数据积累和风控策略模型等基础能力不断提升，持续强化信联云风控平台六大风控功能及科技应用能力，为信用产生价值奠定良好的风控基础。并探索以SAAS服务的形式，科技赋能中小保险公司的信保业务能力，促进信保行业健康发展。

二是策略模型能力建设。快速迭代风控策略，迭代效率实现1~2次/周到3~4次/周；夯实数据基础，持续引入中国人民银行数字解读和各项目定制化内外部数据，资产风险表现形成多维度跟踪；优化风控模型，完成数据清洗及混合申请评分卡、数据驱动申请评分卡和反欺诈评分卡。

三是催收追偿能力建设。储备5~6家催收合作机构，网络赋强上线；与电信运营商进行系统对接，进行失联修复；提高催收数据统计分析能力，优化催收系统；完善催收监督考核机制，优化催收岗位绩效薪酬方案。

四是风控管理工具建设。完成风险指标及维度标准化口径200个，上线指标管理系统及监测主要风险管理环节的风险实时大屏，上线风险数据集市及产品风险评分模型。

五是风控团队建设。加强风控队伍建设，强力猎取风控核心人才，重点补充风险管理、策略模型和催收追偿人员。

3.加强全面风险管理，保障公司稳健发展

一是完善修订风险管理制度体系，持续优化风险管理信息系统建设。结合2019年行业发展趋势及监管新规要求，对公司风险管理制度体系进行完善与修订，包括多个一类风险管理制度及相应的二类子制度。结合行业经验，持续优化风险管理信息系统建设，提升系统能力。积极落实偿付能力风险管理能力监管评估意见，组织各部门认真学习监管新规及各类延伸性监管制度，积极组织开展偿付能力风险管理能力提升项目，主动发现问题，及时解决问题，切实提升公司全面风险管理能力。

二是严格合规管理，防范违规风险。关注合规文化培育，强化合规意识。第一，密切关注监管政策最新动向，及时学习与解析，监督及督促相关部门及时、主动建立相应的管理机制或制度；第二，加强合规宣导培训，要求全体员工熟悉相关的监管规定、内控制度要求以及操作流程，严格按照制度和流程开展工作，加强第一道防线建设，从源头上控制违规风险。

三是建设风险为本的洗钱风险管理体系。根据反洗钱相关法规制度和反洗钱评估发现的问题与薄弱环节，针对性采取强化措施，健全机制、优化系统、完善制度流程、落实责任、加强考核，严控反洗钱风险。第一，根据《法人金融机构洗钱和恐怖融资风险管理指引(试行)》要求，重点建设风险为本的洗钱风险管理体系与工作机制，全面梳理反洗钱管理工作；第二，细化现有的反洗钱考核机制，优化考核标准，加强各部门反洗钱积极性及责任感。

四是完善资产负债管理体系，提升资产负债管理能力。2019年，阳光信保将进一步完善资产负债管理体系，以公司战略目标为导向，在充分考虑流动性和安全性的前提下，统筹考虑偿付能力状况、资本配置状况等相关因素，提升资产负债管理能力，防范资产负债错配风险，实现公司稳健经营和持续发展。

第二十四章　担保公司

一、重庆兴农融资担保集团有限公司

(一)基本情况

重庆兴农担保集团有限公司(以下简称“兴农担保”)是市委、市政府为盘活农村产权资源,破解农村融资难、融资贵难题,进一步统筹城乡发展、深化农村金融改革、加快现代农业发展、推动农民增收致富,于2011年8月组建的全国首家主司农村产权抵押融资的政策性农业信贷担保机构,现已基本建成两级融资担保为主体,辅以资产评估、资产管理、农产品电商等“1+N+X”的伞形担保体系。截至2018年12月末,兴农担保注册资本30亿元,体系总资产232亿元、净资产101亿元,授信总规模超500亿元;连续7年获得渝北区“金融工作特别贡献奖”,连续两届荣获重庆市“国企贡献奖”,连续4年被评为重庆市“融资性担保公司十强”。

2018年,在市委、市政府的坚强领导和市国资委、市金融监管局的精心指导下,兴农担保上下坚持以习近平新时代中国特色社会主义思想为指导,全面落实新发展理念,聚焦夯实“二次创业·再造兴农”基础、加大金融服务乡村振兴力度,统筹推进稳增长、防风险、促改革、提实力和强管理工作,取得了新的良好成绩。2018年全年,集团体系实现在保566.23亿元、营业收入7.44亿元、利润总额2.64亿元,其中,集团本部在保478.03亿元、同比增长64%,营业收入5.09亿元、同比增长58.1%,利润总额1.88亿元、同比增长97.23%,发展质量和效益实现了“双提升”。

(二)2018年整体运行情况

1.提实力,业务发展稳步增长

一是间融业务发展不断推进。在传统担保业务模式下,创新性采取“包县制”业务方式,由业务部门每位客户经理“一对一”承包一个区县,专门负责该区县的业务营销和产品开发;依托区县公司对当地经济发展、园区建设、农业发展等情况开展调研,与各区县有关行业部门、各大平台公司及金融机构进行有效衔接,建立了良好的沟通协调机制;与渝东北、渝东南、渝西片区区县公司达成上下联动、分保联保、互利共赢机制,成效初显,为下一步发展奠定了基础。

二是直融业务发展成果丰硕。围绕公司经营发展战略,成功取得东方金诚、大公国际、鹏元资信3家权威机构AAA信用评级,积极有效推进中国农业发展银行25亿元专项资本金注资,为直融业务发展奠定了坚实基础。截至2018年12月末,兴农担保新增债券发行担保业务在全国资本市场15家增信担保公司中名列第三,国内市场份额占比16%,资本市场认可度不断提高。

三是非融业务拓展不断深化。除了诉讼保全担保业务外,兴农担保还在投标履约保函、并购履约保函、大宗商品采购履约保函、信用证保函等方面进行了探索尝试,为下一步非融业务发展打下了良好基础。

四是创新业务发展持续向好。进一步加大金融创新力度,创新研发“法拍房阶段性担保产品”“商用车按揭担保贷款产品”等产品,深化拓展原有的“大巴山森林人家”“奖补保”“精准扶贫小额贷款”“政采贷”“商票贷”“兴农贷”等产品业务,为公司改革发展注入了强大活力。

2.稳主业,支农扶贫卓有成效

一是聚焦贫困地区精准发力。采取“担保+新型农业经营主体+农户”的方式,累计支持农业龙头企业、专业合作社、家庭农场等新型农业经营主体融资64.09亿元,有效助推了贫困地区现代农业经营主体扩大生产规模、提高经营效益、带动农民增收致富;累计为贫困地区推进新农村建设、水利建设、电力建设、旅游开发、农村公路建设提供融资担保98.74亿元,有效促进了贫困地区生产生活条件改善;累计支持贫困区县工业融资30.99亿元,小微企业融资80.58亿元,有效助推了贫困地区实体经济发展。

二是突出行业扶贫综合施策。按照扶贫开发“六个精准”要求,践行“一区域一产品”“一农户一方案”的扶贫理念,持续加大金融精准扶贫力度,采取融资担保、委托贷款等金融手段，累计开展金融精准扶贫业务86.07亿元，极大地支持了扶贫开发项目建设。进一步降低金融扶贫费率，对涉农项目执行不高于2%、扶贫项目执行不高于1%的担保费率政策，对建档贫困户实行免担保费、免保证金、免抵押物的“三免”政策，对农村产权抵押融资项目执行不高于1%的评估费率政策，截至目前，已累计向扶贫对象融资让利1.51亿元。扎实推进酉阳、彭水、巫溪、城口4个贫困区县的对口扶贫担保增信工作，采取“扶贫+扶智+扶志”相结合的方式，积极参与8个脱贫攻坚示范点打造，特别是积极支持城口县仓房村脱贫攻坚，重点支持该村修建希望小学1所、移民安置点1个、桥梁1座、人行便道6千米。

三是承接市级专项统贷工作主动作为。立足所属兴农资产公司功能属性和体系优势，积极主动承担易地扶贫搬迁、金融扶贫实验示范区“两大市级统承统贷平台”业务，累计承接和拨付易地扶贫搬迁资金114.65亿元，有效助推了全市16个贫困区县、23.92万建卡贫困人口的搬迁工作；累计承接并发放金融扶贫实验示范区统贷资金39.59亿元，为贫困地区注入了新的发展动能。

3. 守底线，风险防控全面加强

一是注重风控机制顶层设计。始终坚持“全面、全过程、全员”的风险管理理念，改革业务风险管理机制，设立风险处置委员会、资产保全部，出台高水平授信业务指引、业务工作指导意见等文件，合理控制担保放大倍数和风险敞口，注重增强风险应对和补偿能力，全面提升了风控工作的科学性、针对性和有效性。

二是强化风险隐患排查化解。按照防范化解重大风险攻坚战有关部署要求，严格落实重大风险防控工作责任，建立完善相关工作机制，深入开展风险隐患排查，并对排查出的风险项目逐一逐步予以化解，年度整体风险化解缓释86.18%，圆满完成了重庆市国资委下达的目标任务。

三是持续提升保后管理质量。适时考量经济形势、行业现状、区域经济情况等因素，综合确定保后检查重点企业名录，2018年全年共抽查54个重点项目，并有针对性地开展现场保后检查，特别是对评级为关注及以下的项目，及时开展风险摸排、风险预警、风险指导，充分发挥了保后管理作用。

4. 强管理，企业运行规范高效

一是不断夯实治理基础。建立健全完善“四会一层”现代国企治理体制，形成了党委会、股东会、董事会、监事会及经营管理层各司其职、各负其责、相互制衡、协调运转的科学治理结构；将党建工作列入公司章程，修订完善党委会、董事会、总经理办公会议事规则，明确了党组织在公司法人治理结构中的法定地位；健全完善管理制度100余项，规范提拔充实中层管理人员14人，实现合规管理体系全覆盖，基本形成了以党的建设为引领，以业务风控为核心，以运营管理、合规管理、财务管理、行政管理、人力资源管理和审计监督为手段的管理新局面。

二是不断优化管理机制。按照“简政放权、防控风险、释放活力、提高效率”的思路，建立分支机构报批事项联席会审议、适度授权分级审批、限时审批机制，精简优化审签流程，分支机构报批事项审批效率显著提高；严格执行月度工作例会、督查督办制度，有效保障重点工作稳步推进和运营效率不断提高；通过深化业绩考核、薪酬制度、全员风险管控“三项制度”改革，采取“请进来”“走出去”相结合的方式，组织开展专题学习培训14次，带动全员劳动生产率实现同比提高41%。

三是不断提高管控效能。以“拓业务、防风险”为核心，以依法合规经营为准绳，以提升运营水平为目标，扎实开展了区县公司现场蹲点核查、分支机构和集团本部代偿项目专项审计，全面排查、诊断问题，督促、指导推进整改，有效引领了集团朝治理管理更加规范、经营业绩更加优良的方向发展。

二、重庆市农业融资担保集团有限公司

（一）基本情况

重庆市农业担保有限公司于2006年经市政府批准从1000万元资本金起步，遵循资本金与业务发展均衡增长的原则，通过分年增资扩股，截至2019年4月，注册资本达到16.51亿元：其中由重庆市农业农村委持股94.9%（目前按市委市政府相关规定，正在将股权转让至市财政局），其余股东为五个区县国有平台公司或行政机构。根据2018年10月生效的国务院融资担保条例，通过监管部门审批，重庆市农业担保有限公司于2019年4月正式更名为重庆市农业融资担保集团有限公司（以下简称“农担集团公司”）。

（二）2018年整体运行情况

农担集团公司坚持“政策性、专业性、独立性”经营宗旨，遵从市农担指导委员会指导，协同相关部门和区县镇乡大力开展“支农、支小”业务，发展普惠金融，完善监督检查机制，各项业务经营工作开展稳中有进。

1.计划任务完成

2018年放款38.99亿元、9280个项目，放款任务完成率102.6%，符合“双控”规定业务比重超过70%达标线16个百分点，平均单笔用信41.65万元，放大财政注册资本3.2倍；累计为1.76万个农业客户项目提供担保贷款165亿元。其中，为852户家庭农场提供担保贷款2.6亿元、6413户家庭经营户担保贷款19.8亿元、232家农民合作社担保贷款1.9亿元、380个农业社会化服务组织担保贷款1.1亿元、985家小微农业企业担保贷款11.4亿元；业务覆盖全市所有涉农区县（自治县）、800多个镇乡（街道）；其中120万（含）以下无抵押、纯信用、免保证金担保贷款占比达97.91%，首次获得担保贷款率为48.53%；年均1.71%（经市财政补贴担保费后，借款人实际承担担保费率年均为0.3%），大大低于全市同业担保费率。初步统计在农担的支持下，新型农业经营主体直接解决劳动力就业5.6万人、直接带动农户46万户、新增总产出167亿元、增加值率达到64%。

2.担保风险可控

截至2018年末，农担集团公司总资产26.49亿元，净资产17.17亿元；代偿率2.19%（与区县分摊风险后，代偿率1.1%），历年累计代偿3.65亿元、累计代偿率3.06%，代偿余额率1.68%；综合风险准备金6.15亿元，综合拨备覆盖率305.97%；对外，通过财政引导、金融跟进的方式，与市财政及全市29个区县政府按1∶1共建了4.3亿元的农业信贷担保风险保证金，通过地方政府有限责任分摊，强化区县各级部门在农业项目审核和风险源头管控的责任意识。同时，为有效化解长寿2826亩柑橘园担保信用风险，按“三变”办法，由农担集团公司以果园资产、长寿乡村旅游发展有限公司以现金、柑橘园涉及的长寿区龙河镇4个村集体经济组织以土地经营权分别入股，共同成立重庆矗成农业发展有限公司，统筹果园的经营管理，建立与农民利益联结机制，创新农业担保风险资产处置新机制。

3.财务收支平衡

2018年,营业收入1.12亿元,其中融资担保费收入占54%,投资、资金运营、网贷和电商中介综合收入占比有较大提升;营业成本1.07亿元,两金(未到期责任准备金、担保赔偿准备金)提取4500万元;利润总额520.94万元,净资产收益率0.2%,公司经营实现保本微利。

4.标准化产品开发

建设形成以融资担保为主线的"1+6"农业信贷担保综合服务体系,不断优化经营服务产品机制、项目信用调查评价方法,适时推出村居干部"带富贷"、绿色有机地理标志农产品"标识贷"、柑橘等"乡村振兴特产贷"、休闲观光(纳凉)农业"两山致富贷"等19个标准化产品。

5.助农扶贫情况

一是全力服务贫困区县有关项目建设。共计为贫困区县32个镇乡5396个新型农业经营主体提供19.73亿元担保,涉及数量和金额分别占公司整体业务份额的58.12%、50.61%。二是着力扶持深度贫困镇乡特色产业发展。共计为18个深度贫困乡镇180个项目提供4299万元担保贷款,实行年担保费率不超过1.5%的优惠,并由市财政担保费全额补贴,进一步降低了精准扶贫担保贷款成本。

(三)产品、服务及模式创新情况

以农业信贷担保为中心,按"闭环"的思路延伸完善形成创业股权投资引导资金、"农哈哈"互联网农业金融服务平台、"渝哈哈"精品农业电商保后管理平台、"问哈哈"农业咨询服务平台、"找哈哈"农业经营项目共享平台、农产品区域公用品牌"巴味渝珍"运营推广等六大支撑服务体系,在为新型农业经营主体提供融资的同时,提供融智服务,全方位帮助农业适度规模经营主体解决融资"难、贵、慢"等发展难题,不断提高其经营能力及治理水平,实现促进现代农业发展和降低农业信贷担保代偿风险共同发展。

1.新型农业经营主体(农民合作社)创业股权投资引导资金

引导资金由农担集团公司全资子公司——重庆市农业资产经营管理有限公司主导运营。通过创业股权引导资金,引导社会金融资本进入农业生产领域,实现财政资金由直接补助向间接补助转变、由完全无偿使用向有一定投资回报约束转变，实现新型农业经营主体由债务融资向权益融资转变，多元化满足改善农业设施设备、扩大生产规模、延伸产业链条等转型升级及发展的中长期项目资金需求，促进重庆市现代农业发展提档升级。作为农担集团公司业务新增长点，通过“投+贷”的联动模式，已累计完成投资项目208个，成长型新型农业经营主体提供资金7.2亿元，其中引导资金直投2.6亿元，跟进银行同期限贷款资金4.6亿元，放大政府引导资金约2.8倍。

2.“农哈哈”互联网农业金融服务平台

该平台归属农担集团公司全资孙公司——重庆农本电子商务有限公司(重庆市农业资产经营管理有限公司全资子公司)旗下，是在原农业部农业农村金融创新试点工作支持下，适应性开发出的信息技术创新农业金融平台。“短、快、灵”的产品模式对农业信贷担保上规模上水平起到了不可或缺的支撑作用，切实解决因农业信贷供需期限错配、过桥冲贷方式障碍重、非恶意信用瑕疵等问题而无法获贷困难的经营主体“融资难”问题，已累计为1801个新型农业经营主体提供11.5亿元快捷高效的借贷信息撮合服务，保障了农业经营主体良好信用，为防范系统性金融风险提供良好支撑；同时，发挥鲶鱼效应，激励农村金融资本加快进入农村市场进程，激发主要合作银行扮演资金通道角色，开发出“见保必贷”产品，审批放款实效从2个月以上缩短到14天左右，信用(保证)贷款执行利率上浮比例从80%~130%下降至40%。目前，正积极争取政策支持，加快互联网金融专项整治工作，提高自身业务和风控能力，按照穿透式管理要求，积极适应监管规定落实到位。

3.“渝哈哈”精品农业电商保后管理平台

该平台归属农担集团公司全资孙公司——重庆农本电子商务有限公司(重庆市农业资产经营管理有限公司全资子公司)旗下，是作为农担集团公司履行政策性农业信贷担保保后管理职能的重要平台。通过电商平台的形式拓宽农担集团公司投融资客户的市场渠道，提升其经营管理能力及治理水平，同时根据消费者购物情况和产品线上交易等含金量高的信息逐步累积信息数据，形成大数据信息库，分析投融资客户的信用水平，为判断投融资客户的产品质量、投融资额度大小、期限长短提供数据参考，全面增强农担集团公司与客户黏性，提高保后管理水平，形成有效的产业链闭环服务，从而提高农村金融投放的精准度。自2018年初步上线以来累计总销售额达1000万余元，吸纳“粉丝”20.7万人。下一步,立足“官方+完全市场化”经营模式,搭建大数据统计、分析平台,为全市“三品一标”农业公司提供一个完全市场化的空间和电子商务平台,实行信息化扁平流通,培育更多的农企商家在本平台上快速成长,构建安全的农产质量追溯体系,为各区县提供宣传本区域特色农业产业的有效展示窗口,助推“农产品出村工程”实施。

4.“问哈哈”农业咨询服务平台

该平台由农担集团公司下设全资子公司重庆市农鑫财务咨询有限公司设立,提供各项社会化服务产前、产中、产后技术培训、指导与咨询,推广普及行业前沿资讯,协助农业新型经营主体建设项目的申报、实施,提供符合市场价值的镇域、行业发展规划,着力培养一批“爱农业、懂技术、善经营”的新型职业农民,进一步提升农业综合生产水平。依托重庆市农业投资研究会专家提供的智力支持,围绕新型农业经营主体,提供涉农项目投融资、家庭休闲农业及观光农业规划、农业特色小镇产业规划、农业资产价值评估、农业技术服务、农田整治、信息系统开发与维护等咨询服务。2018年,累计提供房地产价值评估咨询业务144笔,咨询规划类业务34笔;与3个兄弟农业担保公司共商、共建、共享信息系统搭建,共同推进国有担保公司农业信贷系统大数据智能化建设工作。下一步,定位成为“专业农业金融方案解决专家”,充分发挥运用农业综合服务供应商和农业综合管理顾问机构(专家库、项目库)力量,提供具有科学、专业的价值咨询。

5.“找哈哈”农业经营项目共享平台

该平台由重庆市农业资产经营管理有限公司设立,积极探索农业农村经营性资产市场化撮合创新发展机制,以农担风险资产为重点,打通农业农村经营性资产市场化路径,切实提高农业担保综合经营服务整体水平。通过互联网信息平台,以“线上发布农业经营项目信息+线下撮合服务”方式,使项目方与投资方达成撮合交易,以转让、转包、租赁、承包、联合经营等多种方式实现线上农业经营项目共享和投资落地,打通农村资产流转及投资渠道,为农业资产重组、并购提供金融衍生服务,现平台共上线43个项目,吸纳会员887户。以深化农村资产抵押融资实践,实现土地承包经营权及宅基地使用权灵活交易的可行性,探索农业农村经营性资产市场化撮合机制为目标,基于农担集团公司现有的可行性实施基础,以“找哈哈”平台为抓手,进行提档升级,搭建规范有序、公正透明、交易活跃、信息对称、服务高效的非营利性国有农业融资担保风险资产撮合交易信息服务平台。

6. 农产品区域公用品牌运营推广

该品牌由重庆市现代农业品牌服务促进中心(农担集团公司及其相关子公司参股成立的民办非企业单位)登记注册,区域公用品牌是农业产业集群发展的结果,是基于重庆区域背书、农产品特色优势和品类识别特征,以拓宽消费端市场、扩大占据市场份额、塑造良好品牌形象、收获品牌美誉度为落脚点,提高辖区内优质区域农产品商业价值,赋予农产品品牌溢价功能。按照市农业农村委顶层设计、统一规划创建的覆盖全市农业全产业、全品类的农产品区域公用品牌“巴味渝珍”,由重庆市农业资产经营管理有限公司负责运营推广,现共计向107家会员、247个商品发放“巴味渝珍”追溯防伪码,有序开展品牌宣传与线下店设立工作。目前,对内,主要是推动农担集团公司各部门、子分公司团队以品牌理念进行管理,提高农担集团公司整体形象及声誉,同时,运用品牌效应激励担保客户,培养强化其品牌意识,提高品牌市场占有率;对外,贯彻执行重庆市农产品品牌发展战略,发挥品牌对产业引领,打造重庆市优质农产品品牌形象。

(四)经营目标及未来展望

未来,农担集团公司将全面贯彻落实财农〔2015〕121号、财农〔2017〕40号文件要求,及5·23推进全国农业信贷担保工作视频会议精神,不断提高农业信贷担保能力及风险控制水平;充分发挥担保桥梁作用,引入更多金融活水,致力于解决农业“融资难”“融资贵”“融资慢”等问题,培育出“爱农业、懂技术、善经营”的新型农业经营主体,有效助推乡村人才振兴和产业振兴。

1. 发展目标

一是到2022年,农业信贷担保能力提高到300亿元,服务3万多个种养大户、家庭农场、农民合作社、农业社会化服务组织、小微农业企业等新型农业经营主体;其中,对符合“双控”标准的新型农业经营主体农业信贷担保额不低于总担保额的80%。二是全市农业区县覆盖率100%,农业乡镇(街道办事处)覆盖率100%,催生和调优一批基于农业新产业、新业态、新模式的新型农业经营主体,实现从无到有,从有到优的可持续发展。

2.未来展望

(1)优化完善法人治理结构

一是围绕现代企业制度规范运行,发挥市场机制作用,完善政策性担保体系,发挥市场在资源配置中的决定性作用,实现可持续发展。二是按照公司集团化发展思路,完善董事会架构,重点强化核心功能;推进监事会建设,充分发挥监督作用。三是强化党建,发挥党组织的政治核心和领导核心作用,增强党对金融工作的指导;健全绩效考核、激励约束、风险控制、利润分配和内部监督管理制度;完善重大决策、重要人事任免、重大项目安排和大额度资金运作决策制度。

(2)增资扩股提高风险防控水平

一是遵循资本金与担保业务发展均衡增长原则,不断提升抗风险能力和担保水平,促进健康持续发展,计划公司注册资本增至20亿元。二是提高风险控制水平,代偿率控制在全市平均担保代偿率+1%以内。三是创新风险联动机制,充分运用行政优势资源,加强“政担”合作,力争与全市所有区县及重点乡镇共建风险金,发挥各级政府部门对农业信贷担保体系建设的支撑。四是创新风险化解处置机制,通过探索农村资产撮合交易平台,探索出一套可复制可推广的农村不良资产处置模式。

(3)建立健全全市农业信贷担保体系

巩固深化农业信贷担保体系向基层延伸,构建“子(孙)公司+主要农业区域性分公司(区域性分中心)+38个区县级分公司(代办处)+38个区县农业部门联络站+N个乡镇代办点”的立体式架构,力争到2022年,实现全市所有区县和农业乡镇业务全覆盖,建成贴近主体、上下联动、紧密可控、运行高效的农业信贷担保服务网络体系。

(4)优化完善多元化农业信贷服务产品

构建以农业信贷担保为基础,农业创业股权投资、互联网农业金融服务、精品农业电商保后管理、农业咨询、农业经营项目共享平台、农产品区域公用品牌运营推广(农担创客空间)协调发展的“1+6”农业信贷担保综合服务体系,切实培育提高新型农业经营主体经营能力和治理水平,防范担保风险。

(5)不断做好企业四项积累

一是创新积累,创新农业信贷担保标准化产品、新型农业经营主体信用评价体系、探索出一套可复制、可推广的财政金融协同支农新机制;二是文化积累，突出以风险控制为核心的文化氛围，打造"创新、远见、梦想、笃行"的企业文化，营造不怕苦、不怕累、不怕晒、睡地板、两脚泥，扑下身子抓落实，贴心为农服务的良好氛围；三是人才积累，锻炼培养一支300人左右的熟悉农业、精通金融、真诚服务三农的"懂农业、爱农村、爱农民"农业信贷担保人才队伍；四是技术积累。增强业务发现和抓住商机的能力，运用4.0+综合业务风险管理信息系统，以大数据为基础、风险评价模型为核心、智能化为手段，切实提质增效，强化风险防控能力及担保业务水平。

三、重庆三峡融资担保集团股份有限公司

（一）基本情况

重庆三峡融资担保集团股份有限公司（以下简称"三峡担保集团"）于2006年9月经国家发改委批准设立，截至2018年末，公司注册资本46.5亿元，3家股东分别为重庆渝富控股集团有限公司（持股50%）、三峡资本控股有限责任公司（持股33.33%）、国开金融有限责任公司（持股16.67%），是全国唯一具备省级地方政府、大型央企和国家级政策性银行股东背景的全资国有大型综合性担保集团。

三峡担保集团坚定秉承"政策性目标，市场化运作"的经营理念，积极履行服务小微、"三农"和实体企业的职能，充分依托全国性区域布局和子公司架构，提供以担保为主，同时覆盖小额贷款、互联网金融科技、资产管理等业务品种的多元化综合金融服务，其中担保业务主要包括借款类担保、发行债券担保、非融资性担保、其他融资担保等多个细分业务品种。

三峡担保集团处于全国担保行业第一梯队，现为中国融资担保业协会副会长单位、重庆市融资担保业协会副会长单位，是西部首家获得AAA长期主体信用评级的融资担保机构。凭借显著的区域市场地位，三峡担保集团与各类金融机构保持了良好的合作关系，截至2018年末，已与银行、证券公司、基金公司、融资担保机构、信托公司、融资租赁公司、资产管理公司等共计超过240家合作机构建立了紧密的合作关系。

三峡担保集团已构建了完备的"三会一层"治理体系和配套制度体系。股东大会是最高权力机构，下设董事会、监事会和高级管理层，并设立4个董事会

专门委员会；内设16个职能部门以及8家分公司，全国化区域布局发展战略稳步实施，业务覆盖全国各地区；全资或控股拥有3家专业融资担保公司、1家小额贷款公司、1家互联网在线融资担保平台、1家资产管理公司、1家股权投资基金管理公司，参股重庆市再担保公司及3家区县担保公司，集团化、专业化管理架构和综合金融板块布局已基本成型。

（二）2018年运营情况

1.积极服务实体，经营发展总体稳健

2018年，三峡担保集团紧紧围绕“政策性目标，市场化运作”的经营理念，积极服务小微企业、实体经济、地方建设和社会民生，总体实现了稳健良性发展。截至2018年末，集团公司合并总资产117.00亿元，合并净资产规模达68.65亿元；2018年实现合并营业收入11.39亿元，合并利润总额3.49亿元，合并净资产收益率达4.46%，计提风险拨备余额31.43亿元。三峡担保集团本部2018年新增担保金额279.86亿元；截至2018年末，在保余额807.17亿元，担保代偿率1.08%，拨备覆盖率293.50%。

2.多种形式加强党建，创新机制压实廉政

一是修订完善“三重一大”决策制度，建立了《党建工作考核评价暂行办法》、党建工作作为沟通报告和全面从严治党主体责任定期汇报制度。二是通过组织专题宣讲、专题党课、知识竞赛、主题演讲比赛等方式，深学笃用习近平新时代中国特色社会主义思想。三是大力实施基层党组织党建工作整体提升工程，实现了二级子公司党组织建设全覆盖，加强了基层党建工作经费保障和专职党务人员配备。四是层层压实党风廉政建设责任，深入开展“1+3”作风专项整治“回头看”、《落实中央八项规定精神30问》及《监察法》宣传活动，持续推进《作风建设工作函》《作风建设提醒函》工作机制。

3.修订完善发展规划，顺利发行公募债券

一是深入分析行业监管新规对集团的影响，完成“十三五”规划修订工作，为集团下一步发展提供了科学指引。二是在西部同业中，率先获6家评级机构AAA主体信用评级，集团声誉显著提升。三是成功发行1亿元一般公司债券和2亿元可续期公司债券，成功打通资本市场融资渠道，综合实力得到了资本市场的认可。

4. 风控措施不断优化，资产质量逐步提升

一是统一上收业务审批权限，设立放款中心，建立快速审批流程；细化行业投向与授信指引，推动小微业务产品标准化；强化征信管理。二是引入大数据系统，以科技手段促进提升评审效率和风控质量。三是建立领导牵头、专人负责、多部门协同的工作机制，集中力量应对重点风险项目。通过以上措施，三峡担保集团有效扭转了不良资产规模持续增长的态势，质量类指标得到持续改善。

5. 集中清收初见成效，不良包袱持续减轻

一是建立不良项目移交等配套制度，强化专业化集中清收机制，集中清收牵头专业部门，通过加强与司法机关沟通、多方发布资产处置信息等途径，促进提升清收效率。二是在董事会授权范围内，继续通过实物资产和不良债权打包整体转让不良资产。三是稳步开展核销工作，同时按照“账销案存、权在力催”原则，继续保留追偿权利，并对相关责任人严格追责。通过以上措施，三峡担保集团全年完成追偿回收3亿元，其中现金回收超过2.5亿元，不良压降取得良好成效。

6. 加强人才队伍建设，细化提高内控质量

一是全面修订“三定”方案，组织50余期内外部培训，全方位提升员工综合素质，完善激励考核。二是加强财务管理，严格控制各项费用，实现了全年费用支出低于2017年总体水平的目标。三是强抓不良项目和经济责任审计，对涉及违规的，共计72人次进行了处理，进一步强化员工合规意识。四是持续加强信息披露管理，落实信息披露专人责任制，开展信息披露工作培训。五是推行重点工作督办制度，保障半年工作会要求、领导重要批示等工作100%按期办结。

（三）服务实体经济情况

1. 坚定服务小微、“三农”和民营企业

根据国务院《关于促进融资担保行业加快发展的意见》，按照市委、市政府统一部署，三峡担保集团牢牢把握“金融回归本源”政策导向，始终将服务小微、“三农”和民营企业作为首要政策职能。尤其在2018年，为深入贯彻习近平总

书记在民营企业座谈会上的重要讲话精神，全面落实市委、市政府在全市民营经济发展大会上的部署要求，三峡担保集团出台了《进一步服务民营企业十条措施》，并积极落实相关工作。

(1)降低担保费率

将民营企业年担保费率统一下调至2%；对于单户担保规模500万元以下的小微民营企业，年担保费率均低于1.5%。

(2)减免保证金及其他费用

对单户担保规模500万元以下的小微民营企业免收保证金，且不以任何形式向民营企业收取除担保费以外的其他费用。

(3)提高服务效率

确保民营企业在交齐所需提供的材料3个工作日内回复是否予以入库评审，入库后10个工作日内完成评审工作，取得所有合同后5个工作日内完成所有担保手续。

(4)免费提供增值服务

结合自身专业优势，免费为重点支持的民营企业提供覆盖发展战略、公司治理、财务咨询、政策及市场信息分享等增值服务。充分发挥信用中介作用，积极为民营企业引介优质金融机构和金融服务，不断拓展融资渠道。

(5)进一步完善考核制度

完善小微业务考核制度，进一步加强对小微实体企业的支持力度。

截至2018年12月末，集团公司累计支持民营企业(包括个体工商户和小微企业)超12万户次，贷款总额超1000亿元，占贷款担保总额的66.8%。

3.大力实施精准扶贫

一是积极开展融资担保业务。2018年集团公司合计为贫困区县1.8万户企业提供担保融资支持近42亿元，其中为城口、巫溪、彭水、酉阳等4个对口帮扶国家级贫困县2600户小微企业提供近4亿元的担保支持。二是捐资专项扶贫资金。2018年已根据市国资委统一安排捐赠对口扶贫开发专项资金200万元。

(四)产品、服务及模式创新情况

2018年，三峡担保集团扎实推进创新驱动发展战略，将创新作为可持续性发展的重要驱动力，持续完善创新激励机制，积极推进业务产品创新，大力探索科技金融赋能。

1.积极创新担保业务产品

(1)"速贷保"标准化贷款担保产品

三峡担保集团针对小微企业融资"短、频、急"的特点，创新开发了"速贷保"标准化产品，专门面向具有较优质抵押资产且资金需求迫切的中小微企业、小微企业主、个体工商户、农户及新型农业经营主体，提供单笔金额不超过500万元的贷款担保服务。通过将项目准入条件和风控措施标准化，简化审批流程，满足了小微业务快速、便捷的融资需求。

(2)"结算流量贷"信用担保产品

三峡担保集团结合中小微企业融资需求，依托与银行的合作，通过前期大量市场调研、多方沟通协调，共同探索出适应中小微企业特点的纯信用借款担保产品"结算流量贷"。对于结算账户开立在合作银行，符合月均现金流入、借贷方累计结算笔数等要求的中小微企业，结合其抵押物较为缺乏的特征，为其设计采取按月等额本金还款，无须任何抵押，促进轻资产企业获得银行贷款实现快速融资。

(3)"景区商服担保"担保产品

三峡担保集团面向江津四面山景区内从事旅游住宿、餐饮、娱乐服务的农户、个体工商户和小微企业，为其经营周转及升级改造提供申请的银行贷款提供担保。该创新产品符合国家支持三农政策和促进内需、振兴旅游产业的信贷导向，促进三峡担保集团实现服务实体经营、服务小微、"三农"的目标。

(4)"政采贷"信用担保产品

三峡担保集团针对政府采购供应商的贷款担保需求，创新开发了"政采贷"信用担保产品，以政府采购项目应收账款质押作为主要反担保措施，为政府采购供应商向银行申请的流动资金贷款提供连带责任担保。通过取消房产等实物资产抵押的反担保要求，有效缓解小微企业融资难问题。

(5)微型企业成长扶持贷款融资担保

集团子公司重庆市小微企业融资担保有限公司(以下简称"小微担保公司")针对微型企业创新开发了成长扶持贷款融资担保业务，主要通过工商局"重庆成长型微型企业培育库"收集客户基础信息，对符合一定条件的微型企业提供银行贷款担保服务；申请企业可享受基准利率50%的财政贴息、优惠贷款利率和担保费率、不收取其他费用等扶持政策。在国家大力推动双创的背景下，该产品有助于为重庆市中小微企业融资贷款提供便利支持，扶持企业健康发展。

2.积极实践科技金融赋能

三峡担保集团通过外部合作、内部研发的双重途径,逐步搭建担保业务系统,在线上业务申请、自动审批、客户精准开发、风险评审、费率定价、抵押物评估、保后管理等各个环节探索“金融+科技”的全面应用,提升金融服务便利度和满意度。

(1)新一代担保业务管理信息平台

2018年,集团引进了外部大数据平台,协助风险审查和保后管理;目前正在探索基于“互联网+”在担保获客、下户检查、保后检查等方面的创新,将继续推进新一代综合业务管理信息系统的搭建工作,力求尽快实现对公司担保及创新业务的及时支持,全面掌握业务发展过程,积累沉淀业务数据,提高业务管理和风险管控效能,并面向小微实体客户,推出低成本、风险可控、便利灵活的线上融资服务。

(2)重庆市创业担保贷款智能审批模型

重庆市创业担保贷款智能审批模型由小微担保公司主导研发。该项目在2018年取得了三方面阶段性进展。一是建立小微担保大数据库。小微担保公司充分发挥“政担银”新机制优势,在全市构建起覆盖就业、社保、工商、税务、司法和承贷银行“六大触角”的信息延伸网络,并择优接入了4家多头借贷的市场风险控制数据,建成集行政、市场、自有数据于一体的小微担保大数据库。二是建立智能风控规则。积极对接国内先进的大数据分析机构,借鉴学习先进经验,论证智能风控功能,逐步实现从风控规则到小微特色智能风控模型升级。三是实现自动智能秒批。小微担保公司70%的项目已实现自动智能秒批,即从接收客户申请到出具担保函,整个过程平均审批时间仅为0.6天。截至2018年末,小微担保公司已有超过1.5万笔项目实现智能秒批,金额约18亿元;实现放款超1.2万笔,金额超过13亿元。

(3)“金宝盾”大数据风控系统

“金宝盾”大数据风控系统是基于人像识别、活体检测、大数据智能化技术,利用各类互联网大数据建设的一套智能风控模型,由集团二级子公司重庆斐耐科技有限公司(以下简称“斐耐科技”)主导研发和运营。截至2018年末,斐耐科技基本完成项目一期建设目标,系统建设包括进件、初审、下户勘测、大数据风控、风险预警等主要模块,并已正式上线。截至目前,以“金宝盾”为核心的业务平台,已与重庆市教育融资担保有限责任公司、重庆农村商业银行西永支行开展业务合作,基本实现项目初步规划目标,后续将根据应用情况不断优化。

(五)经营目标及未来展望

2019年,三峡担保集团将以习近平新时代中国特色社会主义思想为指导,全面贯彻党的十九大和十九届二中、三中以及中央经济工作会议精神,坚持党对经营工作的集中统一领导,坚持新发展理念,以供给侧结构性改革为主线,着力提高服务实体经济水平,助力重庆市打好"三大攻坚战"、落实"八项行动计划"。三峡担保集团将继续坚持"稳中求进"工作总基调,以高质量发展为总体目标,以加强党的领导、深化国企改革、防控重大风险、创新引领发展、强化内部管理为工作重点,稳步推进各项工作,确保合规整改到位,经营目标顺利完成,推动集团发展再上新台阶。一是切实加强党的领导,落实全面从严治党;二是深入推进国企改革,激发集团发展动力;三是防范化解重大风险,全力清除发展障碍;四是坚持发展第一要务,创新引领提质增效;五是全面加强内部管理,着力夯实发展基础。

四、重庆市小微企业融资担保有限公司

(一)基本情况

重庆市小微企业融资担保有限公司于2015年3月挂牌成立,注册资本3亿元,运营管理10亿元担保基金,是专注于小微企业、"三农"和创新创业群体融资领域的国有政策性担保公司,是担保基金托管机构,也是国家担保基金合作机构。

(二)2018年运营情况

截至2018年3月末,重庆市小微企业融资担保有限公司累计新增政策担保贷款150亿元,扶持12万人创业、带动60万人就业,为小微企业减负近19亿元;服务小微企业比例达到100%,为全市担保行业最高,户均担保额12.5万元,为全市担保行业最低,服务群体中城镇登记失业人员占比44%、"三农"占比35%、高校毕业生占比10%,实现了缓解融资"两难"、促进"双创"的工作任务。

（三）服务实体经济情况

1.融入国家担保基金，业务发展开创新局面

一是争取支持成功入围。克服资本规模小、外部竞争激烈的不利因素，专题向财政部、市级相关部门报告20余次，小微担保公司从市级推荐的5家担保公司中脱颖而出，代表重庆首批正式纳入国家融资担保体系，唐良智市长做出“争取不易，关键在用好”的重要指示，刘桂平副市长做出“要用好试点合作机构资源，促进普惠金融发展”的重要批示。二是签约银行建立体系。2018年11月22日，市财政局和市金融监管局共同主办国家融资担保体系重庆银担合作集中签约仪式，小微担保公司与7家银行在渝分行和4家市级银行集中签订银担战略合作协议，签约合作金额200亿元，成为全国首家建立新型银担合作机制的国家担保基金签约单位。三是机制落地推动业务。与4家银行实际开展业务合作，从签约到年底向国家融资担保基金报送14.5亿元，完成国家担保基金首季目标任务的110%。

2.坚守主业开拓创新，业务体系践行新理念

一是坚守主业，扶小、扶微。坚持初心服务民生，积极参与国家新政策的修订出台，多次向财政部、人社部反馈意见建议，为小微企业和创业群体争取政策支持。全年新增融资担保39.8亿元（见表24-1）小微企业客户占比100%。落实市委精准扶贫要求，向18个深度贫困乡镇673户创业人员提供担保贷款5935万元，公司价值得到市政府领导、国家相关部委的充分肯定。二是多措并举缓解融资“两难”。针对小微企业和创业者“缺抵押少担保”的融资难题，降低担保门槛提高贷款获得率，保证人范围从公务员扩大到事业单位和国有企业职工，保证额度从10万元提高到最高30万元，抵质押物抵质押率从60%提高到110%，累计为原来贷不到款、贷得少的创业者新增创业贷款90亿元。创业担保贷款全部免收担保费和保证金，且严格执行贴息政策，为小微企业减少融资成本户均1.5万元，既缓解了重庆市小微企业融资两难问题，又最大程度消除了国家政策收紧影响。三是创新业务优化结构。多方协调、全流程参与市市场监管局、市财政局政策制定过程，公司成为小微企业业务独家承办担保机构。与多家银行签订业务合作协议，形成小微企业业务经办套路，新增小微企业成长扶持贷款1186万元，小微企业业务顺利起步，助力公司客户由个体为主向个体和小微企业并重方向转变。

表24-1　小微担保公司2018年新增担保业务情况表

业务类型	户数/户	金额/万元
创业担保业务	28004	326218.29
工商小微企业业务	36	1186.00
小微保业务	176	51030.91
传统商业担保业务	4	1650.00
非融资担保业务	18	18064.65
合计	28238	398149.85

3.风险控制坚守底线，风控体系实现新突破

一是特色风控防范风险。针对小微企业小而分散的融资需求和参差不齐的反担保措施，将小微企业“人”的评价与反担保措施“物”的评价相结合，制定差异化的风控评审流程，出台多项针对性的风控政策，整合多项评审指标和风控策略，排除风险项目，从源头上防控风险。二是动态管理实时预警，建立分区县、分银行、分产品三个维度、按照“红橙黄绿”四个等级的动态授信管理机制，实现精准风控，筛选出10%以上重点关注类项目进行人工再次审查，全流程全方位防范风险。三是特色催收降低不良，建立覆盖全市的区县律所参与的司法诉讼体系，合作律所19家，代偿后60天内诉讼（自诉、委托诉讼）占比达95%以上，2018年诉讼回款占诉讼金额的19%，回款金额是2017年的3倍，法律催收效果显现；建立经济、行政、法律多维度保后催收体系，不良担保率控制在2%以内（扣除应核销未核销呆账后，不良率仅为0.18%），保障基金安全。

4.系统建设提档升级，智慧小微凸显新特色

一是智慧小微凸显特色。集合行政数据和市场金融数据，建立起具有公司特色的小微企业大数据库，整合社会资源管控风险，助推公司成为专业化控制小微企业风险的“领头羊”。数据联动、监控预警业务流程中的关键指标，优化自动出函规则，全年自动出函率在60%～90%之间，年底平均审核时间下降到0.6天，仅占规定时间的8.6%，助推公司成为智能化开展小微业务的“排头兵”；快速开通小微企业扶持贷款、国家融资担保基金业务经办系统，建立小微企业智能数据库，自动审查“小、三、创、新”项目的资格和风险，促进国家政策在重庆快速落地，助推公司成为重庆落实普惠金融政策的“桥头堡”。二是智能审批科

学精准。依托大数据和微金融技术，设计完善自动审核指标，多维度、多层面对创业客户“精准画像”，智能引擎实现70%以上项目“秒批”。设计动态显示图，系统、直观、动态显示规模和质量情况，为服务“双创”提供科技支持。三是数据深挖提升管理。清指标、理数据，提高数据运用能力，深挖数据价值，打牢决策制定基础；建立起公司内部征信黑名单，分类、分区制定保证人和抵质押物新标准，提高政策担保贷款质量，确保政策担保贷款额度循环使用。

（四）产品、服务及模式创新情况

1.国家基金业务银担合作新机制

一是建设小微企业智能数据库，破解融资死结。多渠道摸清重庆小微企业家底，力争将全市市场主体信息全部采集入库，为实现客户“精准画像”打下基础，为政府普惠金融决策提供数据支持，同时将有融资需求的企业同步推送合作银行，让小微企业增加10倍以上融资机会。二是银担独立两级风险审查，实现风险共防。合作银行按照自身的产品设计、审查标准、风险偏好独立进行尽职调查和风险审查，切实发挥银行更了解市场、更了解客户、更了解小微企业信贷需求的市场优势，通过直接面对客户来识别风险、经营风险。小微担保公司主要通过大数据智能审核系统建立特色风控模型，利用就业、社保、工商、税务、司法、银行“六大触角”数据和四家市场大数据机构金融数据进行风险审查，通过与合作银行系统互联互通，审查结果实时共享交换，共同形成多层次风险防线，确保风险共防、共管。三是创新风险补偿机制，实现风险共担。在国家和重庆市相关部门的大力支持下，集中国家和市级政策捆绑优势，设置阶梯浮动补偿机制，银行最高可获得80%的风险补偿，通过责任捆绑、风险共担引导更多金融资源服务小微企业。

2.人社信用评价体系支持创业担保贷款

一是互联网+人社大数据研究启动。人社部信息中心在对人社信用指标体系进行梳理和归纳的基础上，借鉴国内外信用评价研究和实践经验，构建了人社信用指标体系和模型。2018年初，人社部信息中心、中国银行普惠金融事业部、重庆小微担保公司共同合作开展人社信用评价体系支持重庆创业担保贷款课题研究，通过创新思路和办法，综合利用信用信息和大数据技术，解决创业者因反担保条件不足或无反担保条件，难以获得创业贷款的问题，同时起到提高创贷项目风险防控能力，降低贷款申请门槛，扩大政策覆盖人群等作用。二是课题研究顺利结题硕果累累。课题组综合运用建模方法，对20多万条历史数据进行测试，建立基础评分卡模型和重庆本地化优化模型。基础评分卡模型预测准确性良好，入模变量业务含义准确，模型具有一定的稳定性与泛化能力。此外，模型覆盖客户广泛，风险刻度单一，具备良好的可用性；进一步优化的重庆本地化专家评分卡能较明显的降低“逾期客户”比重，对“逾期客户”具有较强的甄别能力，对于基础模型在重庆地区应用起到了较好的补充效用，具备了实践应用价值，课题研究于2018年12月底顺利结题。三是结合重庆实际助力“双创”工作。经人社信用评价体系支持重庆创业担保贷款课题项目结题会商议研究，建议在重庆开展业务试点，对符合创业担保贷款的创业人员，给予一定的信用贷款额度；符合渝人社发〔2018〕257号文件规定的贫困人员、诚实守信商户、获奖创业人员、青年人才等特定人群，可给予更高的信用贷款额度，开启人社信用评价体系探索信用担保贷款模式的新征程，助力重庆“双创”和小微企业发展，为全国小微企业融资难问题寻求突破口。

（五）经营目标及未来展望

2019年，继采购经理指数（PMI）重回荣枯线上方后，制造业PMI和服务业PMI也双双呈现向好趋势。当前，局部数据回暖还不能确定为趋势性变化。此外，考虑到全球主要经济体的经济增长仍面临下行压力，全球经济和贸易形势复杂多变，外部环境持续承压。未来仍需积极政策措施的进一步落地，释放更大效力。

2019年，重庆将持续处于产业结构调整、发展动能转换、发展基础夯实的关键时期，国有金融改革稳步推进。小微担保公司将全面贯彻中央经济工作会议和习近平总书记系列重要讲话及视察重庆讲话精神，将“四个全面”战略布局和“五位一体”总体布局贯穿落实到公司改革发展工作中，进一步深入贯彻落实市政府第77次常务会议精神，坚持国有金融资本改革、担保公司整合的“改革主线”，适应更大平台、更大空间、更多机遇、更高要求的“四个变化”，统筹处理好党建工作与中心工作、风控与规模、创新与传统、管理与服务的“四个关系”，全面落实国家融资担保基金和促进“双创”的各项政策，切实提高服务民营企业、扶持“小、三、创、新”等群体的能力，做出地方特色、突出支持重点、做大业务规模，让国家普惠金融政策惠及民营、小微企业群体，并提供便捷、高效的普惠金融服务。2019年，小微担保公司力争实现新增担保100亿元以上，风险控制在目标范围内。

第二十五章　金融要素市场

一、重庆金融资产交易所

（一）基本情况

重庆金融资产交易所有限责任公司（以下简称“重金所”）于2010年12月，经重庆市人民政府以渝府〔2010〕119号文件批准设立，注册资本7200万元，为市属国有企业，由重庆联合产权交易所控股。经市政府核准的经营范围包括“提供信贷类资产登记、交易及相关服务；提供各类应收账款、债权债务产品转让相关服务；提供金融相关托管、结算等服务；开展组合金融工具应用、综合金融创新业务；组织交易商协会会员开展自律监管；承担市政府或市政府有关部门依法委托或授权的其他事项”。

2012年11月，重金所首批通过了国务院清理整顿各类交易场所部际联席会议验收。2016年3月，重金所引入平安集团完成重组，现由平安集信（上海）投资产管理有限公司全资控股，正式成为平安集团下属控股公司，注册资本于2017年1月增至10亿元。2017年重金所落户重庆市渝中区，公司定位为政府资产负债管理商和金融机构资产负债管理商，积极推进科技转型，建立金融+科技生态圈，致力成为国内首屈一指的交易场所。在公司战略指引下，人员规模从2015年的152人，发展到2018年末的970人；从仅覆盖重庆、上海两地，发展到覆盖全国21省29市。重金所大力引进科技和财经高端人才，其中正编科技人员358人，占比47%；拥有硕士以上学历165人，占比22%；拥有金融、经济、财会和科技类高级以上职称8人，中级职称10人。公司规模和业绩都较收购前取得了爆发式增长。

表25-1 重金所收购前后对比统计

单位:亿元

对比维度	2015年收购前	2018年末
业务交易量	210.00	2382.93
资本金	0.72	10.00
纳税额	0.16	0.54

(二)2018年主要运营情况

2018年,国家经济形势稳中有变,强监管、去杠杆、防风险,经历了资产管理新规落地后,互联网金融行业彻底清理整顿,市场信用风险频发。面对急剧变化而富有挑战的外部环境,重金所在市政府和市金融监管局的关心指导下,在平安集团的整体部署下,一方面积极拥抱监管,严格贯彻落实市金融监管局的各项指示,合规经营、审慎展业;另一方面按照集团"金融+科技""科技+生态"的发展战略,不断加大金融科技服务转型投入,探索提供公共资产负债管理服务,大力研发智慧财政项目,推动公司科技转型。

2018年全年业务交易量达2382.93亿元,法人合并全年收入2.2亿元,贡献税收超过0.54亿元。重金所"智慧财政"在南宁市试点二期交付,广东省、长沙市、哈尔滨市等多个省市稳步推进,已逐步形成业务模式向全国推广。

1.传统业务合规发展,顺利通过各项监管检查

重金所密切关注并及时跟踪监管动态与政策导向,汇总解读各方监管新规,在资产管理新规出台以及"互联网金融风险专项整治"过程中,重金所坚持在市金融监管局许可的经营范围内合规经营、审慎展业,业务上始终坚持"机构间""一对一""买断卖断"三个基本原则,主动收缩清理,不能做、不适合做的坚决不做,顺利完成了市金融监管局、中国人民银行重庆营管部、市整治办、市银保监局、市证监局的联合检查。

2018年重金所全年业务交易量达2382.93亿元。

一是定向债务融资工具规模148.63亿元。该业务针对具有法人资格的非金融企业通过重金所平台向特定机构投资者发行并约定在一定期限内还本付息的金融工具的交易行为。

二是摘挂牌见证业务规模133.21亿元。该业务为持牌金融机构将其持有

的各种资产的受益权/收益权挂牌，其他机构投资人摘牌。重金所为双方提供摘挂牌交易行为的见证服务。实际运营中，交易双方首先注册为重金所会员，挂牌方向重金所提供拟出让的特定金融资产信息。挂牌方与摘牌方签订特定金融资产受让协议，重金所为双方办理摘挂牌登记。

三是金融资产交易中介服务业务规模1359.8亿元。该业务为重金所为合格机构投资者提供居间中介、交易见证及交易组织等平台类服务。交易完成后，合格机构投资者自行承担交易相关的所有风险，重金所不承担任何风险责任。该业务定位于和"一行两会"管辖金融机构开展合作，严格遵守监管许可要求和相关监管规定。实际运营中，该业务又可分为金融资产顾问推介服务和信贷资产流转中介服务。前者即重金所向金融机构发行的金融产品推介优质的金融资产，或为金融机构持有的金融资产匹配有意向的受让方，并促成双方交易；后者即重金所根据与银登中心签署的合作协议，为有意向在银登中心流转信贷资产的双方提供撮合服务，促成双方交易。

四是智慧财政投融资服务平台规模741.29亿元。重金所在智慧财政项目中为地方政府打造一站式投融资服务平台，主要是将国有企业融资信息在平台进行挂牌，吸引社会金融机构到平台进行竞价，以确定投融资双方的交易意向，意向达成后，由双方线下自行完成具体的投融资交易，包括合同协议签署、资金投放等，重金所平台主要负责融资信息发布，不参与实际投融资交易，不承担任何风险责任。

表25-2　重金所2018年各项业务交易量统计

单位：亿元

类别	定向债务融资工具	财务顾问类业务	挂摘牌业务	智慧财政
总计	148.63	1359.8	133.21	741.29

2. 智慧财政成效初显，形成业务模式推向全国

重金所智慧财政项目是平安集团智慧城市云战略的重要组成部分，旨在为帮助地方政府理清资产负债，打通公共资产负债管理数据孤岛，有效防范地方系统性债务风险，提升财政国有资产管理水平，为党委政府决策提供智能服务。该平台借助区块链、大数据等先进科技手段，以自动化取数、智能化监测为目标，实现全方位的迭代创新，建成两个一体化——"财政一体化""国资一体化"；实现政府三流——"信息流、资金流、资产流"全面追踪，通过技术手段形成

财政和国资领域不敢腐、不能腐机制。同时，通过大数据分析和建模，对关键经济指标进行科学评判和预测，为市委、市政府决策提供科学依据。首个试点城市南宁市已上线两期项目，得到南宁市委、市政府的高度认可，在全国引起了强烈反响，并得到李克强总理以及中央深化改革小组、财政部研究院、清华大学、国家会计学院等领导和专家的高度肯定。特别是扶贫资金监管系统，通过项目和资金的全流程监控防止扶贫领域的腐败，在南宁已初见成效。结合平安集团智慧城市战略统一部署，重金所财政智能管理云平台项目已在广东省、长沙市、哈尔滨市等多个省市推进实施。

截至2018年末，融资服务平台累计会员1162家，其中金融机构会员556家，企业会员606家；累计挂牌项目总金额554.26亿元，已完成竞价项目483.64亿元，累计为南宁市国有企业直接节约融资成本超过13392.34万元。此外，南宁产权信息平台自上线以来，累计成交119宗各类产权投资项目，总标的金额近12.35亿元，溢价超过15%。

（三）服务实体经济情况

服务实体经济，首先要降低企业融资成本、扩大融资渠道，加强对制造业、基建等涉及国计民生行业和偏远地区的金融服务。农村金融是我国金融体系中最薄弱的环节，金融科技的出现，让金融服务可以跨越时空和区域，低成本、高效率地走进农村。重金所自2016年3月加入平安集团以来，发挥要素平台作用，连接资产端和资金端，加大和金融机构合作力度，有效解决“融资难、融资贵”的问题。截至2018年末，重金所已成功与50多家银行，40余家信托公司，60余家券商，30余家基金公司，以及其他众多金融机构建立了紧密合作关系，为金融机构产品提供交易服务及银行业信贷资产登记流转中心信贷资产流转中介服务，更有效地优化金融配置，更加注重金融供给侧的存量重组、增量优化和动能再转化，从而盘活市场存量金融资产。

（四）产品、服务及模式创新情况

自平安集团并购重金所后，按照集团的统一部署，重金所定位为金融机构资产负债管理商和地方公共资产负债管理商，积极推动科技转型，探索智慧财政项目，着力打造金融机构间市场和融资交易市场。2018年主要创新情况如下：

1.探索跨境融资全链条模式反哺地方实体经济

2018年9月2日，重金所启动"渝新通"项目，以重金所为境内主要实体，与重庆区域性金融、中介机构和工商企业广泛合作，以陆金所控股旗下陆国际为境外窗口，创新打通中国、新加坡两地资本交流渠道，促进重庆金融市场与周边和国际市场的紧密融合。2018年11月1日，重金所作为全球协调人，沟通监管部门、组建中介机构、对接投资者，协助重庆金安小额贷款有限公司于新加坡交易所市场成功发行5000万美元私募债券，期限364天，票面利率6.2%。该项目开启跨境融资全链条生产模式，仅历时2个月，成为渝新两地资本市场快捷融资业务的一种新模式。

重金所尝试通过"渝新通"项目，为国内小微企业多渠道融资做出尝试，反哺地方实体经济以及各交易主体，有效降低融资成本，拓宽融资渠道，并较好地发挥了服务于中新两地的金融支撑功能。

2.推动"金融+科技"战略，探索智慧财政，获批扩大经营范围

重金所在坚持做好金融机构资产负债管理工作的同时，为贯彻平安集团"金融+科技""科技+生态"的发展战略，积极承接平安智慧城市体系中的智慧财政项目，不断加大金融科技服务转型投入，探索提供公共资产负债管理服务，大力开展智慧财政研究开发。为推动科技转型，提高可持续发展动力，在市金融监管局的支持下，重金所扩大经营范围，增加计算机信息系统集成及服务，以及计算机软件的开发、销售和技术咨询、技术服务两项内容。

（五）经营目标及展望未来

2019年，重金所将持续聚焦金融机构资产负债管理商、政府资产负债管理商两大战略定位，以全国金融工作会议精神为指引，持续发挥重金所资质及同业优势，连通金融机构与企业的融资桥梁，切实降低企业融资成本，服务实体经济发展，紧密围绕平安集团智慧城市战略，依托集团强大的综合金融和科技实力，在全国范围内全面推进智慧财政项目。同时，积极保持与市金融监管局等监管单位的沟通互动，在监管框架许可范围内探索交易所业务试点，助力重庆市打造金融中心。

1.经营目标

2019年计划整体交易量达到1200亿元。智慧财政项目在南宁、长沙、深圳

基础上，力争在重庆市、广东省及哈尔滨市、海口市、贵阳市等落地，智慧财政项目覆盖超过30个城市。未来三年紧密围绕两大核心战略，到2021年交易量力争达到5000亿元。

2.基本思路

重金所将持续探索智慧财政商业模式，加大投入，面向全国深度覆盖。进一步完善智慧财政顶层业务模式设计，借助区块链、大数据、人工智能等先进科技手段持续升级，建设财政产品、国资产品和数据智能三条产品线标品。加大投入力度，向全国范围铺开。

道阻且长，行则将至。重金所加入平安集团已近三年时间，期间得到市政府的关心和市金融监管局的指导。在当前严监管、减杠杆、防风险的大环境下，重金所苦练内功、目光长远，传统业务积极拥抱监管，做到合规经营；战略业务坚定投入布局，探索科技赋能金融。面对2019年，重金所信心满满，为打造全国一流交易场所，助力重庆打造金融中心坚定前行。

二、重庆联合产权交易所集团股份有限公司

2018年，在市委、市政府和市国资委的坚强领导下，重庆市公共资源交易中心（重庆联合产权交易所集团股份有限公司，以下简称“重庆联交所”）以习近平新时代中国特色社会主义思想为指引，深入学习贯彻党的十九大精神以及习近平总书记参加重庆代表团审议和视察重庆时的重要讲话精神，对标对表“两点”定位、“两地”“两高”目标和“四个扎实”要求，围绕改革创新和高质量发展，以大数据智能化为引领打造全国一流的公共资源交易平台，充分发挥要素市场作用，推动公共资源优化配置，在服务国企改革、区域经济发展中发挥了积极作用。

（一）基本情况

2004年3月，按照国务院规范国有产权有序流转的改革精神，经重庆市人民政府批准，将原市经委产权交易所与原市科委技术产权交易所（筹）合二为一，组建重庆联合产权交易所股份有限公司，纳入市属国有重点企业管理，成为全市唯一以国有产权交易为基础，集物权、债权、股权和知识产权等各类资本权益交易为一体的区域性、开放型、非标准化交易的要素市场。

2016年3月，为贯彻落实国务院《整合建立统一的公共资源交易平台工作方案》精神，重庆市人民政府批准组建重庆市公共资源交易中心，将原重庆市政府采购交易中心、重庆市机电设备招投标交易中心、重庆市国有资产产权交易中心、重庆市工程建设招标投标交易中心、重庆市土地和矿业权交易中心的交易服务职能全部整合纳入重庆市公共资源交易中心；在重庆联交所加挂"重庆市公共资源交易中心"牌子，实行一个机构两块牌子，承担重庆市公共资源交易中心的职能职责，成为全国首个采取"政府强监管、市场化运行、企业化管理"的省级公共资源交易平台。

自成立以来，重庆联交所秉承"阳光、规范、公正、高效"的服务理念，不断推进体制机制创新，推动平台跨越式高质量发展。注册资本由成立初期的0.5亿元增加到5.07亿元，交易品种由单一企业国有产权增加到8大类近30个品种，交易规模由成立当年的12亿元增加到2018年2702亿元，服务区域由重庆走向全国乃至境外，交易方式由传统线下交易转变为全流程互联网交易，拥有中央企业产权交易机构、中央金融企业产权交易机构、中央国家机关事业单位资产处置交易机构、国家专利技术展示交易中心、全国中小企业产权交易试点机构和全国碳排放权交易试点机构和全国司法拍卖网络平台等7个国家级交易资质，是全国首批通过国务院清理整顿各类交易场所部际联席会议备案的交易机构，也是全国首批获得"AAA"信用企业的产权交易机构之一。

(二)2018年运营情况

2018年，重庆联交所成交各类项目20230宗，同比增长0.41%；完成交易额2702.11亿元，同比下降3.7%(主要在于土地出让金额减少471亿元，若剔除该因素影响，则同比增长14.2%)；全年权益类资产资源项目实现交易增值102.2亿元，平均增值率10.3%，招标采购类项目节约资金58.2亿元，平均节支率6.3%。

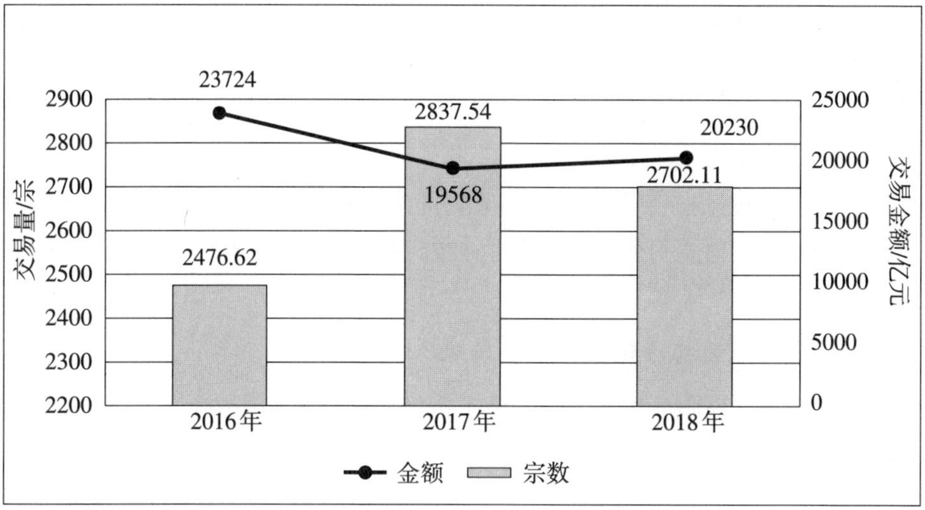

图25-1 重庆联交所近三年交易变动图

总体上，2018年交易呈现"三高一稳"的态势。"三高"，指国有产权交易、工程招投标、政府采购三块业务分别增长20%、33%和37%，均创历史新高。"一稳"，是指土地市场保持了基本平稳，尽管和2017年相比降幅较大，但符合土地市场的运行规律，与年初计划时的预期基本一致。同时，市场化创新项目的成交宗数和交易额均出现增长，占比提高，市场创新能力进一步提升；市外主体承接项目金额超过市内主体，市场影响力较强。

（三）服务实体经济情况

重庆联交所充分发挥交易平台功能，推动资源要素在公平基础上高效流转配置，支持服务实体经济发展。

1.提升要素市场影响力辐射力

在跟进已进场项目的同时，积极开拓市场、创新业务。在产权交易领域，打造全国性产权交易市场，保持中央企业资产业务规模位居全国前三。在招投采购领域，与成都铁路工程建设监管局合作，推动西南片区铁路工程招投标项目进入重庆市交易，完成高铁招投标项目10个；顺利承接世行贷款项目在重庆市的电子招投标试点工作，成功争取政府单一来源采购项目入场交易，拓展烟草公司、重庆银行等中央在渝企业和市属国企大宗采购项目进场。在土地和环境资源领域，实现探矿权首次进场交易，启动排污权二级市场，作为西部地区唯一机构参与全国碳市场联合建设，探索无线电频谱资源市场化配置机制，衔接国有建设用地租赁权纳入平台交易。集团不断加强品牌营销，提升平台影响力，重庆市公共资源交易网浏览量近2000万人次，日均流量超过10万人次、较年初增长3倍；探索新媒体宣传收到良好市场反响，工作动态、项目动态被国家发改委、新华社、重庆日报、新浪网、搜狐网等主流媒体以及行业刊物正面报道40余次，呈报的报告、信息得到市领导批示4次，在市委信息采用排名中居市属国企首位。

2.建成智能化标准化交易服务场地

针对原有交易服务场地分散不便于市场主体办事和集中监管的实际问题，对照市委、市政府要求，严格打表，利用10个月时间完成土建改造、装饰装修、智能化等9个专业工程，成功打造公共资源交易服务场地“2.0版”，比类似工程缩短一半工期，为建设全国一流的交易平台奠定坚实基础，实现了“三化”目标。一是场地标准化。设置7000平方米一站式服务大厅，整合四大业务版块服务职能，实现“一窗通办”。对标先进省市，升级开评标室、拍卖室、监督室、直播厅等业务用房功能，提高通用性，最大限度满足多项目同时开评标、远程评标、隔夜评标等需求。布局700多个视频监控点，实现公共服务区域监控全覆盖、无死角，让交易更安全。二是流程规范化。对照电子化、智能化交易的新要求，完善交易服务规范体系，打造一体化业务流程系统，精简办事流程，逐步实现“一个市场、一套体系、一个标准”。三是管理智能化。在新场地融入人工智能、大数据分析、物联网、人脸识别等先进技术，通过建筑信息模型(BIM)建模，整合近30个智能化子系统，将原来的分散运维和管理提升到一体化管控的新高度，实现服务场地智能管理、智能控制、智能调度、智能引导、智能操作。

3.打造全市统一的电子交易平台

按照改革要求，建成全市统一的公共资源交易、服务、监督三大系统以及“两江云”平台，在此基础上加快互联互通和推广应用，推动全市公共资源交易从有形市场向电子化市场转变。实施公共资源云平台二期、三期扩容项目，扩容储存总容量达180TB，数据流转速度提升数十倍，有效满足全市电子化交易硬件需要。推动公共资源服务、交易、监督系统互联互通，以及与国家服务平台、信用重庆实现对接，累计向国家发改委传输数据150多万条。整合市级和各区县标准不一的主体信息库，建成全市统一的主体信息库及登记系统，全市

CA证书实现互认，市场主体信息实现“一处登记、全市共享”。上线运行重庆公共资源交易大数据分析应用平台（一期），实现数据统计、数据监管、数据预测、主体分析四大功能。推动一体化电子招投标平台在各类工程施工、材料设备采购、勘察设计监理服务等招投标活动中全过程使用，完成电子招投标系统在30个区县的部署，并在7个区县开展全流程电子招投标试运行。

4.服务国企改革和区域经济发展

一是服务国企改革“全面施工”。帮助18户央企、国企集中退出非主业的房地产领域，收回国有投资53.5亿元。处置僵尸、空壳、亏损、高风险企业股权债权项目89宗，实现市场出清，收回投资成本以及收益25亿元，重粮酒业顺利被重庆江小白接手，重庆长航股权债权系列项目以5亿元出让，历史复杂遗留问题得到妥善解决。助推国企增资混改，大力培育新动能，引入社会资本38亿元，重庆渝百家连锁超市成功引入香港主板上市的“中民供应链”，注入供应链环节优势资源。盘活国有闲置和废旧资产2258宗，回笼资金20亿元。二是助力区域经济社会发展。营造公平投标环境，保障招投标质量，全力服务重大基础设施和民生工程建设。与市环保局、市发改委、重庆海关等单位合作，开展污染物排放权、碳排放权、加工贸易废料“三权”交易，助力建设山清水秀美丽之地。三是切实降低交易服务收费。公共资源交易服务收费在2017年整体降费70%的基础上再降约18%，仅工程招投标就减少收费约5000万元；全面调整优化国有产权交易服务收费，竞价项目、增资项目、租赁项目收费分别下降约50%、15%、78%，车辆处置每单收费下降57%；积极推动公务用车改革，取消网站挂牌收费，每年将为市属国企降费约1000万元。严格落实《政府采购促进中小企业发展暂行办法》（财库〔2011〕181号）要求，2018年共计免收小微企业交易服务费89笔、金额102793元。通过这些措施，市场主体交易成本持续下降，改革获得感显著增强。

（四）经营目标及未来展望

1.经营目标

2019年是新中国成立70周年，是全面建成小康社会关键之年，是重庆市公共资源交易体制机制改革、国资国企改革全面深化落地之年，也是重庆联交所新场地正式投入使用、展示一流平台形象的第一年，做好今年的工作意义十分重大。重庆联交所将以习近平新时代中国特色社会主义思想为指导，深入贯彻落实党的十九大精神以及习近平总书记视察重庆重要讲话和参加重庆代表团审议时重要讲话精神，落实“两点”定位、“两地”“两高”目标和发挥“三个作用”要求，坚决贯彻落实中央稳中求进工作总基调，坚持新发展理念，突出问题导向，着力破解结构性、体制性、机制性障碍，加快质量变革、效率变革、动力变革，积极融入并落实好公共资源交易体制机制深化改革和国企国资改革的各项任务，围绕打造全国一流的公共资源交易平台目标，全面提升交易服务质量和客户体验，推动公共资源实现公平配置基础上的效率提升。

(1)深化内部组织结构改革

按照“集团化管控、专业化经营”原则，适时推进内部组织架构改革调整，逐步构建集团公司和子公司两级架构，进一步提升集团持续发展动力和抗风险能力。对条件成熟的业务部门和服务保障部门实施公司化改革，构建集团内部交易管理与交易服务分离、前台服务与后勤保障分工、交易服务与配套服务协同的专业化市场体系。优化集团原有子公司股权结构，根据发展需要，决定子公司保留存续或转让、注销。

(2)加强信息化智能化建设

加强集团信息化智能化建设整体规划，在公共资源各信息系统全面投运基础上，优化系统整体架构，开展安全风险整体评估，提升信息系统风险处理和防控能力。继续完善交易功能，推动与互联网、大数据、人工智能技术实施对接，以技术创新助力交易创新。加快推进统一的公共资源电子交易平台覆盖全市，力争尽快实现所有业务全流程电子化交易。加强云平台和场地智能化硬件运维工作，保障交易正常运行。按照国家公共资源交易数据规范2.0版要求，完善公共服务平台信息采集与传输功能，推动全市交易数据融通。持续深化大数据分析应用，依托统一的大数据分析系统，整合线上线下数据资源，不断丰富分析内容和应用场景，为优化交易监督和平台管理提供支撑。

(3)提升服务质量和客户体验

按照“场地标准化、服务规范化、管理智能化”的要求梳理、修订和完善场地管理制度、场内服务规范和服务流程，确保一个市场、一个标准，满足平台运行需求。关注场地智能化管理系统与各交易系统、监督系统、专家抽取系统的连接、联动动态，建立完善应急处理机制，保障场内管理与网络平台正常有序、线上交易与线下服务有机融合。运维网上“在线互动”栏目，规划建立统一客服咨询电话,对场地设施设备、标识标牌等进行调整优化,提高用户体验。积极争取主管部门支持,启动重庆公共资源交易服务标准化认证申报,力争用2~3年时间取得认证。同步跟进交易服务规范的延伸应用,逐步建立与区县平台正常的业务指导与交流机制,推动全市公共资源交易服务标准化、一体化。

(4)推动业务创新发展

深化绩效考核分配改革,加大对市场化创新业务的激励力度,进一步激发员工干事创业热情。加大市场化招标采购项目拓展力度,重点推动铁路项目、企业采购项目、其他平台项目、非必进场项目进场交易。积极探索国有建设用地租赁权、非保税废料、无线电频率等资源性交易业务。进一步深化中央企业业务市场化改革,创新激励约束机制,提高市场占有率。进一步深化分支所体制机制改革,完善片区分所统筹管理职能,推动市场化业务再提升。充分用好集团各类资源,积极推动不良资产交易,提高交易规模。加强资金管理运营,进一步提高资金收益。以市场需求为导向,不断提高项目策划、项目营销、交易融资、咨询服务等配套服务能力。

(5)塑造平台良好形象

以新场地、新面貌、新气象和全程电子化、线上线下一体化为支点,以阳光、规范、公正、高效为核心,系统归纳集团品牌形象内涵与塑造途径,制定全面品牌建设方案,统一集团认识、强化员工归属、提高社会认同。精心策划宣传方案,制作宣传资料,组织开展媒体报道、行业交流、业务推介等必要活动,提高平台知名度与美誉度。认真总结平台整合改革成效,通过各种渠道交流传播,提高平台影响力。加强信息报送,提高信息报送的数量、质量和实效,争取领导和部门的关注与支持。加大创新课题研究投入,加快推动形成一批创新成果和知识产权,提升品牌的理论支撑力。

2. 发展愿景

未来3~5年,重庆联交所总体工作思路是:全面贯彻落实党的十九大精神,以习近平新时代中国特色社会主义思想为指导,按照国资国企改革和公共资源交易改革要求,以保障公共服务有效供给为宗旨,以智能化、智慧化为引领,强化“互联网+交易+金融”主业,着力构建“大平台、大市场、大交易”。

(1)创新建成智慧交易平台

进一步完善公共资源智慧交易平台建设,持续深化人工智能、物联网、大数据等先进技术在交易服务中的应用,打造集云存储、云计算、云应用一体,"线上线下有机耦合""场内场外无缝连接""服务与管理全面嵌套"的智能化、智慧化交易平台,实现交易全程的智能控制、智能调度、智能引导、智能操作、智能监督,切实为主体减负、为监管助力。发挥"端+网+云"技术优势,推动全流程电子化交易在区县平台的应用,构建全市一体化交易平台,实现全市公共资源交易与监督规范化、标准化、电子化。借助大数据、云计算技术,整合多维数据,挖掘数据资源,构建多维分析模型,建设完善集数据分析、数据监管、数据预测、数据服务、数据管理于一体,服务市区(县)政府、行业部门、市场主体、社会公众的大数据分析应用平台。

(2)创新建成综合交易平台

建设以公共资源交易为主,汇集各类资源要素的跨区域、跨行业、跨所有制的综合性、开放性交易平台,为全社会资源要素有序流动、市场化配置提供服务。从产业链、价值链和供应链角度,进一步完善交易服务功能,形成综合交易服务提供商。形成从股权进入到退出、增资到撤资、设立到注销的企业全生命周期的交易服务;形成从新物资设备采购到闲置废旧资产处置的全产品生命周期的交易服务;形成从土地出让、工程建设、物资设备采购、资产经营到资产处置的全产业链交易服务,不断打通从关内到关外、境内到境外的大空间交易渠道,打通技术向资本、资本向产业的大生产转换渠道,成为市场综合性交易服务提供商。

(3)创新建成金融服务平台

找准资源要素市场化配置中的"难点""痛点",不断完善与资源要素市场功能相匹配的金融衍生服务体系,增强市场资源、资本的流动性,促进市场配置效率提升。建成金融服务方案提供商,为市场主体提供互联网快捷支付、融资服务方案、融资服务渠道和后续债务清偿方案等金融配套服务。成为投资服务咨询商,为市场主体提供产权制度设计、交易方案策划、治理结构优化、交易投资咨询、产品生产调控等多方面的咨询服务;成为价格评估与产业信息服务商,利用持续交易形成的价格和产品需求,提供交易标的市场参考价格,提供产业发展综合信息,引导市场主体合理投资、合理配置生产产能。

三、重庆石油天然气交易中心有限公司

(一)基本情况

根据中共中央、国务院《关于推进价格机制改革的若干意见》(中发〔2015〕28号)的要求,以理顺石油天然气价格体系,建立主要由市场决定的价格机制,还原能源商品属性为目标,综合考虑重庆集天然气生产地、消费地、管网枢纽地、内陆开放高地“四地合一”的比较优势,2016年9月,国家发改委批复同意筹建重庆石油天然气交易中心(以下简称“重庆油气交易中心”),按照“中央地方共建共管”模式,在渝建设国家级能源交易中心,主要为石油、天然气等能源产品以及石油天然气化工产品提供交易平台。2017年7月25日,重庆油气交易中心完成工商注册,同年12月取得开业批复。

按照“股东多元化、股比分散化、运作市场化”原则,重庆油气交易中心13家股东涵盖中石油、中石化、华润燃气、新奥能源、中国燃气等全国性油气企业,重庆能源、重庆化医、延长石油、湖北能源等区域性能源化工企业,以及中信寰球、博恩科技等金融科技创新类企业。

重庆油气交易中心以面向全国、辐射亚太、对标国际为建设目标。对海外,把握全球能源产业与市场的动态与机遇,贯彻国家能源战略,形成中国定价基准,提高我国在国际市场的定价话语权;对国内,助力油气体制改革,进一步提高交易效率、降低交易成本、服务实体经济;对重庆,为地方经济和社会发展集聚能源、信息技术以及金融领域的高端要素资源,增添新的制高点和发展动力。

(二)2018年运营情况

2018年,重庆油气交易中心抢抓国家油气体制改革和重庆市建设内陆开放高地机遇,开拓创新,主动作为,坚持“两条腿走路”,一边谋篇布局理思路,一边立柱架梁建平台,以“起步就是冲刺、开局就是决战”的精神状态,积极推动各项工作取得积极进展。

1.围绕改革目标,科学设计交易产品和交易方式,完善交易系统

从深化改革要求和行业发展现状出发,以市场需求为导向,借鉴国外油气市场培育和国内其他交易中心发展经验,研发交易产品、创新交易方式。交易

产品方面，推出管道天然气和液化天然气交易产品，实现不同省区用户跨省同场交易。交易方式方面，推出协议、挂牌、竞标、竞拍等交易，创新开展单一底价成交模式，引导竞买方理性竞价，反映市场真实价格水平。交易系统方面，完成天然气现货线上交易系统开发建设，并根据交易业务发展和会员个性化、多样化需求，持续丰富拓展系统功能，实现交易系统国家级电子合同鉴证；初步建成支付结算体系，规范交易结算操作流程，增强了整体风险防范能力；完成同城异地数据灾备中心建设和自动运维监控系统搭建，支撑交易系统全天候不中断运行，交易系统达到公安部信息系统相应等级安全保护要求。

2.对接市场需求，有序推进线上交易平稳运行

2018年4月26日，重庆油气交易中心正式启动管道天然气交易业务；5月17日，启动液化天然气交易；5月29日，启动线上交收全流程交易。全年共开展交易221场，累计成交天然气73亿立方米，交易金额150亿元。业务发展过程中，交易中心积极开展上下游企业需求对接，中石油五大销售分公司、中石化天然气三大销售中心全部在中心开展了交易业务；在组织国内资源交易同时，积极响应国家“一带一路”倡议，参与“西部陆海新通道”建设，成功引入马来西亚国家石油公司境外资源交易，从时间上提升了市场交易频度，从空间上提升了市场交易广度。

3.服务宏观调控，积极拓展信息资讯业务

取得国家信息中心授权，由重庆油气交易中心独家建设运营“国家信息中心能源大数据中心”。2018年8月26日，大数据中心正式挂牌成立。根据国家发改委价格司要求，开发运行全国天然气输配成本价格信息报送系统，采集、分析全国2500余家天然气管道运输和城镇燃气企业成本、价格等数据信息，为国家推进天然气价格改革、进一步落实国务院减税降费要求提供了有力支撑。

(三)服务实体经济情况

1.服务交易会员，拓宽资源对接渠道

截至2018年末，重庆油气交易中心累计发展天然气类交易会员1380家，其中卖方会员15家，买方会员1365家；管道天然气类会员1328家，液化天然气类会员242家。2018年，举办会员交易培训班19期，培训会员1006家、1556人次，登门向约500家企业、820人次介绍业务。随着越来越多会员企业进入重庆油

气交易中心平台交易，为天然气上下游领域供求对接提供了新渠道，这对维护市场产需平衡、保证资源供给、形成合理价格水平发挥了积极作用。

2.开展信息资讯服务，引导市场预期

以会员信息系统为基础，以交易系统业务数据为抓手，搭建大数据基础架构，开发了能源大数据监测平台展示系统。通过工作简报、门户网站及微信公众号等形式，及时向政府部门、天然气企业及社会公众推送发布行业新闻、政策指南、国际价格、交易结果等信息，引导市场形成合理预期，实体企业科学安排生产经营。

3.探索金融服务，降低用户企业成本

开展金融服务平台建设可行性方案研究论证，确定了近期、中期、远期的业务发展规划及目标。瞄准会员需求，研究供应链金融业务合作模式，设计完成了保证金融资具体方案和操作流程，具备了上线条件，为推广供应链金融服务产品、降低实体企业融资成本做好了准备。

（四）产品、服务及创新情况

重庆油气交易中心严格遵循国家金融监管规定要求，借鉴国内其他交易场所和欧美主流天然气交易模式的同时，结合我国天然气市场发展现状、改革方向，创新设计推出了多个交易品种和交易方式。

1.交易品种

重庆油气交易中心已推出管道天然气、液化天然气交易品种，下一步将陆续推出其他交易品种。

2.交易产品

重庆油气交易中心推出的交易产品包括管道天然气、液化天然气。其中，重庆油气交易中心独有的管道天然气交易产品，使卖方可灵活配置跨区域销售，促进了跨省买家竞争，有利于在更大范围发现合理价格、发挥价格信号作用，促进资源优化配置。

3.交易模式

重庆油气交易中心采用协议交易、挂牌交易、竞拍交易、竞标交易4种交易模式。其中，单一底价成交的竞标交易是首次应用于国内天然气交易，具体是指按“价格优先，时间优先”原则，配对成功买方中的最低申报价（底价）作为所有成交买方的最终成交单价。主要特点表现在三个方面：一是比较适用于民生产品，规模化交易，形成真实的相对公允的市场价格，降低因高价引发的市场恐慌推高国际采购成本的可能；二是有助竞买方理性下单，防止价格大幅波动，减少舆论压力，保护各方市场化价格改革的积极性；三是操作简便，买卖方可提前研究决定，降低决策压力，同时降低对网络和系统要求，避免软硬件原因导致交易不畅。此外，基于我国天然气市场化改革仍处于初始阶段的实际情况，引入协议交易的方式，并由油气交易中心发布成交价格、气量，真实反映国内应用范围更广泛的天然气价格，避免了片面价格信号误导市场，推高国际天然气采购价格。

4.境外资源

在交易资源上，重庆油气交易中心注重对接境外资源，与马来西亚、巴布亚新几内亚、阿塞拜疆、美国等国的企业沟通，探索建立通过交易平台引入境外资源的途径。2018年9月28日，顺利开展境外天然气资源竞价交易，交易马来西亚国家石油公司生产的LNG，成交量为320万百万英热单位，成交价格为10.5美元/百万英热单位。比同期国内天然气现货价格低0.09元/立方米。此次交易是境外天然气资源首次通过我国现货油气交易平台投放国内市场，开辟了境内外天然气买卖双方进行资源对接和交易的新渠道，有助于我国拓宽天然气供应渠道、增强天然气保供能力。

5.资源串换

2018年9月11日，重庆油气交易中心协调组织中石油天然气销售东部分公司与中石化川气东送天然气销售中心完成资源串换交易。交易标的物为进口LNG现货资源，以管道运输方式气化交收，交收地点为中石油西一线东段无锡分输站。此次资源串换交易，是重庆油气交易中心、上游油气企业贯彻党中央、国务院关于深化石油天然气体制改革的决策部署，立足资源供应实际，提升储运设施运行效率，保障供需平衡的积极尝试；是重庆交易中心践行服务实体经济、创新改革发展的有益探索。交易的成功达成，为LNG资源液来气走以及通过交易平台实现资源串换探索了实施路径，为解决天然气冬季保供问题提供了新的途径。

(五)经营目标及未来展望

全球能源格局正面临深刻转型,数字技术浪潮带动能源智慧化,新能源广泛应用,国际天然气市场进入“买方时代”。天然气消费主要集中的北美、欧洲等传统消费地区天然气市场相对成熟,消费增长平衡,并已形成以亨利枢纽(HH,美国)、国家平衡点(NBP,英国)为交易枢纽的定价中心。中国成为需求和进口增长最快的市场,油气消费的对外依存度持续加大,2018年我国石油消费量突破6亿吨,进口接近70%,天然气消费量2803亿立方米,进口超过44%。而作为世界第三大天然气消费国的中国,乃至作为全球三大消费市场之一的亚太地区,特别是东亚和“一带一路”沿线地区尚未形成国际市场认可的定价中心。这也是我国争夺国际天然气和能源市场定价权非常关键的战略性机遇期。中国油气体制改革明显提速,产供储销体系建设加快推进,市场主体积极落实天然气市场化改革要求。中央全面深化改革委员会审议通过石油天然气管网运营机制改革实施意见,国家管网公司呼之欲出。这些都将为重庆油气交易中心建设提供难得的发展机遇。

重庆油气交易中心结合我国油气行业发展现状、改革方向和金融监管要求,加强顶层设计,研究提出了构造“一体两翼”价值共生系统的战略思路,即按照“高起点、高标准”要求,以打造面向全国、辐射亚太、对标国际的国家级能源交易中心为“一体”,以建设能源信息数据平台和能源金融服务平台为“两翼”,构建商品流、物流、信息流、资金流有机互动增值、共生发展的价值系统。

“一体”:国家级能源交易平台。我国天然气市场的交易规模和金融功能塑造有巨大的发展空间。当前阶段,重庆油气交易中心将立足现货市场,服务实体经济,“以气为先”优先发展管道天然气、LNG交易品种,未来逐步扩大到成品油、化工产品、现货衍生品等领域,全力服务油气产业链上下游企业,充分发挥市场配置资源的作用,提高交易效率、降低交易成本、提供应对市场价格波动的避险机制;积极参与油气体制改革,通过交易市场的建设,为天然气价格“管住中间、放开两头”,进一步推进市场化改革提供支撑;努力形成“中国价格”基准,提高天然气定价的国际话语权,服务我国油气能源发展战略,最终实现交易中心建设目标。

“两翼”:能源信息资讯平台和金融服务平台。能源信息资讯平台:依托重庆油气交易中心自身交易动态数据和国家信息中心的大数据优势,以能源数据集中和共享开放为途径，推动技术融合、业务融合、数据融合，打破信息壁垒，形成覆盖全国、统筹利用、统一接入的能源数据公共服务大平台，构建全国能源信息资源共享体系，实现跨层级、跨地域、跨系统、跨部门、跨业务的协同管理和服务，为政府决策科学化、社会治理精准化、公共服务高效化和商业模式创新化提供助力。

金融服务平台：利用重庆油气交易中心交易产品创设优势和数据信息优势，借力重庆页岩气、储气库资源优势，整合股东、会员及各相关行业主体、社会资本参与交易及投资的实际需求，以自营、合作、组织第三方专业服务等方式，提供油气及其他各行业的全产业链投融资业务与全价值链增值服务，构造起油气行业各环节、各业态的投融资服务体系，促进油气行业业务开放，进一步为重庆油气交易中心提供更多交易品种。形成能源领域的资产交易与定价系统，与重庆油气交易中心的交易系统互相呼应、互为补充，培育能源领域的金融服务生态。

2019年，重庆油气交易中心将以习近平新时代中国特色社会主义思想为指导，坚持改革创新，积极主动作为，紧密围绕全国天然气市场深化建设，不断扩大市场交易规模，大力开展交易机构市场机制创新能力、规范精益运营能力，进一步提质增效，以市场解难题、促发展，努力开创交易工作新局面。主要目标是：天然气交易常态化开展，交易总量达到150亿立方米；业务领域继续拓展，设立大数据公司并对外开展业务，供应链金融业务实现突破；公司稳健经营。

1.推动天然气交易常态化开展

扩大交易规模。汇集供需信息、对接上下游需求、匹配交易资源，积极开展交易管理，形成规范化、常态化、连续性的交易格局。积极争取增量气、调峰气等市场化程度高的资源开展交易。注重合作创新，探索以“交易平台+会员合作”的方式，拓展境外LNG资源交易，吸引境外资源方及国内进口贸易企业通过交易中心平台开展交易。开展境外资源交易规则、方式、结算、法律等研究。

完善交易设计。对标市场化交易需求，强化交易的基础构架建设，搭建灵活、便捷、扩展性强的交易体系。完善竞拍、竞标交易模式设计及制度流程，逐步建立健全交易规则体系，构建交收体系，为未来拓展交易品种和业务场景奠定基础。按照天然气产供储销体系建设的要求，强化对接资源方需求，研究设计交易产品。完善储气库产品设计，开展管道容量产品开发，达到上线要求。

做好交易产品储备,成品油等交易产品研究取得实质性成果。

强化预研预判。结合对欧美成熟市场研究,针对可能出台的天然气产供储销价格政策、油气管网设施公平开放措施等重大政策,以及管销分离等行业体制变化和发展新特点进行研究判断,做好政策争取、产品开发等工作,把握发展主动权。

做好系统保障。围绕交易产品创新需求,全面提升自主开发能力,持续完善电子交易平台功能。完成会员管理模块和结算系统整体改造,为后续多品种交易提供基础性支撑。在拓展功能和保障业务延续性同时,不断优化系统架构,提升系统稳定性、独立性,增强系统弹性扩展和快速迭代能力。

2.推动会员服务精准细致

有序发展会员。继续积极发展天然气现货交易会员。在努力扩大会员覆盖面的同时,有针对性地开发交易需求较强的会员,提升会员质量。根据新交易品种和产品开发进展,适时启动相关交易品种会员发展。

分级分类服务。按照"对接需求、精准服务"的思路,对不同类别、不同需求的会员,开展针对性服务,增强交易中心对会员的凝聚作用。编制并执行会员分级分类服务方案,推出会员增值服务项目。按会员类别,分别提供不同层级的信息资讯、专业论坛、考察培训、驻场交易等增值服务。

3.推动价格指数编制有序开展

研究打造川渝价格基准的可行性。依托川渝地区是我国天然气重要枢纽,管网密集、调度灵活,资源丰富、产量较高,用户众多、消费力强的有利条件,借鉴欧美天然气市场价格基准形成经验,研究在川渝地区率先形成中国天然气价格基准的可行性。争取政策支持,推动川渝地区天然气发展重点领域和关键环节市场化改革。与中石油、中石化及日本、韩国、印度等国油气企业共同开展《亚太天然气交易中心研究》。

编制价格指数方案。运用天然气价格指数专题研究成果,启动价格指数编制工作。围绕川渝地区管道天然气、区域液化天然气价格形成指数编制方案,力争2019年实现内部试运行。积极创造外部条件,增加指数基础数据量,提高频率,不断提升指数科学性、代表性,为今后对外发布、形成基准奠定基础。

4.推动能源大数据中心建设取得实质性进展

组建运营能源大数据公司。完成能源大数据运营公司注册,开展队伍组建、系统搭建、制度构建等基础性工作。落实经开区相关扶持政策，争取大数据平台等相关信息化项目取得各级政府政策资金支持，形成政产学研用一体化创新形态。

开发数据产品。推动能源大数据平台建设，拓宽大数据业务应用场景和应用领域，实现“以服务获取数据，以数据服务实体”的良性循环。建设能源政务管理信息产品体系，升级天然气输配成本价格信息报送和分析系统，争取重庆市能源信息管理系统项目落地。开发能源资讯服务产品，为能源企业与专业人士提供实时、定制化能源资讯信息和深度咨询报告。建设数据搜集和数据治理平台，整合第三方合作机构数据，互联网各类行业资讯数据，以及交易中心自身积累的会员数据和交易结算数据，打通产业链数据，形成具有行业特色和竞争力的能源大数据资源库。

5.推动供应链金融服务业务有序开展

实现保证金融融资业务落地。按照已确定的供应链金融服务发展规划，结合交易业务的开展，积极推动保证金融融资服务业务。不断创新业务模式，简化程序、提升效率，逐步实现融资产品标准化、便捷化、线上化，有效满足更多客户融资需求。

汇集多方资源促进产融结合。认真研究新金融及财经政策环境下的产融合作策略，按照多赢模式，加强与金融机构合作，向会员推介金融机构的特色金融产品和融资、保险、租赁、理财等综合金融服务，促进交易业务做大做强。

6.推动发展环境更加优良

争取政策支持增强发展动力。推动“中央地方共建共管”模式深入实施，争取国家发改委、国家能源局、重庆市政府建立专项议事制度，指导重庆油气交易中心建设和发展。积极向国家发改委、国家能源局汇报交易中心建设情况，争取价格放开的天然气全面进入重庆油气交易中心交易，协调LNG接收站窗口期，支持开展能源运行情况监测。研判利用好重庆的区位优势、政策优势、产业优势和市场优势，通过自贸区、中新(重庆)互联互通项目、国际陆海贸易新通道建设等争取政策支持，推动油气交易中心国内国际业务协调发展。加强与南岸区、重庆经开区沟通，营造良好的营商环境。

加强宣传合作。深化与各类媒体合作关系，争取各方的支持和认同。对公司门户网站进行优化，丰富展示内容和表现形式。开设“南滨观察”专栏，将其打造成为油气交易中心的特色品牌。建立网络舆情应急处置联动机制，制定舆情监测及应急处置预案，确保遇到舆情反应快速、处置妥当。继续加强与国内外油气企业、资讯机构、科研院校合作，拓展工作思路，增强服务能力。

四、重庆药品交易所股份有限公司

为贯彻党中央、国务院出台的《深化医药卫生体制改革意见》，进一步深化医改，探索构建医药流通新机制，促进重庆金融要素市场发展，2010年3月市政府批准成立重庆药品交易所（以下简称“重庆药交所”），开展药品、医疗器械及其他有关医用产品的电子挂牌交易。2012年经国务院部际联席会核准，成为国内首家获批的药品交易所。

（一）基本情况

重庆药交所成立以来，始终坚持公平公开、阳光交易理念，坚持政府主导与市场机制有机结合，坚持医药电子商务方向，坚持第三方平台发展定位，积极探索建立医药流通新机制，降低药品交易成本，促进药品价格理性回归，切实减轻群众医药费用负担，为医药流通体制改革积累经验。

重庆药交所按照“全国市场、一流水平”的发展定位，先后建成药品器械交易、医药电商、医药金融结算、医药大数据、药械信息全程追溯体系暨医药智能物流公共信息服务、医药交易监管为一体的智能医药交易综合运营平台。经过九年的运营，平台初步实现了集医药全流程交易、产品的智能追溯、电子监管、监测预警以及支付结算、数据集成分析等功能，已实现了非基本药物、基本药物、低值医用耗材、高值医用耗材、检验试剂和基础设备六大类产品上线交易，平台注册会员达到1.7万家，挂牌交易品规达到11万余个，形成了不同质量层次、不同价位、多品种汇聚的“网上医药超市”，全市所有公立医疗机构，驻渝部队医院、部分民营医院、厂矿医院上线交易，年交易量近300亿元，累计交易量超过1500亿元。

（二）2018年运营情况

1.要素市场规模稳步增长

目前，交易平台会员约1.7万家，汇集国内外7000多家医药生产企业、全市所有公立医疗机构、驻渝部队医院、部分民营医院以及厂矿医院上线交易。实现基药、非基药、低耗、高耗、检验试剂和基础设备等六大类产品上线交易,挂牌品规达到11万余个。2018年,平台交易量281.14亿元,同比增长2.42%,结算量236.75亿元,同比增长10.09%。

2.平台智能化得到提档升级

顺应"互联网+医药流通"的发展趋势,,推动交易平台智能化、大数据集成应用升级。一是加快智能"药交网"建设。在新平台平稳运行的基础上,加快智能医药交易综合运营平台二、三期立项建设,支撑多品类、多区域、多模式的互联网交易,夯实服务区域乃至全国交易的综合管理平台基础。二是加快医药全程智能追溯体系互联互通。通过与上下游数据对接,实现药械信息全程追溯、智能可视化监测等功能,实现了价格与耗材追溯试点。"两票制"电子监管系统实现了全市二级及以上公立医疗机构、206家医药配送企业实现互联互通,覆盖全市交易订单约90%。与市卫生健康委与重庆市税务局建立"两票制"数据信息交互机制,实现发票电子数据交互,为"两票制"提供更有力、更高效的电子监管服务。三是加快打造医药大数据服务平台。丰富了药品批文数据库等5个专项基础数据库建设,以及国家和重庆、青海、甘肃的低价药、基药和医保查询数据库储备扩容,建成涵盖药械会员信息、产品信息、价格信息、交易信息、结算信息、物流信息等内容的基础数据库,加强系统分析工具开发,服务于医改决策、医药交易、行业监管、产业发展和运营监测。

通过提升交易平台智能化、大数据运用水平,药交所被商务部等8部门确定为"全国供应链创新与应用试点企业",被评为"2018年度重庆市优秀创新型企业"和"2018年重庆市人工智能与实体经济深度融合十大成果",被市发改委授牌为医药综合交易大数据智能化服务工程研究中心,被市中小企业局认定为产业互联网平台运营机构,连续两年获市国资委创新项目支持。

3.服务医改工作取得新成效

一是率先在全国完成进口药品(含抗癌药)价格调整。落实国家抗癌药品有关政策,率先在全国完成平台挂网的24家进口企业83个零关税和降低增值税的进口药品价格调整工作,平均降幅7.38%,重点对63个抗癌药品实施调整,最大降幅达51.66%,受到中央人民政府网站、新华社、重庆日报、重庆电视台等媒体的关注和报道。同时配合完成国家谈判17个抗癌药品挂网采购。

二是稳妥开展平台挂网产品价格动态调整。采集全国各省最新的价格数据70余万条，下调15899个药品和11675个器械耗材挂网价格，平均分别下降约8.79%和16.27%，同时配合取消地产药价格支持政策，涉及47家企业共467个品种规格，平均降幅11.64%。

三是扩大带量采购品种范围。2018年接受市级部门、医疗机构等委托，开展叶酸片、尘肺药、家用医疗箱、检测试剂盒、口腔耗材等7批次采购代理，较2017年4批次增长75%，其中单品种比全国最低价低77.89%，进一步完善价格机制，降低药品价格。

四是落实"4+7"城市集中采购任务。按照"4+7"城市集中采购有关工作要求，平台畅通优先挂网通道，配合做好全市采购的计划下达、合同签订、中选企业及配送企业操作培训等工作，优化完善针对"4+7"品种的监测监管功能，对采购执行情况实施智能监测，实行日报告制度，每天向市医保局和国家医保局报告监测情况，助力"4+7"带量采购试点在重庆市平稳落地。

4.跨区交易合作迈出新步伐

一是与甘肃、青海达成战略合作。2018年8月7日，与甘肃省正式签订医药交易区域战略合作协议，达成了资质审核结果互认、区域采购数据共享、跨区域联合采购等8个方面的合作。2018年9月18日，与青海在渝签订跨区域战略合作协议，逐步推动建立西部跨区域合作联盟。二是顺利拓展了外省买方会员。顺利引入四川省人民医院、成都市都江堰宏惠医院、贵州省沿河第三医院、湖南省仁济医院、贵州荟康医疗大型管理集团等医疗机构入驻交易平台，成为平台首批外省买方会员。

5.创新金融服务支持实体经济

加大对中小微企业、民营企业发展的支持力度，拓展结算平台金融服务功能，基于平台会员诚信体系，开展商业保理业务。推进与银行、担保公司等外部金融机构的合作，创新金融服务产品，不断满足客户多元化业务需求。截至2018年末，累计授信17亿元左右，累计为180家中小企业提供金融服务。

6.金融服务风险有效防范

落实风险防控主体责任，按照渝府办发〔2016〕138号文件"十六个不得"精神，建立健全风险防控和责任追究机制，始终做到依法依规运营，不存在"期货交易等高杠杆业务、高息揽储、无固定对象乱集资、违规资金池、开设网络借贷中介公司或网络借贷中介业务"等经营行为。扎实做好金融结算服务,九年来未发生一例结算差错;加强商业保理业务事前、事中、事后的定期检查和风险排查,完善独立审查人、高级独立审查人、业务审查委员会三级审批机制,有效保障资金安全。

(三)经营目标及未来展望

2019年是新中国成立70周年,是全面建成小康社会的关键之年,也是重庆药交所区域拓展的突破之年。重庆药交所将以习近平新时代中国特色社会主义思想为指导,坚持稳中求进的总基调,以早日建成全国性的药品交易平台为战略目标,以服务医改和推动国企改革为重点,坚持高水平创新、高强度改革、高质量发展,全力打造行业样板工程,力争全年实现交易量300亿元经营目标。一是以拓展市场为基础,积极推动医药交易区域战略合作。二是以平台创新为支撑,提升大数据智能化水平。三是以完善机制为核心,增强市场价格发现功能。四是以防范风险为重点,推动要素市场提质增效。

未来三年,重庆药交所将紧紧围绕市委、市政府对药交所发展的新定位和新要求,秉承"以人为本、服务民生"宗旨,坚持创新驱动发展理念,持续深化国企改革,积极推动完善医药流通机制,着力打造以用户为中心的智能医药综合电子交易平台,建立健全分级分类会员服务,构建多元化、多区域、多品类的交易服务体系,致力建设成为区域乃至全国的交易平台,在更大范围发挥积极作用,更好地服务医改和经济社会发展。

第二十六章　小额贷款公司

一、重庆百度小额贷款有限公司

重庆百度小额贷款有限公司(以下简称“重庆百度小额贷款”)成立于2015年11月,是一家依托大数据、人工智能等技术开展信贷业务的互联网小额贷款公司。重庆百度小额贷款以“服务实体经济、践行普惠金融”为理念,致力于让金融服务更加平等、便捷、可及;借助大数据和人工智能等先进科技能力,重点服务用户在创新创业、小微经营、教育培训等方面的金融需求,已累计服务用户金融需求700余万人次。

(一)基本情况

重庆百度小额贷款于2015年11月由百度集团发起设立,注册资本70亿元,是百度金融业务的重要组成部分。2018年8月,根据业务发展需要,百度金融业务完成分拆,成立度小满科技(北京)有限公司,升级打造“度小满”全新品牌①,重庆百度小额贷款成为度小满金融旗下全资子公司。

重庆百度小额贷款业务主要包括消费信贷、金融科技等,2018年度业务开展良好,其中消费信贷业务累计放款481亿元,服务客户547万余人,累计放款笔数2025.96万笔,营业收入31.81亿元,净利润1.69亿元,纳税4.46亿元。为更好地支持业务发展,重庆百度小额贷款2018年全面升级内部架构,强化重庆本地运营,打造并启用全新办公场所,办公面积超过600平方米,公司软硬件环境均获得升级。

①此次拆分后,度小满科技(北京)有限公司(以下简称“度小满金融”)注册资本112亿元,百度集团仍为度小满金融单一最大股东,同时引入TPG、凯雷、泰康、农银国际、中信产业基金等大型金融机构和有实力的产业资本作为新股东,在资源、用户、资金上进一步加强布局。度小满金融业务包括消费信贷、资产管理理财、第三方支付、金融科技等,2018年实现营业收入46亿元。

(二)主要业务及产品

在信贷业务方面，重庆百度小额贷款坚持“流量+数据+技术+场景”业务模式，利用百度及度小满的场景流量和金融数据分析挖掘能力，创新打造智能获客和大数据风控能力，不断拓展用户服务边界，主要产品包括有钱花教育分期信贷和依托线上场景的消费分期产品。

1.有钱花教育分期

教育分期业务始于2015年4月，依托人工智能技术，基于百度搜索等特色线上场景，通过技术手段挖掘具有教育培训需求的客户集群，为中低收入、信用信息较薄的用户提供小额信贷支持，支持用户通过参加职业教育培训、提升就业技能、改善生活水平、实现个人梦想。有钱花教育分期产品目前主要聚焦于职业教育（如烹饪、汽修等）、IT培训、语言培训、学历教育（自考、MBA）以及在线教育等行业，2018年末合作机构超过500余家，涵盖了国内大部分顶级教育培训机构。截至2018年末，有钱花教育分期已累计服务超过200万用户，提供了超过230亿元的教育消费贷款，其中有70万人是大专以下学历用户，40%以上来自农村。

2.依托线上场景的消费分期贷款产品

在搜索等线上场景中，每天有大量用户真实表达自身信贷金融需求，重庆百度小额贷款依托大数据画像技术，利用生态中的线上场景，提供消费分期贷款产品，主要包括满意贷和尊享贷两种产品。产品依托人工智能技术，构建响应模型，评估用户的贷款场景与贷款需求的真实、合理性；通过内部反欺诈/多头模型，判断识别黑名单、黑产及过度负债等用户；通过信用评价模型对用户进行风险识别，评估其还款能力和还款意愿，该产品2016年9月上线，截至2018年末，累计放款714亿元。

3.联合贷款

在开展自营资金贷款业务的同时，为更好地服务社会融资需求，重庆百度小额贷款还与有放贷资质的持牌金融机构（如银行、消费金融公司等）开展联合贷款业务。重庆百度小额贷款依据与金融机构共同制定的风控标准和策略，向其推荐有信贷需求的客户，经金融机构授信审批通过后，按照双方约定的比例联合发放贷款，并在各自放款金额的范围内自担风险。

（三）金融科技应用与创新

重庆百度小额贷款延承百度先进的技术能力，以“智能金融”“科技金融”为理念，不断探索将大数据、人工智能、云计算、区块链技术融入金融产品与服务，先后打造风控平台、消费金融平台、智能语音机器人等金融科技产品和技术，通过科技手段实现金融服务链条中身份识别、信用风险管控、欺诈防控、贷后管理等能力。

1. 身份识别

在身份识别方面，重庆百度小额贷款根据《重庆市小额贷款公司开展网络贷款业务监管指引》和相关反洗钱法律法规的规定，严格贷前客户身份识别和背景真实性调查，客户在发起贷款申请时，需通过姓名、身份证号、手机号和银行卡号四要素一致性验证，并在签署借款协议前，需进行活体人脸识别，由系统对客户的人脸要素与身份证照片进行比对，以此来确保申请信息与实际借款人的一致性。公司运用活体人脸识别技术，支持6种头部动作，响应速度小于2秒，准确率超过99.77%。

2. 信用风险管控

在信用风险管控方面，重庆百度小额贷款利用自身和度小满金融在互联网大数据和数据挖掘分析方面的技术优势，创新风险控制方式和手段，构建科学的风险管理模型。

3. 欺诈防控

在欺诈防控方面，重庆百度小额贷款集合了客户网络搜索、社交行为、兴趣爱好、支付记录等多侧面、各角度的关联数据，塑造“千人千面”的客户画像，以大数据的思维构建全新的、科学的信用评估模型，更精确、更有效地评价客户，降低风险识别风险，充分识别虚假的申请信息，防止欺诈行为。截至2018年末，公司风控体系共对176万余人进行了风险预警、授信拒绝、交易管制等措施，有效降低了公司的欺诈风险敞口。

重庆百度小额贷款在获得客户有效授权的基础上，利用征信信息、互联网搜索记录、公安工商法院等政府机关公开的风险信息等信息来源，通过不断开发并迭代申请评分模型、行为评分模型、催收模型、风险分类模型、监测及预警模型等模型量化工具，评估客户信用等级，完善信用风险评价体系，提升风险计量准确性、及时性。

4.贷后管理

在贷后管理方面，重庆百度小额贷款通过客户画像和催收模型对客户进行风险细分，针对不同客户的风险属性，合理调配催收资源，提高客户满意度的同时，实现回款率的稳步增长，达到业内领先水平。为杜绝暴力催收，提升催收效率，公司依托人工智能技术，自主研发了智能语音机器人，在提前获得客户授权的情况下，通过智能客服进行贷后管理和还款提醒，全程避免人工客服在沟通中的情绪失控、爆发语音冲突等情况。同时为了避免拨打电话对客户形成骚扰，智能语音机器人只会对客户本人预留电话进行拨打，拨打时间严格控制在早8点半到晚9点，每天最大“拨通”次数1次，最大“拨打”次数3次。机器人上线后，客户满意度明显提高，有效地提升了服务效率和客户服务体验。目前智能客服已替代了50%以上的催收工作，成本仅为人工客服的1%。智能语音客服机器人获得了行业广泛好评。

（四）服务实体经济情况

在全球范围内，传统金融体系的服务对象往往是社会金字塔中的中上层，而底层人群、特别是贫困人群往往难以获得金融服务。普惠金融体系的建设旨在解决金融排斥问题，让那些未曾享受过金融服务的人们获得金融服务。对于我国而言，普惠金融在解决金融可获得性问题的同时，对扶贫也有积极效应，结合我国的现有国情，构建普惠金融体系是我国开展全面深化改革、进一步完善金融体系的一个重大战略举措。

践行普惠是重庆百度小额贷款成立的初心，公司始终致力于为更多有金融需求的人群提供值得信赖的金融产品，近年来，公司依托科技的力量，支持小微企业运营、服务创新创业，支持“三农”发展，支持教育培训，践行普惠金融理念。

1.服务小微企业

重庆百度小额贷款通过数据关联技术智能识别小微客户，并运用数据匹配等交叉验证小微企业主身份。通过打造响应模型，更好的判断用户扩大经营、运营周转等需要资金支持的时点，在合适的时间以合适的方式为其提供合适的金融产品，满足他们在货款周转、店面装修扩张、固定资产购买、员工工资发放等方面需求。截至2018年末，重庆百度小额贷款有超过34%的信贷用户为创新创业者或小微企业主，累计满足超过200万用户的资金需求。总体来看，重庆百度小额贷款服务的小微企业主、兼职创业者用户，平均年龄在35岁左右，学历普遍在大专以上，月收入稳定，多数已婚，具备良好的授信资质，是带动行业内小微企业发展的主力军。

2.服务三农发展

重庆百度小额贷款依托大数据和人工智能技术，用互联网思维和技术能力，推动解决农村金融难题，努力满足三农金融市场需求，为"三农"领域提供更为便捷与适用的金融服务。一方面采取核心逻辑与细节把控并重的原则，依托大数据技术刻画用户画像，在"三农"用户中，筛选具有良好信誉的金融潜在客群，并运用关联图谱技术，综合评估用户风险、过滤高风险用户；另一方面根据农业信贷需求的特殊性，结合搜索数据分析，识别农户在农业生产经营、职业技能提升、生活水平改善等方面的金融需求，结合农业生产周期特性，判断用户的金融需求时点，提供更加有效的金融服务。

(五)经营目标及未来展望

下一步，重庆百度小额贷款将进一步加大资金和技术投入，加强金融和科技产业布局。

1.进一步加强金融科技研发

持续吸纳重庆及重庆辐射区的优秀信息技术人才，丰富自身科研成果和技术专利，打造科研中心，不断加强AI技术在金融产品和服务中的应用。在反欺诈方面，运用区块链技术，利用其不可篡改和分布式记账特性，探索在客户反欺诈方向的运用；利用自身技术特色和能力，广泛加强与股份制银行、消费金融公司、信托公司等持牌金融机构的业务合作，打造金融科技输出平台，持续输出大数据风控、生物识别、智能建模、语音机器人等金融科技技术，为金融机构提供值得信赖的金融科技服务。

2.不断加大技术应用，拓展服务边界

在信贷用户管理方面，通过线上场景、一站式风控、智能分发引擎为金融机构匹配最符合需求的客户，与金融机构共同经营客户的全生命周期，并提供多种工具和能力帮助机构提高经营策略配置；在贷后管理方面，进一步强化智能客服机器人训练，不断强化客服话术标准化、专业化程度，实现更大规模的人工客服替代，压缩运营成本，提高经营效益。

3.规范经营机制

试点进入银行间债券市场,以市场化形式探索小额贷款行业的规范经营机制,并借助银行间市场引导行业规范发展。同时借助小额贷款公司极高的资金利用效率,丰富传统金融市场对于多样化实体经济主体的服务能力,另一方面也将以银行间为代表的债券市场与一线中小型企业和消费主体进行链接,强化货币政策的传导贯彻能力。

4.持续践行普惠,服务精准扶贫

重庆百度小额贷款拟与基金会、地方政府、银行等合作,一是筹集针对贫困户的专项扶贫免息资金,通过支持贫困用户参加教育培训或产业经营,改善就业能力或生活水平,实现脱贫扶贫;二是采取银行、公司、政府、农担公司等多方合作模式,深度参与重庆当地精准扶贫工作;三是探索通过监管沙盒模式,在打通政府公共数据及小微企业运营数据的情况下,提炼打造小微企业信用评级模型,推动建立服务小微企业资金融通的有效模式,进一步支持小微企业发展。

未来,重庆百度小额贷款将会进一步加大科研投入,进一步发展和推动金融科技能力在金融产品和服务中的应用,继续坚持普惠理念,努力提供更多普惠金融产品,让更多有金融服务需求的用户享受合理金融服务。积极参与重庆市大数据和智能化为引领的创新驱动发展战略行动计划,携手更多金融机构合作伙伴,推出更多值得信赖的金融服务。

二、重庆市高信隆小额贷款有限责任公司

重庆市高信隆小额贷款有限责任公司(以下简称“重庆高信隆”)为高信隆有限公司(以下简称“高信隆集团”)的全资子公司,经重庆市人民政府金融工作办公室和重庆市对外贸易经济委员会批准于2013年12月10日注册成立,公司地址位于重庆市万州区北滨大道258号阅江卿城10楼,注册资本3亿元,是重庆市万州区第一家外资独资的小额贷款公司,2014年3月开始发放贷款。

高信隆集团于2011年在中国香港成立,是专门针对中国大陆非传统银行类金融服务行业投资的控股公司。秉承普惠金融理念,高信隆努力打造可持续、可扩张、可盈利的金融服务集团,并希望未来能在国际资本市场上崭露头角。

重庆高信隆自开业以来,重点落实了机构建设、产品测试及市场开拓工

作。公司定位为向重庆市中小微企业、个体工商户及农户提供便捷、恰当、透明的融资渠道的优质小额贷款公司。公司致力于有质量地增长贷款余额及客户数，并在大重庆地区逐步扩大机构服务覆盖面。

在当前经济下行压力较大、行业风险持续显现、经营效益下降的情况下，公司坚持“小额、分散”原则，维持了贷款余额与客户数的增长，目前信用评级属A-小额贷款公司。2015年5月，公司成为与人民银行征信数据库对接较早的小额贷款公司之一，在2016年度重庆市小额贷款公司行业优秀小额贷款公司专项奖评选中，荣获“最具社会责任奖”。重庆高信隆经营至今，领导及团队精心致力“微贷”事业，树立了良好的高信隆品牌口碑。经过公司上下一心，共同努力，业务经营也取得了令人相对满意的经营业绩，公司业务继续稳定、高效、良好地发展。

（一）基本情况

响应渝金发〔2015〕10号《重庆市金融工作办公室关于进一步做好小额贷款公司服务实体经济防范风险工作的通知》等制度精神，结合开业以来的经营情况，重庆高信隆2016年设立了丰都分公司和两江新区分公司，2017年设立了涪陵分公司、垫江分公司和南坪营销部，目前各分公司和营销部经营情况良好。

（二）2018年运营情况

2018年是重庆高信隆充满挑战的一年，这一年监管体制紧缩，现金贷、互联网金融风险事件导致的流动性紧张，市场风险增加，在重庆市地方金融监督管理局和万州区金融办英明领导下，在万州区各个政府部门，以及其他区县金融办的大力支持和帮助下，高信隆人携手同行，紧密团结，共同排除困难，围绕公司既定的工作目标，稳健扩充、严守规范、严控风险、提高效益。

1.业务经营情况

截至2018年12月31日，重庆高信隆2018年度累计发生业务707笔，累计发放贷款17313万元，其中信用贷款707笔，累计金额17313万元，占比100%。客户类型城镇485笔，农村222笔。资金用途分为商业贷款512笔，消费10笔，农业185笔。截至2018年12月31日在贷余额17158.13万元，不良贷款额505.29万元，不良贷款率2.94%，单户贷款平均余额为19.79万元。公司全年营业收入3838.03万元，净利润1351.14万元，上缴各项税费1195.53万元。

2.金融监管情况

重庆高信隆继续维持了贷款余额与客户数的增长，监管评级自评为AAA级，在2017年度重庆市小额贷款公司行业“优秀小额贷款公司专项奖”评选中荣获“最佳普惠奖”，并当选为重庆小额贷款协会副会长单位，在2018年获推“全国优秀小额贷款公司”，为政府扶持民生做出了贡献。

3.规模发展情况

结合重庆高信隆开业以来的经营情况，经过认真调研、充分论证，经公司董事会会议一致通过，重庆高信隆已通过市金融监管局和区金融办的审核，公司2018年完成了以下工作：

(1)增加注册资本：增资前注册资本20000万元，增资后注册资本30000万元；

(2)增加投资总额：增资前投资总额60000万元，增资后投资总额90000万元。

4.风险控制情况

(1)继续健全风险预警机制，完善贷前审查贷后催收工作，努力化解贷款风险，降低不良贷款率；

(2)继续组织内审工作，监管各个部门的操作流程，档案实行全面电子化管理，业务合同和非业务合同全部存入防火柜，且进行双控管理；

(3)加强学习金融监管部门最新监管制度，清理过期失效的管理办法和内容；接受市金融监管局和中建华会计师事务所的联合现场检查，确保公司合规经营；认真执行有关融资方式、渠道、比例和备案要求，不抽逃注册资金，不违规跨经营区域发放自营贷款，不开办未经监管部门许可的任何业务。

(4)提升从业人员素质，组织开展业务培训，进行行业应知应会考试，提高从业人员水平。加强高管人员任职资格管理，防止违法违规人员进入本公司，提升职业素养，规范从业行为。2018年集团共组织各类培训16次。

(三)服务实体经济情况

自公司成立之初，重庆高信隆就明确了使命和目标，即为众多的中小微型企业、农户及小商户等融资困难群体提供便捷、恰当、透明的融资渠道，帮助他们改善生产经营，提高生活水平，“为打造中国的中产阶级出一份绵力”。在管理上，高信隆集团利用本土员工和合作方的本地资源，更好地将国际经验和本土实践相结合，不仅为重庆高信隆带来资金支持，还陆续培养出一批道德高尚、技术过硬的微型金融人才，并在大重庆地区逐步扩大机构服务覆盖面。

2018年为加大力度服务好实体经济，重庆高信隆在产品和服务技术上均有创新和改进，续贷客户达到456笔，续贷金额达到8949万元。防范化解金融风险，事关一个企业的稳定发展，是实现企业高质量发展必须重视的问题，公司随时注意把服务实体经济和防范化解金融风险紧密结合，服务行业尤以制造业和商贸企业等实体经济为主。

(四)产品、服务及模式创新情况

为了实现可持续发展，重庆高信隆一直在致力于产品、流程、技术等全方位的创新。

1.产品创新方面

(1)创新开发了“快速贷”业务：以低门槛的方式为持有营业执照的个人提供无抵押纯信用贷款，此产品提供纯线上贷款产品体验，运用自有技术支撑的高自动化高安全性平台，审核快、额度灵活，满足客户急用钱的要求。面向的客户范围严格遵照国家监管政策规定并限于与重庆高信隆有过业务交集的客户及担保人，以后会对外部(新)客户开放。当客户与重庆高信隆产生关系，可以根据客户的实际情况进行匹配，交叉销售大额线下贷款给客户，成为一个良性获取客户的平台。“快速贷”在苹果应用市场以及主流安卓市场搜索商贷App下载后即可申请贷款，在高信隆集团官网以及高信隆集团微信服务号均可以扫描下载。

(2)由于经济形势比较严峻，客户风险逐渐上升，各银行机构、小额贷款公司逾期上升的情况下，重庆高信隆在2018年底研发优化了抵押贷款产品“房易贷”。此产品贷款金额控制在50万元以下。“房易贷”的推出，不但降低了公司的风险，也为客户不必再寻找担保节省了时间。

2.技术创新方面

2018年5月，高信隆集团继续优化操作系统，将之前的蜂巢系统与高信隆业务系统合并，功能方面实现了传统小额贷款业务的信息化网络化，从而提高了用户贷款申请的审批效率，减少了用户借款等待时间。另外通过引入诸如实名认证、电子签章、大数据风控等先进技术，补充并改善了传统贷款中的面签方法和风控手段，系统性地增强了风险识别能力和对用户贷款申请资料真实性的校验能力，进一步降低了用户违约率和不良贷款率。

3.服务创新方面

2018年6月，高信隆集团新版官网上线，客户在新版官网上即可实现申请贷款。11月，高信隆App在市场、腾讯应用宝、安智市场等各大应用市场隆重上线，客户申请贷款更加方便快捷，可以随时随地申请贷款。DFA是高信隆集团信贷员的移动端办公室，能够上传或更新客户信贷资料、实时更新贷款审核进度、生成线上合同、查询客户还款情况等操作，实现进件到放款及贷后全流程操作。

高信隆集团的互联网信息平台集贷款申请、贷款利息试算、贷款进度查询、贷后还款计划及还款情况查询为一体，并开发了手机wap端适配和微信端适配。客户可以通过网站、手机浏览器及高信隆集团微信公众号绑定并登入高信隆互联网信息平台。绑定客户获批贷款后，每月将收到微信平台发送的还款提醒。

（五）经营目标及未来展望

2019年，重庆高信隆将继续响应市金融监管局和万州区金融办的部署要求，结合公司实际情况，积极推动小额贷款业务，在新的一年再次飞跃高峰。

1.人员计划

2019年公司将保持现有规模，适当调整人员结构，预计将新增招聘员工8人，总人数达到88人。

2.目标任务计划：

重庆高信隆预计2019年发放贷款4亿元，贷款余额达到3.26亿元，有效客户1648个，放款笔数达到1600笔。缴纳税金及附加48万元，缴纳增值税400万元。

3.增资计划

重庆高信隆股东在2018年做出计划，拟增资2亿元。在2018年12月已办理完1亿元的增资手续，计划在2019年再次增资1亿元，注册资本将达到4亿元。

三、重庆永辉小额贷款有限公司

（一）基本情况

1.基本概况

重庆永辉小额贷款有限公司（以下简称“永辉小额贷款”）是A股上市公司永辉超市股份有限公司全资在2017年4月投资设立的全国互联网小额贷款公司。

在十余年的发展中，永辉超市深耕零售供应链，基于零售供应链沉淀了十余年的发展经验，现已发展为以零售业为龙头，以现代物流为支撑，以现代农业和食品工业为两翼，以实业开发为基础的大型集团企业。基于良好的股东背景，永辉小额贷款从诞生起就注定了实体经济的基因，一直秉持“以融促产、服务实体”的理念，通过持续的基于量化交易模型、机器深度学习等创新的金融技术和风控技术的研发和投入，持续为产业中的品牌商、经销商、物业商、零售商等实体企业提供“价格更低、效率更高、使用更好”的科技金融产品，同时密切关注产业链上下游的优质企业资源，通过源头扶持，精准地做好服务和支持。

2.资本结构

永辉小额贷款2017年成立，注册资本30000万元。

3.人员结构

永辉小额贷款2018年发生了法人变更，新法人吴光旺，时任永辉超市股份有限公司副总裁。新任副总经理王茂，有很资深的金融行业从业背景和经历。以上变更均在市金融监管局备案，完成了工商变更登记。

（二）2018年运营情况

1.运营情况简介

（1）风险模型不断优化，产品持续迭代升级，优化体验

经过一年多的市场的拓展和客户的反馈，不断积累行业数据，丰富客户画像，迭代风险模型，持续优化产品体验。永辉小额贷款一直秉持科技驱动的理念，不断深化机器深度学习以及实时量化交易模型，对有需求的客户深入了解，做好金融的支持和服务。

(2)标准产品统一化,场景产品丰富化,夯实产业金融领军优势

永辉小额贷款推出以标准的发票贷为抓手的标准产品,逐步打通整个流通领域的各个环节,为中国零售领域的中小微企业打通资金流、商流、物流、信息流,不仅让企业使用更灵活,也形成产业链数据积累,更加有利于风控的完整和合理性评估;同时有的放矢对于场景金融的服务逐步丰富化,针对一些有特色的龙头产业灵活配置产品组合,以满足产业生产周期的合理需求。

(3)持续强化风险防范,实现经营资金的良性循环

永辉小额贷款基于大数据分析开展客户准入和综合授信,对不同风险层级的客户进行差异化定价,对中小企业信用风险进行严格防范,本着宁缺毋滥的原则做好市场客户的选择,保证贷款资金安全。同时,永辉小额贷款要求业务人员在办理贷款业务过程中严格遵循规章制度,确保所有手续合法、齐全,融资资料完备、真实。基于上述措施的严格执行和落实,永辉小额贷款自开业以来办理的对公贷款业务均未产生逾期,保障了经营资金良好循环。

(4)试水农业扶贫贷款,衍生产业上游,推出种植贷、养殖贷三农特色金融产品

永辉小额贷款逐渐将服务的链条延伸到产业上游,利用产业优势和终端数据,通过种植贷、养殖贷产品做出特色的三农产品。

2.运营数据表现

2018年,永辉小额贷款稳扎稳打,坚持“以融促产,服务实体”,积极支持中小企业和三农发展。截至2018年末在贷净余额5.65亿元,较2017年末的3.51亿元增长60.96%。

2018年,永辉小额贷款营业收入2776.75万元,较2017年919.82万元增长201.88%;实现利润总额520.39万元,较2017年120.01万元增长333.62%;全年纳税总额300万元,较2017年纳税109万元增长175.23%。

(三)服务实体经济情况

在产融结合方面永辉小额贷款业务基于零售行业的数据积累和风控经验,为整个泛零售业态的合作伙伴提供优质的金融服务。永辉小额贷款基于中粮福临门的推荐,为其经销商提供订单融资,实现资金的专向投放,定向用于经销商向中粮的商品采购,解决经销商融资需求;同时开发了“发票贷”产品针对全

行业(不仅是零售行业)融资企业的应收账款融资。基于实体产业各个环节的发展,以标准的"发票贷"产品为核心严格筛选融资企业资金需求,把控从生产到运输到销售的各个环节,提高资金周转效率,并根据企业的年开票数据,为其提供资金用于生产经营,满足了企业资金需求。

在涉农企业的扶持方面,永辉小额贷款在农业金融方面已涉及养殖贷、种植贷、建设贷等多种金融产品,为生猪、蛋鸡、肉鸡养殖户,为水稻、芒果种植户提供了饲料融资、设备融资等多种金融服务。在养殖贷方面,永辉小额贷款基于饲料、养殖核心企业的推荐,为养殖户提供饲料订单融资,实现资金精准投放,定向用于向核心企业饲料采购,满足了养殖户的用款需求,也控制了项目风险。在种植贷方面,永辉小额贷款在黑龙江区域开展了水稻种植贷业务,为种植户支付土地地租、农资采购、农机采购提供了融资支持;在海南区域开展了芒果种植贷业务,基于永辉头部芒果供应商的推荐,为芒果种植户提供资金用于采购农资,芒果种植户的产成品由头部供应商全额收购,并将收购款优先用于结清贷款,实现金融闭环交易,风险相对可控。

在金融扶贫方面,永辉小额贷款通过对永辉集团零售生态上游源头种植基地——陕西富平县的农村合作社的销售情况跟踪,解决扶贫项目配套资金问题,实现了对优质农产品向品牌化、标准化、产业化的方向发展。

2018年4月,世界银行为该项目投资约955万元,但仍存在1000多万元的自筹资金缺口。永辉小额贷款通过永辉集团零售生态系统追踪销售情况时,发现该项目存在的资金缺口问题,整合协调多方资源,并深入富平田间地头考察,了解项目内容及运作模式并做好风控评估。6月,永辉小额贷款向该项目发放贷款600万元,在开工前的及时雨保证了这个项目顺利的开始。同时永辉超市与大福合作社签订定向采购协议,确保富平柿饼销售。

(四)产品、服务及模式创新情况

1.惠商超(面向供应链企业贷)

惠商超业务以流动资金周转、加盟费或装修款为用途的短期贷款,产品助力零售行业企业快速发展,快速占领市场。贷款对象为零售行业企业的加盟商及围绕连锁品牌上下游的商户企业(法人企业或个体工商户)且要求借款主体资信状况良好。小额贷款公司通过产品的引入,可以了解泛零售概念下零售企业的发展信息,实现对整个零售行业及产业升级的一定信息反哺。

2. 惠商超(面向"三农")

永辉超市因供应链生态体系发展,需发展覆盖上游养殖业、种植业,实现农牧产品全供应链条畅通对接,除此以外各类农牧产业龙头企近年均致力发展全产业链生态,贯穿产品的整个生产流程,对下游养户规模化经营的要求及扶持力度持续加强。农业金融是我国金融体系最为薄弱的一个环节,融资问题仍是制约"三农"发展的主要瓶颈。广大农业养殖、种植户,他们大多具有"抵押物价值不足、农房产权不清晰"的特征,很难从银行等金融机构获取融资。农户贷款的贷款对象为长期从事养殖业、种植业且具有一定生产规模,经营状况良好的农户,且要求借款主体资信状况良好。

(五)经营目标及未来展望

1. 积极开拓市场,丰富产品,优化资产结构

2019年永辉小额贷款还将以供应链金融为核心,保持洞察,优化产品,深入拓展市场。加大服务的深度,进一步优化产品使用体验,加速永辉体系内的供应商转化,将商超领域供应商业务做大做强;积极布局从源头生产商到物流配送商到零售供应商再到终端消费者的全产业链金融服务。基于目前已经相对成熟的供应链金融产品,结合永辉超市十余年的零售产业经验,利用大数据和AI风控技术,逐步往上下游进行拓展延伸,积极开发创新便捷针对零售行业的中小微企业及个人消费者的互联网金融产品,进一步扩大市场规模,提高效能,提供便捷、设计分层级、定制化的金融产品,提供多样化的金融服务,增强业务活力,切实服务小微企业,服务实体经济。

永辉小额贷款依旧希望以扶贫试点的工作开始坚持走好农业金融这条路,并相信在相对发展中的农产品的培育研发、种植养殖过程、技术升级、销售通路的各个方面,金融信贷都是有机会和农业经济做到更深入的契合,通过对农户、农企的增信,通过对产品的深挖,通过对生命周期的把握,能在风控把握上做到稳、准、保、全,保障资金安全的同时,更好的服务、扶持农业经济的发展,把这条不容易的农业金融之路走得更稳健、更长远。

配合政府有效做好重庆中小企业金融服务以及构建永辉小额贷款生态标准创新工作机制,建立和完善永辉金融服务体系的金融标准化人才库,探索建立金融标准化水平评价体系,研究量化金融服务标准化水平指标,构建金融服

务标准评价和激励机制，在金融产品、金融风险防控、金融支持服务等领域开展标准研究，利用优质的服务及永辉超市庞大的客户资源优势和实体经济优势，合法合规地开展金融支持，响应国务院“互联网+”号召的实际行动，推动重庆市金融服务创新建设的发展。

2.进一步提升盈利空间

2019年，永辉小额贷款将加强内部控制，进一步优化内部管理，加大产出效率，加强风险管控，在进一步做好业务的同时，提升自我组织的竞争力，加强合规性宣导，提升自我盈利空间，加大对地方税收的贡献，加强对社会的回报。

第二十七章　商业保理公司

一、重庆明德商业保理有限公司

（一）基本情况

重庆明德商业保理有限公司（以下简称"明德保理"）成立于2014年3月，注册资本2亿元，由重庆对外经贸集团倾力打造，是重庆市第一家全资国有商业保理公司、全国首家成功接入中国人民银行征信系统的商业保理企业、重庆市商业保理行业协会首任及现任会长单位，也是中西部地区首家国际保理商组织FCI（Factoring Chain International）会员单位。

明德保理自成立以来，在做好自身业务发展、风控体系建设的同时，认真践行金融服务实体经济，努力履行国有企业与行业协会会长的社会责任与担当，创新产品、创新服务，大力支持地方经济和企业发展，积极承担行业自律责任和行业发展责任，在推动重庆保理企业加快融入国内和国际保理市场、推动中西部保理行业快速发展、全国商业保理行业团体标准制定等方面发挥着积极作用。2018年4月，明德保理荣获"第三届（2018）中国商业保理行业贡献奖"，继2016年3月斩获"首届（2016）中国商业保理行业贡献奖"、2017年3月再获"第二届（2017）中国商业保理行业创新奖"之后，连续三年获得全国行业殊荣，是西部地区唯一连续三年荣获全国行业大奖的商业保理企业。同时，公司还荣获了中国商业保理行业年会组委会授予的"40年再出发贡献单位"，重庆商业保理行业协会授予的"2018年度（第二届）商业保理贡献奖"。

（二）2018年营运情况

2018年，明德保理面对"中美贸易战"，经济增长动能不足，金融风险有所上升，货币与监管环境趋严以及金融去杠杆，国企降负债去规模等复杂多变的宏观形势和内外部监管要求，始终坚持金融服务实体，强化风险内控建设，积极推动行业发展和合作，确保了全年各项工作的有序开展。

1.业务保持平稳健康发展

2014—2018年，明德保理累计投放保理融资款近25亿元，截至2018年12月31日，保理融资余额近3.3亿元，为支持重庆市制造业、批发零售业、建筑业、商贸服务业等领域中小企业的发展积极奉献力量。公司在推进业务发展，服务实体经济的同时，坚持风险管理和法律审查原则，严把项目准入端口和保后管理，2018年无新增逾期和不良发生，资产质量运行平稳。

2.积极参与行业顶层设计，推动行业发展

明德保理一直以来积极参与和推动行业发展，2018年11月，公司入选全国“商业保理行业团体标准制定起草工作组”（全国仅8家），成为《商业保理合同示范文本》团体标准三家起草单位之一。

3.创新同业合作，服务实体经济

2018年，为密切同业合作，实现资源共享、优势互补、互利共赢、共同发展。明德保理与重庆市商业保理行业协会副会长单位重百保理成功开展再保理业务合作，为双方共同探索同业合作，贡献更多智慧，创造更多价值，也有利于双方进一步整合资源，有效服务实体经济。

（三）服务实体经济情况

明德保理自成立以来，始终把为实体经济服务作为出发点和落脚点，认真履行国有企业的社会责任与担当，大力支持重庆市各类中小企业和地方经济发展。2014—2018年，公司累计发放近300笔保理融资款，先后为全市零售与批发业、进出口贸易、市政施工、制造业、医疗服务业、建筑业、房地产业、商务服务业等领域近百家中小企业提供了保理融资服务。2018年，公司在金融去杠杆、国企降负债去规模的情况下，积极作为，在确保风险可控的前提下，将有限的规模资源集中支持到重庆本地大型龙头企业产业链和供应链上的中小企业，有效满足了实体企业的融资需求，为地方中小企业的发展做出积极贡献。

(四)产品、服务及模式创新情况

2018年,明德保理在进一步深化N+1+N供应链保理合作模式,充分利用“产融通”“工程保”等产业链保理金融产品,有效解决产业链条中小企业客户资金需求,支持产业链条客户发展,提升产业链条价值空间的同时。与商业保理同行一道,积极探索和创新同业合作模式,整合各类资源,共同服务中小企业和实体经济。

2018年,明德保理与重庆市商业保理行业协会副会长单位重百保理积极探索同业合作模式,共同推进行业发展,服务实体经济。双方通过在业务模式、经营理念以及内控建设等方面的深入沟通和交流,达成同业再保理业务合作规模3000万元,双方通过再保理业务合作,实现业务模式和融资模式的双创新,不仅有利于双方盘活存量资产和资金,也有利于双方整合自身优势资源,共同服务地方企业和经济发展。

(五)经营目标及未来展望

2019年,明德保理将始终坚持金融服务实体经济、防控金融风险、深化同业合作等重点工作,坚持以供应链服务驱动发展,坚持以规范经营保障发展,坚持以改革创新促进发展,不断提升公司核心竞争力,持续推进公司平稳、健康、高质量发展。

同时,结合目前全国商业保理业务发展情况及市场要素情况,深化自身的业务发展模式和框架设计,积极与商业保理同业保持沟通和协作,创新业务模式,深化同业合作,着力推动再保理、双保理、联合保理等业务和资金合作模式。扎实有效提升风险防控水平,切实承担起金融支持实体经济发展的责任,更好地服务重庆地方社会经济发展。

二、永辉青禾商业保理(重庆)有限公司

(一)基本情况

1.基本概况

永辉青禾商业保理(重庆)有限公司(以下简称“永辉保理”)是A股上市公

司永辉超市股份有限公司全资在2016年3月投资设立的商业保理公司。

在十余年的发展中，永辉超市深耕零售供应链，基于零售供应链沉淀了十余年的发展经验，现已发展为以零售业为龙头，以现代物流为支撑，以现代农业和食品工业为两翼，以实业开发为基础的大型集团企业。基于良好的股东背景，永辉保理从诞生起就注定了实体经济的基因，一直秉持"以融促产、服务实体"的理念，专注在流通和零售领域，为中小微品牌商、经销商、流通商、物业商和零售商提供"便捷、高效、普惠"的科技金融产品。

2.资本结构

永辉保理2016年注册资本5000万元，伴随业务稳健发展，在2018年1月由原有股东发起人永辉超市股份有限公司全资增资至2亿元。

(二)2018年运营情况

1.运营情况

永辉保理首先立足在永辉超市自有的生态商超体系，通过核心企业永辉超市的供应链条上的供应商，物流服务商，工程承包商等中小企业商户和永辉超市之间的交易数据，提取一定权重、不同纬度的信息数据，建立了分布在不同行业及交易区间一个较为全面的、立体的风控模型。通过横向行业的比对数据，分析出各个行业的基本利润率和交易特点；通过纵向交易量的波动和差异，分析出不同企业的交易量的合理范围和发展趋势，评估个体风险。通过数据比对，分析量权重的调整和变动系数的微调，找出不同企业的不同风险把控点，同时，通过供应链条上数据产生的不同阶段，如订单期、运输期、交货期、发票期以及结算期等不同数据的变化比率和流失比率，把控企业数据在不同阶段的动态风险，利用大数据及神经网络深度学习，通过行业数据、城市数据、平台数据、交易数据、企业工商数据、季节波动数据、企业征信数据等多维度大数据匹配搜索和比对，自创一套实时交易的量化风控模型，同时，利用移动端App线上交易的便利性，为客户提供7×24的金融服务。

通过两年的运作，永辉保理的服务对象涉及主流三十大商超核心企业供应链上下游，领域涉及生鲜，食品百货，美妆服饰，物流服务，工程租赁等。注册客户接近20000家，活跃客户超过15000家，贷款余额突破13亿元。

2. 运营数据

2018年，永辉保理面对复杂多变的经济金融形势，坚持“以融促产，服务实体”，积极支持中小企业和“三农”发展。截至2018年末，在贷净余额13.24亿元，较2017年末的7.03亿元增长88.33%。

2018年，永辉保理营业收入6503.3万元，较2017年4156.5万元增长56.46%；实现利润总额2857.35万元，较2017年1592.33万元增长79.44%。全年纳税总额1509万元，较2017年纳税991万元增长52.27%.

（三）服务实体经济情况

在产融结合方面，永辉保理依托于永辉超市在零售领域的数据和场景优势，为供应商定制了基于供应链的“惠商超”保理融资产品，以解决供应商因账期较长而产生的资金不匹配问题。基于不同单品行业的淡旺季，永辉金融开发的产品支持按日计息，随借随还，能够全方位满足客户的资金需求，淡季时供应商可以借短及时“回款”、借长规划资金需求，旺季时还可以根据实际情况临时提额。永辉金融已逐步发展为综合的金融服务商，其优质、便捷、高效的服务深受内部供应商的喜爱。现在永辉保理向重庆乐怀食品有限公司发放的贷款已经从200多万元增加到了400多万元；预计2019年，乐怀食品的产值可达1亿元，其会为永辉超市带来更多优质的产品与服务。永辉金融推动乐怀食品规模快速发展的同时，乐怀食品也反哺永辉超市，真正实现了三者的联动，真正以融促产。

在涉农企业的扶持方面，永辉保理依托于母公司永辉超市在生鲜领域的产业优势，为农业供应商在销售旺季时提供各种旺季提额、订单融资等综合金融产品，基于不同单品的淡旺季，贴合产业规律，为用户提供了便捷、高效、及时的金融服务，深受供应商喜爱，推动了供应商规模的快速发展。例如，永辉内部最大的大闸蟹供应商常州洋泽农业科技有限公司（以下简称“常州洋泽”），2017年年销售额6000多万元，在销售旺季中秋节前后需要大量收购毛蟹为永辉超市备货，需要部分流动资金支持。由于大闸蟹的生长周期为3—10月，在此期间没有养殖收入，10月之后，大闸蟹才会陆续大批出塘。银行等传统金融机构由于不了解大闸蟹的产业规律，对涉农企业服务和认知不够，认为没有稳定的现金流，未向供应商提供融资。永辉保理基于对大闸蟹的销售周期的了解，以及永辉超市所下销售订单，为供应商提供了融资支持，并在原有的额度基础上进行了旺季提额，促进供应商在长荡湖产地收购到更多更优质的大闸蟹，更好的服务了超市，实现了反哺超市。同时，在永辉保理的支持下，常州洋泽在2018年已实现业绩接近翻倍，年销售规模快速增长至1亿元。

（四）产品、服务及模式创新情况

由于传统金融模式无法满足供应商的融资需求以及新零售供应链的变革使传统风控模式遇到挑战，使得零售供应商金融服务市场空间很大，资金需求旺盛，但是基于供应商的特点，需要开发高频率、小金额、周期灵活的金融信贷产品；同时新零售背景下供应链的快速调整，也需要设计更灵活的风控模型。基于依靠永辉沉淀的零售大数据以及领先的互联网技术，设计基于"信息流"的金融产品。

（五）经营目标及未来展望

1.积极开拓市场，丰富产品，优化资产结构

2019年永辉保理还将以供应链金融为核心，保持洞察，优化产品，深入拓展市场。加大服务的深度，进一步优化产品使用体验，加速永辉体系内的供应商转化，将商超领域供应商业务做大做强；积极布局从源头生产商到物流配送商到零售供应商再到终端消费者的全产业链金融服务，基于目前已经相对成熟的供应链金融产品，结合永辉超市十余年的零售产业经验，利用大数据和AI风控技术，逐步往上下游进行拓展延伸，积极开发创新便捷针对零售行业的中小微企业及个人消费者的互联网金融产品，进一步扩大市场规模，提高效能，提供便捷，设计分层级、定制化的金融产品，提供多样化的金融服务，增强业务活力，切实服务小微，服务实体经济。

扩大农业金融业务模式，依托集团农业产业优势，结合外部农企经验，摸索打磨形成有特色的农业金融产品，积极响应国家号召，持续助力"三农"发展，将农业金融做大做强。

2.进一步提升盈利空间

2019年，加强内部控制，进一步优化内部管理，加大产出效率，加强风险管控，进一步做好业务的同时，提升自我组织的竞争力，提升自我盈利空间，加大对地方税收的贡献，加强对社会的回报。

三、重庆魏桥金融保理有限公司

（一）企业基本情况

重庆魏桥金融保理有限公司(以下简称"魏桥保理")成立于2016年11月22日，注册地重庆市渝中区虎踞路82号1-1#，公司的经营范围为：以受让应收账款的方式提供融资；应收账款的收付结算、管理与催收；销售分户（分类）账管理；与本公司业务相关的非商业性坏账担保；客户资信调查与评估及相关咨询服务；再保理业务；金融类应收账款资产转让、承销。魏桥保理注册资本50000万元。目前在重庆、北京、上海及山东均设有经营团队。

（二）公司运营及服务实体经济情况

1.财务指标

魏桥保理自成立以来稳步发展，依托核心企业，为产业链上下游企业提供标准、专业、高效的金融服务。公司近两年的经营指标如下表：

表27-1　魏桥保理2017—2018年经营指标

单位：万元

经营指标	2018年	2017年
资产总额	318822.00	71275.00
负债总额	264647.00	19568.00
所有者权益总额	54175.00	51710.00
营业收入	17020.00	4867.00
营业成本	9080.00	89.00
净利润	2248.00	1731.00
风险拨备	2441.00	629.00
纳税支出	1582.00	486.00

2.保理业务开展情况

截至2018年末，公司保理资产规模达30.70亿元，投放周期3~6个月，无不良业务，不良余额为0。公司累计保理融资发生额90.98亿元。

2018年全年业务放款金额75.1亿元，放款笔数218笔，是2017年的4.5倍。公司累计保理融资回款额60.28亿元，2018年全年业务回款金额50.69亿元，回款笔数221笔，是2017年的4.29倍。近三年的回款量分布如图27-2：

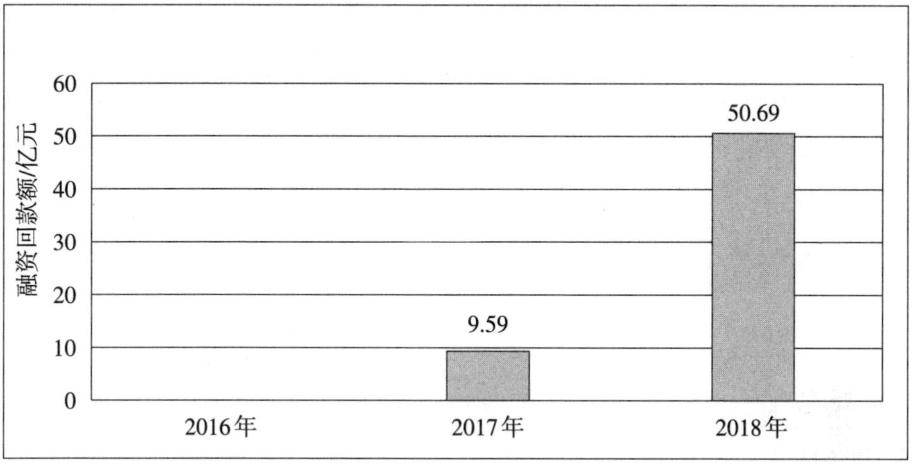

图27-2　魏桥保理2016—2018年融资回款额

公司累计服务企业数量75家，行业分布情况如图27-3：

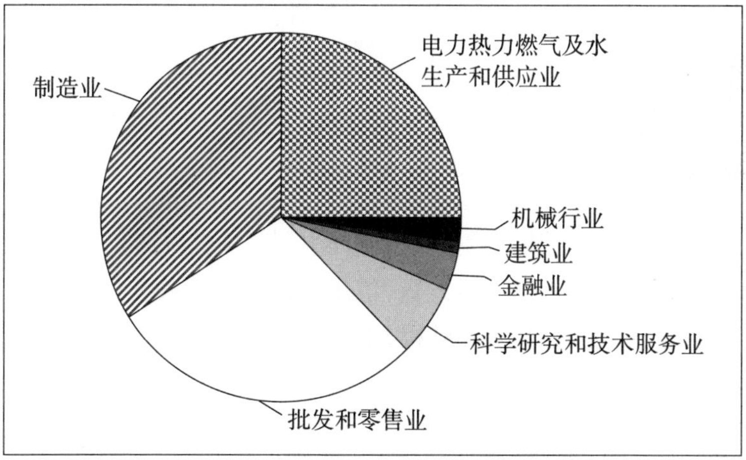

图27-3　魏桥保理服务行业分布图

其中，制造业占比34.13%，批发和零售业占比28.18%，电力、热力、燃气及水生产和供应业占比25%，其他行业占比12.69%，主要为实体企业的发展提供保理融资服务，盘活企业应收账款，解决中小企业融资难，融资贵的难题。

(三)产品、服务及模式创新情况

1.资产证券化和资产支持票据

2018年,魏桥保理完成了中泰天风—金保贝供应链金融1—12期资产支持专项计划资产支持证券(ABS)储架60亿的注册发行,信用评级AAA。截至目前,已累计发行3期,发行金额7.95亿元。该产品为国内首单基础工业供应链金融资产证券化产品,也是首单供应链与区块链双链融合的产品。其交易结构如图27-4:

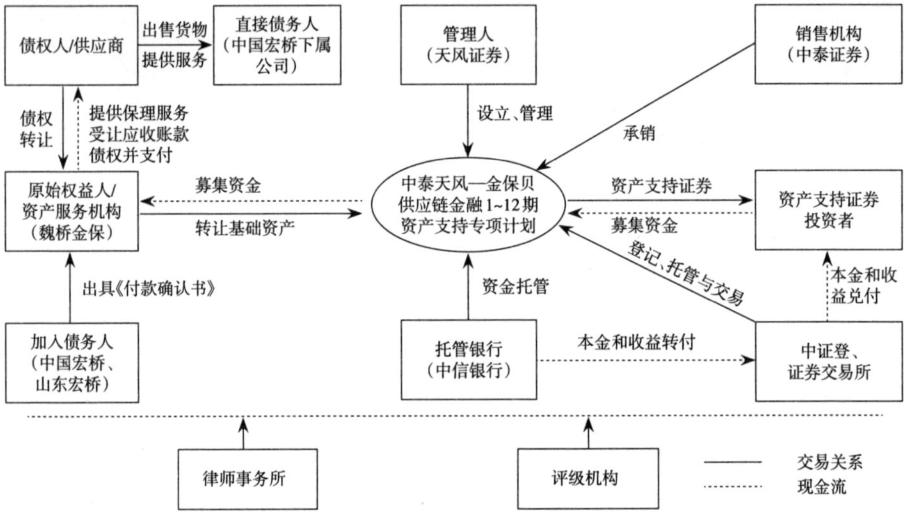

图27-4　ABS交易结构

2018年,公司同时完成了魏桥金融保理中国宏桥供应链应付账款资产支持票据(ABN)储架100亿元的注册发行,信用评级AAA。截至目前,已完成首单发行,发行金额2.62亿元,其交易结构如图27-5:

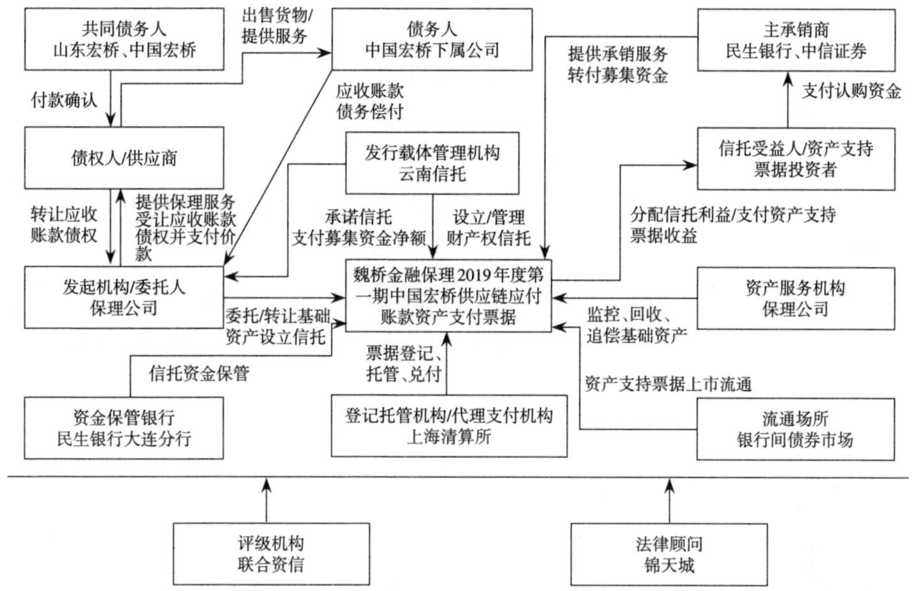

图27-5 ABN交易结构

ABS和ABN的成功发行有效地支持了核心企业产业链的上游实体企业，特别是生产制造型企业的发展，为中小企业融资开辟了新的途径，在公开市场发行产品也能够显著降低保理商的融资成本，增加周转速率。

2.FINPAY(金保Pay)供应链金融云平台

FINPAY(金保Pay)供应链金融云平台是公司打造的第一个线上客户服务平台，是交易双方在线对应收应付资产转让、确认、交易、流转、拆分的信用流转工具，是整合产业链上下游交易信用，实现商业信用的跨公司、跨行业、跨地域流转，支持实体企业与金融机构协同发展的服务平台。

系统实行内外网隔离，将数据保存在内网区，以每个核心企业为一个节点，保证基础数据由核心企业控制，采用CFCA数字签名及公证技术，对所有文件由公证机关留存，防止任何一方疏漏与篡改。交易双方可在平台上实现账款管理、在线融资、线上金融服务等系统功能，目前系统可以支持金融机构提供的在线金融服务产品包括：贸易融资、坏账担保(即买方到期付款担保)、保贴、再保理、资产再转让等，金融机构可在线签署协议，受让应收账款债权，提高业务效率。

在ABS/ABN的发行中，金保Pay系统创新开发了文件管理系统、发行系统、资产管理系统等多个模块，将发行过程中所涉及的各个阶段模块化设计，实现了资产尽职调查、准备、打包、发行文件制作等资产发行全流程管理，可为包括保理商、核心企业等发起人及券商、律师、评级、会计师等中介机构提供全方位的支持与服务，可确保标准化产品发行快速、披露准确，尽职调查完整，节省了传统核查和信息披露中耗费的大量人工精力，具有操作简单、快速上手、服务全面的特点。

目前，魏桥保理已与中信银行确定合作融资模式，开发金保Pay系统与中信的服务接口，合作成功后将实现金融机构在金保Pay平台完成协议签署和资产流转，直接对客户融资。

（四）经营目标及未来展望

魏桥保理致力于围绕“深耕实体企业产业链，建设中国领先的供应链科技金融企业”的经营目标，深度嵌入“中国制造2025”，提供批量、标准、高效的金融服务，链接多种金融资源，以促进核心企业及其上下游业务快速增长。

在未来，随着平台产品拓展及产业链的深耕，平台将链接更多产业链上的企业，链接更多银行等金融机构，成为致力于企业商业信用流转、交易跟踪、货品管理的综合性服务工具，解决交易与融资过程中所有信息不对称及信、易、货三者的失联，服务实体经济，创造交易价值。

第二十八章　融资租赁公司

一、潽金融资租赁有限公司

（一）基本情况

潽金融资租赁有限公司（以下简称“潽金租赁”）是重庆小康工业集团股份有限公司（以下简称“小康集团”）的全资子公司，成立于2015年2月，注册资本10亿元，主营业务为汽车消费金融。

公司秉承创新理念，在商业模式和产品设计上紧扣市场脉搏。自成立以来，潽金租赁在合法合规经营的基础上，始终坚持“小额、分散”加真实场景消费的风险原则。公司充分发挥各类信息资源优势，做到风险可控、保障资产质量。结合互联网大数据运营理念，潽金租赁运用现代化管理方法，持续不断地为全国消费者的方便出行提供强有力的支持，并推动汽车消费金融健康发展。

（二）运营情况

2018年是潽金金融整合资源、改革创新、突破瓶颈，谋求发展的关键之年。截至2018年12月，公司共受理了宁夏、内蒙古、云南、四川、新疆、陕西、贵州、北京、吉林、广西、重庆、河北、海南、黑龙江、广东、江西、湖南、湖北、山西、山东、安徽、福建、江苏、甘肃等24个省、直辖市、自治区近9万户居民的购车申请并完成客户数据的收集，成功为约6万户居民购车提供资金支持，累计发放资金总额40余亿元。

（三）产品、服务及创新情况

潽金租赁主要的租赁产品为新车和二手车的售后回租，开发推出了易享融、惠享融、尊享融、包牌融和靠潽贷等若干款产品。2018年，公司依照市场定位并结合自身发展需求，主动对全国市场进行了分区管理，并对营销前端的人员依据区域划分进行了配置与细化，将现有资源重点向核心与重点集中，精心培育，精耕细作，在细化产品的同时，服务管理更加规范合理，提升了产品与服务的市场竞争力。

2019年，挑战与机遇并存，潽金租赁的发展思路是：稳中谋增长，发展聚合力。要立足当前，不断优化业务结构，提高产品服务质量。坚持创新驱动，严格管理，挖潜增效，谋取新的增长；更要放眼未来，超前谋划，深入分析，精准发力。纵向延伸产品服务，横向储备新资源、寻求新领域，主动出击求发展，为此，公司计划将推出直租与经销商库存融资等业务，从而完善产品线，实现构建新场景，强化业务渠道控制的战略布局。

（四）风险管理

1.政策风险

国家将会加大对融资租赁行业的行业管理，监管部门将由商务部门移交给银监部门，监管部门的变化必将带来行业监管的加强，可能对融资环境与经营环境带来一些不确定。但总体来说，对经营规范的企业未尝不是一件好事，因为过去几年劣币驱除良币现象时常出现，对经营规范的企业常常带来不公平竞争压力。对于同样经营规范的潽金租赁而言，应该是利大于弊，公司会遵照国家相应的法律法规，合法合规经营。

2.市场竞争风险

随着汽车消费金融的兴起，各路资方在逐渐进入这个市场，竞争对手越来越多，这客观上加大了市场竞争风险，但由于汽车消费金融正进入快速发展期，是一个上万亿元的市场，并且每年还以两位数增长，因此市场发展空间巨大。潽金租赁在业务发展中将通过清晰的市场定位，广泛的营销渠道，完善的风控体系，快速的反应机制与熟练的员工队伍，在市场竞争中获取优势地位。

3.经营风险

为有效控制风险，潽金租赁坚持“小额、分散”的风险原则，结合市场通行做法、行业数据表现及公司实际情况，贯彻PDCA循环管理方法及5W2H分析方法，从系统性风险入手，对客户、合作商、员工、资产及其他因素等六个维度，深刻检视各维度的风险并形成相应的风险管理措施与方法，形成“六维八步”的风险控制体系，并结合采用“信贷工厂式”的模式，按流程标准化操作，在贷前客户筛选、贷中客户调查与保证措施、贷后催收与资产回收方面各节点均形成完整的制度体系与操作指南，严格执行，定期检视，以期尽量全面、系统性地进行风险管理，合理有效控制风险，确保资产质量及业务健康发展。

(1)渠道下沉、小额分散

潽金租赁的客户群体定位主要在三、四线城市用户，相较银行在一、二线城市的客户，流动人口少，民风淳朴，风险较小。另外，潽金租赁按照小额分散原则，户均贷款约7万元，系统性风险较小。

(2)收益覆盖风险

银行追求客户存款、理财与保险销售，而潽金租赁以资产质量与利润为中心，对客户群体与银行错位经营，既避免了竞争又降低了经营风险。目前潽金租赁的平均资产收益率达13%，高于银行7%~9%的资产收益率，对资产经营相对有利。

(五)未来发展展望

根据战略规划，潽金租赁未来的业务发展模式分四个阶段：分别为1.0金融企业—2.0金融服务企业—3.0金融科技企业—4.0平台企业，其具体方式如下：

1.1.0金融企业(持有资产)

潽金租赁作为资方向银行贷款，发行ABS(资产证券化)，独立开展汽车消费金融，资产负债均在表内。通过在全国范围内对全品牌乘用车的购车者提供贷款资金支持，相较于银行、汽车金融公司等同业竞争者，公司优势在于专业、放款快速，渠道下沉至三、四、五线城市，形成差异化竞争。

潽金租赁主要是以售后回租的方式开展汽车消费金融业务，通过授权分销商(SP)模式，建立覆盖全国的渠道销售体系，为消费者提供涵盖新车、二手车个人消费的融资租赁服务。未来公司将进一步深化拓展，加强对已合作SP的业务考核与评级，通过优胜劣汰机制优化合作伙伴质量。为了强化对渠道的管控，2019年我们将逐步推行事业合伙人制度，逐步将信誉好、业绩好、质量好、增长快的SP纳入潽金租赁的核心渠道管理。本着“利益共享，风险共担”的原则，增加经销商连带担保责任并提高业务保证金，同时在产品定价、商务政策、审批条件及放款适度等方面对其倾斜，真正实现互惠互利，共同把市场做大做强。

为了提升业务控制力，公司将着手建立直营团队，通过在业务开展区域招聘业务人员及运营支持人员，建立直销队伍，从而减少中间环节，直接面对车行和客户，有效地将获取客户、风控、服务相结合，加深垂直布局，提升终端消费者的服务便捷度与体验度。

2.2.0金融服务企业（管理资产）

2.0金融服务企业与1.0金融企业不同的模式在于：资产负债在表外。目前，潽金开展的银租模式是银行提供资金，潽金提供客户、风险审查与催收处置，并承担兜底责任，潽金租赁收取服务费。该模式的最大好处是：一方面获得了稳定的资金来源，另一方面是资金杠杆可放大到10倍，相较1.0金融企业的7倍杠杆优势明显。

经全面考察，中国工商银行总行信用卡部给予潽金100亿元的授信额度。2017年9月我司正式开始与工商银行通过银租合作开展业务，2019年4月正式与江西金租签订汽车租赁合作协议，同时潽金租赁还和民生银行、华夏银行、恒丰银行、微众银行、新网银行、郑州银行、三峡银行等多家金融机构达成合作意向，这些金融机构均愿与公司开展银租业务合作，预计2019年授信可达40亿~60亿元，为潽金租赁下一步业务发展提供了充足与稳定的资金来源。

3.3.0金融科技企业（数据资产）

潽金租赁在进行传统汽车消费金融业务的同时，积极思考未来汽车新零售下的金融科技发展方向。3.0版本的潽金租金将成为一个大数据公司，运用强大的科技系统驱动公司内部流程的各条线，以实现各环节的快速反应和全流程的风险可视化。具体表现为：

（1）准入阶段。通过定位、人脸识别、证照比对、大数据分析等金融科技手段交叉检验，将使获取客户场景、面签场景与抵押登记场景可视化，从源头实现精准风控。

（2）审批阶段。引入FICO智能审批系统，全面改造升级授信审批流程，以数据驱动为基础，对客户进行精准画像，以实现智能、快速审批。目前，FICO决策引擎和评分系统已在2018年5月份上线，这对实施客户分级、快速审批，带来极大助推作用。

（3）贷后阶段。通过GPS定位分析，进行人车匹配预警，对客户进行分类，通过大数据进行实时分析与提前预警，促进快速处置，降低资产风险。

(4)催收阶段。通过建立客户分级管理系统,引入AI系统逐步实现人工智能催收;对于不良客户,潽金租赁正联合外部公司研发软件锁系统,以期通过远程锁车技术控制车辆,从而提高车辆回收率。

随着大数据和金融科技手段的运用,3.0时代的潽金租赁转变为一家以数据驱动的金融科技公司,为各家金融机构提供数据资产的服务,潽金租赁将不用再承担兜底责任,仅收取数据服务费,从而转型为一家真正意义上的轻资产科技公司。

4.4.0平台公司(新零售平台)

潽金租赁拟将利用金融科技完成汽车流通领域的整合与串联,通过对用车客户的大数据分析,运用金融与科技结合的创新手段,打通线上线下,布局汽车交易全链条。金融产品对接C端客户,库存融资扶持B端渠道,银租、金租合作连接银行和其他资方,通过O2O向主机厂提供集采服务,再造汽车销售新场景,实现新零售平台建立。

4.0阶段的潽金租赁将真正实现向主机厂集中采购、经销商库存融资、物流配送、新车交易、消费按揭、经营租赁、保险分期、二手车转让与后服务市场的新零售交易场景的重构,从而打造一家参与汽车交易全流通环节的新零售平台企业。

二、中垦融资租赁股份有限公司

(一)2018年主要经济指标

1.主要经济指标

表28-1　中垦租赁2018年主要经济指标

项目	年度目标/万元	完成情况/万元	完成比例	上年同期/万元	同比增长率
营业收入	15200	7237	47.61%	5889	23%
经营利润	10000	6231	62.31%	4,649	34%

截至2018年12月31日,公司资产总额11.44亿元,租赁规模12.50亿元。

2. 主要财务评价指标

表28-2 中垦租赁2018年主要财务评价指标

评价指标	行业平均数	中垦租赁
股本收益率	7.8%	6.23%
毛利率	21.29%	98%
总资产收益率	4.9%	5.53%
成本费用利润率	12.48%	455%

2018年，中垦租赁股本收益率为6%左右，略低于行业8%的平均值，主要是因为公司成立初期，投放了一批收益率较低(含股东资源项目)的项目。总资产收益率5.5%左右，略高于行业5%的平均值。

中垦租赁毛利率为90%，高于行业21%的平均值；成本费用利润率高达455%，远高于行业平均值12.48%。这一方面体现了公司成本把控较好，另一方面更主要的是因为公司主要使用资本金投放项目，融资金额较小，2018年银行实际放款5000万元，融资费用183万元；高级经理及以上岗位人员尚未满编，当期人工成本较小。后续随着财务杠杆的使用和到岗情况的好转，会逐步调整到正常水平。

(二)2018年运营情况

1. 市场业务拓展方面

一是认真研判宏观经济形势，主动将业务选择范围缩小到受影响相对较小、风险相对可控的企业。二是强化后市场服务和租后管理，全年累计开展租后检查13次，发送租金支付通知书230次，持续关注客户运营情况、现金流情况及客户上下游用户情况等关键信息，及时研判项目可能存在的逾期风险。

2. 制度流程建设方面

一是深入推进“管理规范化、规范制度化、制度标准化、标准流程化、流程表单化、表单信息化”工作，全年共形成融资租赁合同、质押担保合同等加密的标准格式合同版本11个，减少了风险与交易误差，提高了工作效率。二是不断审视公司流程体系，公司全年新发布制度流程5个、优化制度流程10个、稽查制度流程及重点项目执行情况10余次，目前公司二级流程已实现经营活动全覆盖，公司重大风险防控能力进一步提高。

3.租后管理手段方面

一是利用好信息化工具，自主开发公司租后项目自动化预警台账，对25%的在租项目固定资产进行远程监控，及时发现资产损失风险。二是采用综合手段处理逾期项目，通过民事诉讼、专人跟进催收等多方式组合维护公司权益。目前，丽波酒店项目已在法院主持下，通过债务重组与承租人达成调解协议；亿路通项目已在法院立案并同步申请财产保全，用法律手段维护公司合法权益。

4.业务保障措施方面

一是按照“能岗匹配”要求，瞄准公司业务绩效目标，对员工进行了重新匹配与调整。全年公司新招聘员工7人、离职5人、调岗2人，员工能岗匹配度进一步提高；围绕战略、业务、廉政、安全等内容开展员工培训18次，员工执业技能得到提高。二是在设立意愿强烈的安徽等地推进分支机构设立工作，按相关要求配合做好准备工作。三是用好风控、市场、法务、纪检、财务、租后联动协调的风险防控体系，公司全年跟踪项目70余个，实现了层层严控运营风险。

（三）经营目标及未来展望

2019年，中垦租赁将在股东的支持和董事会的坚强领导下，强质、增量、控风险，从“加强人才队伍建设、提高业务质量效益、严控项目执行风险、强化项目资金保障”四大方面谋划2019年工作，实现公司持续、健康、稳定发展。

1.经营目标

收入目标：10000万元。

利润目标：8000万元。

逾期债权：不超过上年数。

2.未来重点工作

（1）加强人才队伍建设

一是严格执行“干部能上能下、员工能进能出、收入能多能少、职级能升能降”机制及“能岗匹配”原则，培养一支“一专多能”的员工团队。坚持绩效导向原则，分配向业务、风控、运营等关键岗位倾斜，并与其他岗位人员拉开明显差距；开展员工能岗匹配2轮，将合适的人放在合适的位置，用好用活人力资源；新招聘2~3名“一岗多能”“一专多能”的成熟度高的人才，补充公司人才缺口，并逐步建立骨干人才梯队，培养后备攻坚人才。二是加大员工执业技能培训力度。年内围绕业务、工作技能等培训12次以上。三是强化项目业务的责任追溯，加强员工职业操守建设。四是加强党风廉政建设，切实防范廉洁风险。

(2)提高业务质量效益

按照新“3+1”业务发展方向，年内跟踪项目80个以上、研判项目40个以上、储备项目20个以上，实施项目15个以上。

一是建立项目标准化评价体系。按照投资收益与风险匹配原则，建立一套“定性+定量”的评价体系，通过将项目划分为A(优先投资)、B(储备)、C(需优化完善)、D(否定或者放弃)四大类，并守住效益底线，配备相应的风险防控措施，让项目实施高效、规范、可复制。二是推进项目向“小、精、专”方向转型。对标同类融资租赁行业企业，探索提供融资支持、后市场服务和余值经营等多元化服务，丰富业务模式和盈利模式。瞄准医疗大健康、高端制造、人工智能、职业教育等行业，逐步建立公司在新兴产业特定领域内资源对接、项目选择、投融咨询、资产处置、风险管理等方面的优势，推进公司逐步从资金提供商向金融方案提供商，最终向一揽子产融运营解决方案提供商转型。三是拓宽项目来源渠道。加大营销力度，深化业务信息捕捉、转换、激励的社会化市场化机制，拓展信息来源渠道；用好股东、金融机构和同行等资源，建立项目信息库，匹配合适的融资租赁方案，实现互利共赢、共同发展。

(3)严控项目执行风险

一是继续推动风控、法务前置，用好风控、法务、纪检、财务、租后联动协调的风险防控体系，通过结果效益体现倒逼从项目捕捉到项目研判、实施、租后管理、财务经济、逾期处置全过程的改进。二是进一步建立健全内控制度和风险防控机制，加强对制度执行、重点业务环节的检查。年内针对易出现风险点的流程和环节进行执行过程及结果稽查，切实优化制度流程，防控操作执行风险。三是完善逾期项目清收工作机制和利益责任分配机制，“一项一策”处理现有逾期项目。

(4)加强项目资金保障

一是加强资金统筹管理，使资金输入与公司业务运营、偿债需求相匹配，全年融资到位6亿元。二是通过银行流贷、保理、信托等多方式组合融资，确保年综合资金成本控制在合理水平。三是创新融资思路，设计好融资方案，由“银行挑项目”的被动融资转变到“将项目推销给银行”的主动融资。

第二十九章　其他金融机构

一、重庆富城资产管理有限公司

（一）基本情况

1.股权结构

重庆富城资产管理有限公司（以下简称“富城资产”）成立于2017年3月，注册于重庆市江北区，注册资本15亿元，其中：麦启投资（上海）有限公司出资5.25亿元，占比35%；重庆协信科技有限公司出资公司出资5.25亿元，占比35%；重庆金融资产交易所有限责任公司出资3亿元，占比20%；江北嘴中央商务区投资集团有限公司出资1.5亿元，占比20%。

2.经营范围

参与重庆市金融企业不良资产的批量转让业务，收购、受托经营市内金融机构不良资产，收购、受托经营非金融机构不良资产，并对不良资产进行管理和处置；对股权资产进行管理和处置；以自有资金投资及投后管理；财务、投资、法律及风险管理咨询和顾问（不得从事律师事务）（以上范围不得从事吸收公众存款或变相吸收公众存款、发放贷款以及证券、期货等金融业务）。依法须经批准的项目，经相关部门批准后方可开展经营活动。

（二）经营情况

富城资产成立两年来，通过全方位布局、不断创新突破和灵活的机制引导，广泛对接各方资源，大力拓展市场，各项业务获得长足发展，经营业绩实现快速增长。

富城资产主要投资分布在金融和非金融机构不良资产收购、固收类投资和权益类投资领域，主要资金来源包括资本金投资、银行授信资金、定向债务融资工具的发行及资产收益权转让融资等渠道。

2017年,富城资产实际营业时间7个月,完成项目投放57个,实现经营收入19800万元,净利润8100万元,贡献税收840万元,获得社会资信"AA"信用评级。

2018年,公司经营持续保持良好的发展势头。截至2018年末,公司资产总额135.2亿元,实现营业收入10.4亿元,净利润2.9亿元,贡献税收13500万元。主要经营指标达到同行业先进水平,为支持地方经济社会发展作出了积极贡献。

(三)未来展望

2019年,富城资产将继续以服务实体经济、助推区域金融风险的防范和化解为己任,按照发展战略规划和年度经营目标要求,打造标准化、流程化的管理体系,在严守安全底线的基础上,不断提高业务发展能力,打造核心竞争力,提升品牌影响力,实现公司安全稳健和有质量的发展,更好地为地方经济社会发展做贡献。

二、中国长城资产管理股份有限公司重庆市分公司

(一)基本情况

2000年,长城资产重庆市分公司对口接收中国农业银行政策性剥离的不良资产包,2007年末基本处置完毕。2005年,长城资产重庆市分公司竞标收购中国工商银行不良资产包,2013年3月全部处置完毕。自2008年起,中国长城资产开始商业化转型,目前已发展成为一家综合性金融控股集团,旗下拥有银行、证券、保险、信托、租赁、期货等金融全牌照,业务产品涵盖了资产收购、资产经营、中小企业特色服务、投资投行、银行、证券、保险、信托、金融租赁、融资担保、金融咨询等11个类别、90余个品种。在业务发展中,长城资产重庆市分公司始终秉承中国长城资产"化解金融风险,提升资产价值,服务经济发展"的使命,立足重庆地区,坚持聚焦不良资产主业,并围绕不良资产开展相关商业化业务,积极支持实体经济发展,各项业务呈良好发展态势,累计为企业融资超200亿元,经营效益稳步增长,连续5年实现利润超2亿元,目前管理的资产规模近200亿元,已累计向国家上缴利税超亿元。

（二）2018年运营情况

2018年，长城资产重庆市分公司以习近平新时代中国特色社会主义思想为引领，认真贯彻中国长城资产年初工作会议精神，坚持“稳中求进、乘势而为、质量为先”的发展基调，主动调整业务结构，强调回归本源、聚焦主业。通过围绕不良资产开展收购、管理、重组、处置，努力提升资产价值，有效化解金融风险，凸显了资产管理公司为企业减负纾困的金融服务功能，全年经营工作呈稳健发展态势。金融不良资产方面：分公司坚持回归主业，做强主业，全年参与了重庆地区推出的40余个资产包的竞标；成功收购债权本金28亿元。非金融不良资产方面：继续加大服务实体经济力度，以对问题企业的问题债权入手，积极开展非金融不良债权收购业务，从资金、管理、股权结构等方面着力，增加企业流动性、降低财务成本，帮助企业走出困境，全年非金融收购业务出资50亿元。

经营业绩保持了持续增长。2018年，长城资产重庆市分公司实现账面净利润2.62亿元，比去年同期增长25.4%，商业化资产规模187亿元，利润、规模双创历史新高。

（三）服务实体经济情况

长城资产重庆市分公司作为中国长城资产在渝分支机构，牢记央企责任使命，多年来始终坚持围绕重庆市委、市政府确定的总体发展战略，在帮助企业减债脱困、支持企业改革转制、有效化解金融风险、服务地方经济发展等方面做出了积极的贡献。

自2000年成立后，长城资产重庆市分公司先后收购、管理和处置了中国农业银行、中国工商银行重庆市分行剥离的不良贷款，累计为重庆市地方企业减免债务117.48亿元，帮助一大批企业卸下了沉重的历史包袱，走上了良性循环的发展道路。特别是1999年对严重资不抵债，面临摘牌的“渝钛白”进行债务重组，同时摘掉了“PT”和“ST”的帽子，开创了中国证券历史的先河，重组后使企业焕发了生机。

自商业化转型以来，长城资产重庆市分公司依托集团优势，积极为重庆市辖内企业提供多元化综合金融服务。截至2018年末，长城资产重庆市分公司通过资产管理、并购重组、财务投资、金融租赁、中小企业特色金融服务等产品，已累计为重庆市辖内企业提供超200亿元资金。在投放过程中，长城资产重庆市分公司认真履行中央金融企业使命，坚持“三个侧重”：一是侧重于不良资产经营主业，积极收购重庆市金融类不良资产，帮助银行等金融机构有效化解金融风险；二是侧重于支持重庆市地方建设，支持基础设施建设、工业园区等建设升级，支持“四改一保”；三是侧重于支持企业产业转型发展，支持地方国企重组及中小企业融资，帮助企业纾困，全力服务地方实体经济；为重庆市经济健康有序发展做出了积极贡献，获得重庆市政府颁发的“支持重庆经济发展特殊贡献奖”殊荣。

（四）产品、服务及模式创新情况

中国长城资产为适应我国经济由高速增长阶段转向高质量发展的要求，积极创新产品、服务及模式。在此过程中，坚持“突出主业、综合发展、体现特色”，业务思路和营运模式也得以日益丰富和创新，实现了向“大资产管理”“大投行”“大协同”的内涵式创新高效发展。

一是以不良资产经营为核心构建“大资产管理”。在业务范围上：进一步放宽视野，加大资源获取力度，将不良资产扩展为“问题资源”。包括银行、非银行金融机构、非金融机构，涵盖问题资产、问题债权、问题企业、问题机构等。收购标的由金融不良资产向非金融不良资产延伸；资产类型由纯债权向股、债、物权结合延伸；合作对象由上市公司、优质客户向非上市公司、问题企业、问题金融机构延伸。在业务手段上，改变了政策性时期的“打折、打包、打官司”的“三打”模式，实现了向商业化的“三血”模式转变。所谓“三血”模式，即“输血、换血、造血”作用。先通过债务重组的方式“输血”，帮助企业改善负债结构、降低杠杆率，走出困境，再通过追加投资、资产重组、债权转股权等多元化的功能手段，帮助企业获取未来可持续发展的有效资产，实现对企业的“换血”，最后，让企业恢复正常运营，在提升不良资产内涵价值的同时，助其恢复“造血”功能，实现转型升级，直接或间接化解金融风险、优化资源配置，进而推进供给侧结构性改革和市场化债转股。

二是以并购重组业务为特色构建“大投行”。在供给侧结构性改革推动产业重组升级的大背景下，中国长城资产积极发挥资产管理公司特有的并购重组功能，着眼于以并购重组的方式解决不良资产资源中的错配问题。通过在不良资产资源中寻找通过债务重组切入财务重组、资产重组、企业重组乃至产业重组的机会，运用“不良资产收购+资产重组”“不良债权重组（债转股）+借壳上市”

"破产重整＋资产重组"等投行手段盘活存量、优化增量、提升价值"，在为困难企业纾困、支持实体经济转型升级上的作用显著。其中，债务重组帮助企业改善负债结构、降低杠杆率；财务重组帮助企业优化财务结构，进而通过盈利结构的重组优化业务结构；资产重组帮助企业剥离低效资产，并获取未来可持续发展的有效资产；企业重组帮助企业"吐故纳新"，重新配置资源、调整资产结构，拆分重组公司的业务结构，剥离"有毒"资产、提升有效资产价值。通过以上特有的并购重组手段，目前已成功实施东盛集团、上海超日、众泰汽车等多个经典重组案例，凸显了中国长城资产在推进企业并购重组上的独特功能，荣获了"最佳并购交易奖""中国并购—金梧桐奖""最佳并购融资奖"等行业殊荣。

三是打造全牌照综合金融服务的"大协同"。相对政策性处置时期对不良资产简单化的经营处置思维，中国长城资产借助于旗下银行、证券、保险、信托、金融租赁、融资担保、金融咨询等多元化金融工具箱的辅助功能，打业务"组合拳"，致力于不良资产处置方式创新，有效提升了资产价值，同时也增强了为客户提供"一站式"综合金融服务的能力，提升了公司核心竞争力。

（五）经营目标及未来展望

未来三年，不良资产主业市场供给规模无疑将会有广阔空间，但从类型上来划分仍有所区别：第一方面，银行不良资产包经过近几年的持续大规模转让后，银行自身监管指标趋于正常，出包规模会有下降到一个相对稳定的数量；第二方面，实体经济受宏观经济环境、资产管理新规以及股票市场等影响，相当一部分企业短期内靠自身能力难以消除系统影响带来的震荡，会涌现出一大批问题资产，这给资产公司开拓非金融业务带来了契机。但由于国有资产公司业务经营存在同质化情况，因此在政策导向上会将竞争集中在少部分优质客户的争夺上，行业竞争将日趋激烈。

未来三年，长城资产重庆市分公司将继续按照"强主业、化风险、调结构、抓管理、提质量"的经营方针，集中力量打好风险化解和主业夯实攻坚战，积极提升主业行业竞争力，努力推动分公司实现内涵式高质量可持续发展。从业务规模上来看，未来三年业务总规模基本维持在150亿元左右，到2021年，预计非金融项目占比将逐步下降至总规模的30%左右，金融资产约为总规模的70%。从财务目标上看，未来三年分公司将加大力度对不良资产包进行处置，因此金融资产收入将随着加快处置出现逐年较大幅度的增加，但非金融收入随着规模的下降将有所下降，因此收入总体上出现大致稳定的状态。同时，由于存量资产占用的资金成本较高，加上处置周期内会增加律师费、评估费的开支，因此支出逐年上升，预计未来三年净利润将保持在1.5亿~2亿元区间。

三、中国华融资产管理股份有限公司重庆市分公司

（一）基本情况

中国华融资产管理股份有限公司(以下简称“中国华融”)成立于1999年11月1日，是经国务院批准，由财政部控股的国有大型非银行金融机构，是中国四大金融资产管理公司之一，2015年10月30日，在中国香港联合交易所主板上市。中国华融服务网络遍及全国30个省、自治区、直辖市和香港、澳门特别行政区，已发展成为能够提供不良资产经营、金融资产管理等多牌照、多功能综合金融服务的大型国有金融集团。

中国华融重庆分公司为中国华融直管机构，坚持以不良资产经营为主业，积极服务实体经济，主动化解金融风险，充分发挥了救助型金融的特殊功能。2000年成立以来累计收购处置金融机构不良贷款超过800亿元，为区域内一大批重点企业、重点项目累计提供超过700亿元金融支持，为地方经济持续健康发展做出了重要贡献。

（二）2018年经营情况

2018年，在中国华融新党委的带领下，重庆分公司坚持以习近平新时代中国特色社会主义思想为引领，深入贯彻党的十九大精神和全国金融工作会议精神，认真落实监管要求，努力践行公司提出的在业务发展上回归本源，在思想行动上回归初心的“两个回归”和将思想统一到党的十九大精神上来，统一到银保监会党委工作部署上来，统一到公司党委工作要求上来的“三个统一”的工作要求，各项经营管理实现了稳中有进。

1.经营效益保持平稳

2018年，重庆分公司紧紧围绕公司高质量发展要求，积极转变发展理念，聚焦不良资产主业，践行“三个转向”，全年实现营业收入超过20亿元，同比增长超过6%；实现拨备前利润约10亿元，同比增长约5%，经营效益保持平稳。

2. 业务结构持续优化

2018年,重庆分公司新增项目投放56个,投放金额162.4亿元。其中收购重组类项目48个,投放金额145.55亿元,占89.63%;收购处置类项目投放6个,金额13.28亿元,占8.18%;投资类项目投放2个,金额3.56亿元,占比2.19%。分公司新增投资类项目比例大幅下降,不良资产经营主业进一步突出,业务结构更趋合理。

3. 回归主业实现新突破

2018年,重庆分公司共参与36个、债权总额186.26亿元资产包的尽职调查与竞标,中标6个,债权总额28.83亿元,在渝四家资产管理公司中市场占比49.07%,市场地位不断巩固。问题企业重组业务实现突破,1户问题企业重组项目成功投放,1户问题企业重组项目完成内部审批,为分公司发展培育了新的增长点。

(三)服务实体经济情况

1. 聚焦AMC主业,积极防化金融风险

重庆分公司立足行业功能定位,通过将优势资源聚焦到不良资产经营、问题企业重组和困境企业救助,主动化解金融风险,为全市经济健康发展发挥了重要作用。一是批量收购不良贷款。认真落实全国金融工作会议精神,坚持"回归本源,聚焦主业"导向,突出不良资产主业,积极参与不良资产包收购,合理确定收购价格,引导商业银行选择批量转让方式化解不良贷款,拓宽商业银行不良贷款处置渠道,加快存量不良贷款处置。近三年,重庆分公司共收购17个不良资产包,收包规模超过100亿元,市场占比位居前列。其中2018年,收包6个,规模28.83亿元,在渝四家资产管理公司中占比49.07%,为化解银行业金融风险做出了积极贡献。二是持续开展收购重组。对于生产经营出现暂时困难的企业发挥金融救助功能,通过清理债务、整合债权、收购重组等方式,积极开展非金融机构不良债权收购,近年来,累计收购非金融机构不良债权超320亿元,最大限度地为隆鑫集团、力帆集团、东银集团、四联集团、重庆小康、新鸥鹏集团、泽京集团等实体企业客户提供短期金融救助,盘活了企业资金,破解了企业"三角债"难题,为金融机构不抽贷、不压贷提供可能,实现存量贷款正常周转,不延期、不逾期,防止存量贷款裂变,实现近期解危、远期解困。三是推动问题企业重组。以“存量+增量”“金融+产业”“债权+股权”“自主资金+结构化融资”等金融手段，对接重庆地区问题企业提供综合服务，涉及债权约170亿元。重庆分公司还积极和相关区县探索搭建平台，加快问题企业出清，加快存量不良贷款的化解，在防范区域性、行业性金融风险上发挥好行业作用。

2. 立足功能定位，主动服务实体经济

重庆分公司认真贯彻落实习近平总书记在全国金融工作会议上关于“为实体经济服务是金融的天职”的重要指示，落实“三去一降一补”，推进供给侧结构性改革，不断提升服务实体经济质效。一是推动市场化债转股，支持国企改革。充分利用中国华融在债转股方面的成熟经验和行业优势，通过市场化债转股方式推动国有企业改制，有效降低债转股企业的债务负担，有利于其专心经营主业、脱困重生。积极参与西南铝、能投集团、机电集团、重庆建筑工程、轻纺集团、大江集团等企业的二次商业化债转股，涉及债权约200亿元。二是开展财务投资，支持行业龙头企业。利用股权收益权、财产收益权和租赁收益权等多种财务投资方式，近年来先后投资350亿元，重点支持了隆鑫、力帆、东风小康、东银控股、北汽银翔和平伟科技等全市一批重点龙头企业，为企业盘活资产，丰富了融资渠道，完善融资模式，提高资产资金使用效率，为迅速满足融资需求发挥了重要作用。三是开展夹层融资，改善资产负债状况。重庆分公司先后用49亿元自有和第三方资金对重庆水务、港务物流、西永微电园、重庆城投、两江开投进行阶段性股权投资，为企业改善资产负债率，提高偿债能力发挥重要作用。四是坚持减费让利，降低企业成本。分公司积极响应国家关于支持实体经济的号召，为企业降成本，规范服务收费行为，将资金成本维持在企业能承受、同业可比较的合理范围，在商业可持续的原则下真正形成一种共荣共生、共建共存的良性关系。截至2018年末，综合资产收益率较年初下降65BP，减少企业融资成本超过6000万元，减免多项费用230万元。

3. 发挥“多牌照”优势，支持地方经济发展

中国华融已完成分子公司双轮驱动的经营布局。重庆分公司作为中国华融在渝经营单位，充分发挥公司多牌照、多功能综合金融服务优势，不断提升支持地方经济发展的能力。一是助推子公司入渝。截至2018年末，中国华融已有7家子公司在渝开展业务，近年来，在渝投资已经突破600亿元，2018年新增投放超过200亿元。二是助推地方建设。重庆分公司积极争取总部支持，2018年

以来投资近110亿元,用于支持主城区和周边区县的优质项目;为部分区县的政府融资平台提供种子资金,增强资金融通能力,加快城市基础设施建设。三是助推企业改制。在西南铝、机电控股等政策性债转股基础上,商业化转型以来,分公司又先后对瀚华金控、重庆小康、重庆建筑工程等企业进行了股权投资,为投资企业优化股权结构,改善公司治理,提升资本实力起到关键作用,在小康和瀚华金控之后,2017年2月重庆建筑工程已成功上市,取得了良好的社会效益和经济效益。

(四)经营目标及未来展望

在中国华融新党委的带领下,重庆分公司以习近平新时代中国特色社会主义思想为统领,紧紧围绕"服务实体经济、防控金融风险、深化金融改革"三大任务,以公司新党委提出的"五个全面"开启建设高质量发展新华融的新征程。

1.建设新华融有新作为

在中国华融新党委的坚强领导下,公司提出了建设高质量发展新华融的目标,编制了"新华融"建设三年战略规划,重庆分公司每一名干部员工都将努力成为新理念的践行者,新华融的建设者,在建设新华融的征程上有新作为。一是突出党委主体责任。把党的领导融入分公司经营管理各环节,发挥国有企业党组织领导核心和政治核心作用,指导分公司党的政治建设、思想建设、组织建设、作风建设、纪律建设、制度建设和反腐败斗争,确保分公司各项工作沿着正确的政治方向发展。二是深入传导新华融理念。按照公司党建三年规划工作部署,认真落实分公司各项学习计划,持续加强习近平新时代中国特色社会主义思想和党的十九大精神学习,加强中央经济、金融政策和监管要求的学习,加强公司新党委新理念新要求学习,通过认真学习使每一名党员干部真真正正成为新华融理念的传播者、践行者和建设者。三是全面深化党风廉政建设。持续深入开展党性党风党纪和廉洁从业教育,夯实廉洁从业、实干担当的思想基础;通过丰富党风廉政教育方式,综合采用观看廉政警示教育片、发放廉政教育书籍、组织廉政教育考核、开展廉政教育党课等多种方式,进一步强化全员廉洁从业意识,做到知敬畏、存戒惧、守底线。

2.回归主业有新突破

金融资产管理公司是我国金融体系的重要组成部分,过去二十年,在国有银行改制、国有企业脱困和化解金融风险方面发挥了突出作用。在新的历史时期，重庆分公司将立足行业功能定位，防化金融风险、服务实体经济，充分发挥救助型金融机构功能作用。一是不断提高不良资产经营精细化水平。不良资产行业因市场发育不成熟，行业竞争不充分，不良资产经营仍处于粗放发展阶段。分公司将主动转型，坚持精准定价、精细管理、精益处置，不断提高不良资产经营的精细化管理和专业化水平。二是收购重组业务聚焦存量市场。进一步拓宽思路，丰富手段，积极挖掘问题项目，通过期限重组创造价值，通过法律关系重组防控风险，不断提升收购重组细分市场的专业化水平。三是深度挖掘问题企业重组。随着宏观经济结构性的改革和微观经济去杠杆的加快，问题企业快速增多，问题企业适合资产管理公司综合运用打折收购、收购重组和债转股等多种手段，减贷削债、资产重组、企业重整，实现问题企业的脱困重生。下一阶段，重庆分公司将在问题企业的金融服务上面充分发挥资产管理公司的行业专业能力。

3.高质量发展有新成果

党的十九大做出了我国经济已由高速增长阶段转向高质量发展阶段的重大判断，为新时代中国经济发展标定了历史方位、提供了行动指南。高质量发展既是国策，也是建设新华融的根本遵循，重庆分公司将在高质量发展上取得新的成绩。一是牢固树立稳健经营的理念。在客户营销、项目准入上坚持标准，在尽职调查、项目审批上坚持质量，在项目投放、投后管理上落实责任，切实把风险意识贯彻到经营管理的始终；通过制度先行、领导示范和全员的点滴行动不断孕育稳健合规的经营理念。二是不断提升团队建设。按照公司全面建设高素质专业化干部队伍要求，按计划定期组织开展各类培训，持续不断提升全员综合素质和专业化水平。通过优化完善考核评价体系，完善“能者上、庸者下、劣者汰”的用人机制，打造了一支有理想、有信念、能吃苦、能战斗的优秀干部队伍。三是加强合规文化建设。从培育“履职担当、低调务实、底线思维、言行一致”的文化入手，扎实推进合规文化建设，进一步增强全员合规意识，营造干事创业、担当作为的良好氛围。

第七篇　重要事件篇

第三十章　2018年重庆市金融业重要事件

1月2日，中国人民银行重庆营管部发布《推进中国（重庆）自由贸易试验区外汇管理改革试点实施细则》，对经常项目业务、资本项目业务和外汇市场业务的办理流程、条件及要求等做出了规定。

1月3日，原重庆银监局批复同意重庆国际信托股份有限公司将未分配利润22亿元转增股本，转增股本后，该公司注册资本由128亿元增至150亿元，在全国68家信托公司中位居首位。

1月4日，中国人民银行重庆营管部等9部门联合印发《关于推进运单融资促进重庆陆上贸易发展的指导意见》。

1月16日，人保财险重庆市分公司作为綦江区土地经营流转履约保证保险服务商，正式启动全市首个土地经营权流转履约保证保险项目。

1月17日，原重庆市金融办召开2018年全市金融工作会议。

3月1日，重庆正式实施境外旅客购物离境退税政策。中国工商银行重庆市分行作为选定的唯一离境退税代理机构，为境外旅客办理重庆本地购物异地退税和异地购物重庆退税的全时段离境退税服务。

3月8日，市政府发布《重庆市推进普惠金融发展工作方案》。

3月8日，市政府发布《关于加快发展商业养老保险的通知》。

3月27日，中证重庆调解工作站挂牌仪式暨重庆辖区纠纷调解工作座谈会成功举办。

3月28日，中新（重庆）战略性互联互通示范项目，亚洲首个奥特莱斯房地产投资信托（REITs）——砂之船房地产投资信托在新加坡交易所上市。

3月29日，重庆科技要素交易中心正式挂牌运营，成为西南地区首家科技要素交易中心。

4月4日，原重庆市金融办发布《重庆市P2P网络借贷风险专项整治整改验收工作实施方案》。

4月9日，市政府与阿里巴巴集团、蚂蚁金服集团在科技金融等领域签订项目合作协议。

4月14日，由中国人民银行重庆营管部建设的重庆支付系统本地备份接入系统(LBAS)投产运行，标志重庆地区第二代支付系统的业务连续处理能力和容灾应急保障水平实现倍增，进入了主备系统“无缝双活运行”的新阶段。

4月17日，重庆渝康资产经营管理有限公司成功发行2018年第一期定向债务融资工具，金额15亿元，成为全国首笔地方资产管理公司(AMC)债务融资工具。

4月20日，市财政局代表重庆市政府在上海通过财政部政府债券发行系统，成功发行2018年重庆第一批政府债券142.7亿元。

4月20日，市中小企业局联合市财政局、原重庆市金融办、中国人民银行重庆营管部、原重庆银监局为重庆三峡银行、重庆银行授牌小微企业票据贴现中心，标志重庆市“3+X”小微企业票据贴现体系基本建立。

4月28日，原重庆市金融办召开“2018年小额贷款公司现场检查工作培训会”，正式启动2018年全市小额贷款公司现场检查工作。

5月14日，中国人民银行重庆营管部主持召开全市绿色金融服务推进会。

5月15日，重庆化医财务公司申办的买方信贷业务获原重庆银监局批准。

5月18日，中国农业银行重庆市分行与市交委签订《“十三五”期间全面合作协议》。

5月29日，中国商业银行重庆市分行与市供销合作总社签订“三社融合”战略合作协议，重点推动“三社”(供销社、农信社、农民专业合作社)四项融合。

5月30日，由市政府和中国兵器装备集团主导，重庆产业引导基金和南方工业资产管理有限责任公司发起，联合国华军民融合产业发展基金和中国国有资本风险投资基金共同设立的全市首支军民融合专项基金正式成立，该基金首期规模超30亿元。

6月6日，原重庆银监局出台降低企业融资成本“十条意见”，引导银行机构服务实体经济高质量发展。

6月8日，市财政局代表重庆市政府在深圳通过财政部政府债券发行系统，成功发行2018年重庆第二批政府债券297亿元。

6月8日，市政府办公厅发布《重庆市推动优化企业资产负债结构方案》。方案涉及IPO孵化、税收政策支持、银企信贷对接、国企混改、预防逃废债等方面，覆盖企业融资的前中后全流程。

6月12日，重庆银行成功发行2018年度第一期“双创”金融债券，发行规模30亿元，是西部地区首单“双创”金融债券。

6月28日，招商银行重庆分行普惠金融服务中心正式揭牌成立。中心统筹招商银行重庆分行普惠金融业务发展、产品设计、客户集群经营及贷后服务等全流程管理。

6月29日，中国人民银行重庆营管部、南宁中心支行、贵阳中心支行、兰州中心支行、西宁中心支行和中新（重庆）战略性互联互通示范项目管理局、广西壮族自治区商务厅、贵州省商务厅、甘肃省发展改革委、青海省商务厅在渝召开金融支持中新互联互通项目南向通道推进会议。五地十部门共同签订了《支持建设中新互联互通项目南向通道合作备忘录》。

6月29日，市政府办公厅发布《重庆市农业保险保障倍增计划实施方案》。

7月5日，中国银行重庆市分行协同重庆海关，成功为重庆某通关企业开立电子汇总征税保函并通过海关电子备案，成为重庆海关首笔电子汇总征税保函。

7月20日，市财政局代表重庆市政府在深圳通过财政部政府债券发行系统，成功发行2018年第三批政府债券174.7亿元。

8月1日，重庆股权投资基金协会联合重庆产业引导股权投资基金、重庆江北嘴国际投融资路演中心共同举办了科技型企业专场投融资对接会，邀请多家优质科技型企业进行项目路演，拟融资总规模超过4亿元。

8月2日，中国人民银行重庆营管部组织各银行业金融机构、非银行支付机构签署了《重庆市金融业务营销宣传行为自律公约》。

8月7日，重庆市政府正式印发《重庆市提升经济证券化水平行动计划（2018—2022年）》。

8月14日，重庆市政府发布《银行业支持实体经济发展的意见》，引导银行业支持实体经济发展。

8月20日，重庆与上海证券交易所合作共建的上交所资本市场服务重庆基地在重庆江北嘴国际投融资路演中心正式成立。

8月23日，原重庆银监局、原重庆保监局等11部门联合出台《金融服务乡村振兴战略实施意见》

8月25日，太平洋产险重庆分公司与全国初级农产品产销对接公益服务平台正式签约。

8月28日，由重庆股份转让中心(OTC)与深圳市全景网合作共建的西部并购路演中心在渝正式成立。

8月30日，市政府正式发布《银行业支持实体经济发展若干措施》。

9月7日，市政府“政银企”工作座谈会议在中国人民银行重庆营管部召开。

9月12日，市政府与上海浦东发展银行签订战略合作协议。

9月26日，重庆市小微担保公司与国家融资担保基金有限责任公司签订再担保业务合同，成为首批加入国家融资担保体系的8家省级担保机构之一。

9月30日，原重庆银监局指导完成10家联合授信试点银企签约。

10月10日，有友食品通过证监会发审委审核。

10月20日，市政府发布《关于进一步加强高校不良网络借贷风险防范管理的通知》。

10月22日，宗申产业集团有限公司开展跨国公司外汇资金集中运营管理获国家外汇管理局重庆外汇管理部备案。

10月22日，重庆证监局深入巫溪县天元乡调研扶贫工作，指导机构启动巫溪县小河初中教育扶贫项目。

10月23日，市政府办公厅发布《关于推进金融标准创新建设的实施意见》。

10月25日，重庆市地方金融监督管理局(重庆市金融工作局)正式挂牌。

10月26日，富邦华一银行有限公司重庆分行获重庆银保监局筹备组同意筹建。富邦华一银行成为重庆首家台资银行。

10月29日，首家台资银行——富邦华一银行重庆分行获批筹建，重庆外资银行分行数量居中西部第一。

11月2日，首届中新(重庆)战略性互联互通示范项目金融峰会(“中新金融峰会”)在重庆悦来国际会议中心举行。

11月6日，市人力社保局、市财政局联合出台失业保险扶贫政策。

11月15日，原重庆银监局、原重庆保监局筹备组启动“支持民营企业发展银行保险在行动”专项行动。

12月6日，市经信委与中国工商银行重庆市分行等8家首批合作银行签订政银合作协议，正式启动中小企业商业价值信用贷款改革试点。

12月6日，西南证券私募基金子公司西证股权投资有限公司与重庆两江股权投资基金管理有限公司签署基金投资协议，在两江新区合作设立重庆两江西证股权投资基金，基金规模2.81亿元。

12月17日，市政府与中国农业银行签订金融战略合作协议。

12月17日，重庆银保监局正式挂牌运行。

第三十一章　2018年重庆市金融业重要文件汇总

1. 重庆保监局关于印发《重庆保险公司服务评价管理办法》的通知

2. 重庆市人民政府办公厅关于进一步落实涉企政策促进实体经济平稳发展的意见(渝府办发〔2018〕25号)

3. 重庆市人民政府关于印发重庆市推进普惠金融发展工作方案的通知(渝府发〔2018〕5号)

4. 重庆市金融工作办公室关于印发重庆市小额贷款公司银行账户管理指引的通知(渝金发〔2018〕1号)

5. 重庆市人民政府办公厅关于认真做好金融业综合统计工作的通知(渝府办发〔2018〕81号)

6. 重庆银监局关于进一步加强银行业金融机构债权人委员会工作的通知(渝银监办发〔2018〕78号)

7. 重庆市人民政府办公厅关于认真开展创新企业境内发行股票或存托凭证试点工作的通知(渝府办发〔2018〕94号)

8. 重庆市人民政府办公厅关于印发重庆市提升经济证券化水平行动计划(2018—2022年)的通知(渝府办发〔2018〕109号)

9. 重庆市金融工作办公室、重庆市财政局、重庆市农业委员会关于开展农村产权抵押融资风险补偿申报工作的通知(渝金发〔2018〕2号)

10. 重庆市金融工作办公室、重庆市经济信息委员会、重庆市商务委员会、中国人民银行重庆营业管理部关于印发跨境人民币业务推广工作方案的通知(渝金发〔2018〕6号)

11. 重庆市人民政府办公厅关于推进金融标准创新建设的实施意见(渝府办发〔2018〕147号)

12.重庆市人民政府办公厅关于进一步加强高校不良网络借贷风险防范管理的通知(渝府办〔2018〕21号)

13.重庆市人民政府关于做好稳外贸稳外资稳外经有关工作的通知(渝府发〔2018〕50号)

14.重庆市人民政府办公厅关于开展中小企业商业价值信用贷款改革试点工作的通知(渝府办发〔2018〕173号)

附 录

附录一　重庆保监局关于印发《重庆保险公司服务评价管理办法》的通知

各保险公司重庆(市)分公司:

为进一步提高重庆保险公司服务评价工作的科学性和有效性,切实改善保险公司服务水平,推动重庆保险行业持续健康发展,新修订的《重庆保险公司服务评价管理办法》已经重庆保监局2018年第一次局长办公会审议通过,现印发给你们,请遵照执行。原《重庆保险公司服务评价管理办法(试行)》(渝保监发〔2017〕14号)同时废止。

重庆保监局

2018年1月19日

重庆保险公司服务评价管理办法

第一章　总则

第一条　为科学评价重庆保险公司服务质量,促进保险公司切实改进服务,提升保险业社会信誉,增强保险消费者信心,推动重庆保险行业持续健康发展,制定本办法。

第二条　服务评价工作遵循下列原则:

(一)消费者导向,坚持以提升保险消费者满意度为目的,有效引导保险公司树立客户至上的经营理念。

(二)突出重点,选取对保险消费者体验和感受产生重大影响的方面进行评价。

(三)客观公正,力求评价过程规范,数据可靠,指标合理,结果客观公正。

(四)定量为主,主要使用反映服务结果的数据确定和计算定量指标,适当考虑服务创新和负面事件的影响。

(五)持续改进,评价内容和指标根据实际需要和形势变化改进完善,增强服务评价有效性。

(六)强化引导,充分发挥服务评价的导向作用,强化激励和倒逼机制,引导保险公司不断改进服务质量。

第三条　服务评价工作由重庆保监局组织开展。

开业满一个会计年度的所有财产保险公司重庆(市)分公司和人寿保险公司重庆(市)分公司为服务评价工作的评价对象。

第四条　服务评价的结果由定量指标评分、重要服务创新加分和重大负面事件减分组成。

定量指标评分采用百分制,分为财产保险公司和人寿保险公司两套指标体系,涉及保险公司销售、承保、保全、理赔、投诉处理等重要服务环节。

重要服务创新是指保险公司在改进服务质量、提高服务效率、提升消费者满意度等方面取得实际应用效果的保险服务重大创新项目。

重大负面事件是指因保险服务存在严重问题而导致重要媒体负面报道、重大群体性事件,或经重庆保监局认定的其他突出问题。

第二章　评价方法

第五条　评价工作每半年开展一次,评价期间分别是上半年(1月1日至6月30日)和全年(1月1日至12月31日)。

第六条　各参评公司应于每半年结束后的31日内按照"附件1"提供的填报表填写定量指标数据,并向重庆保监局报送。

保险公司应对报送数据的完整性和真实性负责,相关基础数据清单应妥善保管,以备核查。重庆保监局将视情况对数据真实性进行抽查,一旦发现数据严重不符或弄虚作假等问题,将视问题严重程度采取调降指标得分、取消参评资格以及行政处罚等相应监管措施。

第七条　定量指标评分主要采用线性插值法计算,节点数值根据行业平均值、指标数据分布等因素加以确定。

第八条　对财产保险公司,重庆保监局将按照"附件2"的规则不定期组织报案现场查勘测试,测试结果作为定量指标"报案查勘现场测试值"的评分依据。

第九条　各保险公司可于每半年结束后的31日内随同定量指标一并申报重要服务创新和报告重大负面事件。

对于重要服务创新,每次服务评价工作每家公司仅可申报一件,原则上对已经加分的服务创新不再重复评分,但事项持续影响对参评公司服务质量产生了不同以往质的提升的除外。

第十条　重庆保监局组建评审组，研究确定重要服务创新加分和重要负面事件减分。

第十一条　对重要服务创新的评价主要考虑服务创新在改进服务质量、提高服务效率、提升消费者满意度等方面产生的实际效果，影响较大的加0~2（含）分，影响重大的加2~4（含）分，影响特别重大的加4~5（含）分。

第十二条　对重大负面事件的评价主要考虑负面事件所暴露的服务问题的严重程度和事件影响的严重程度，影响较为严重的减0~5（含）分，影响特别严重的减5~10（含）分。存在多个负面事件的，各负面事件分别评分，总减分不超过20分。

服务问题的严重程度从损害保险消费者合法权益及其潜在风险等方面评价；事件影响的严重程度从涉事人数、公司处置响应与主要责任、舆论影响、上级及其他部门的关注、波及其他公司和地区的程度等方面评价。

第十三条　各参评公司报送的重要服务创新和重大负面事件将作为保监会同期服务评价相关工作的参评材料，不必再重复报送。

第三章　评价结果

第十四条　根据服务评价得分高低，各参评保险公司分为A、B、C、D四大类。其中A大类细分为AAA、AA、A三级，B大类细分为BBB、BB、B三级，C大类细分为CCC、CC、C三级。

（一）A类公司为总体服务质量优秀的公司。其中95分（含）以上为AAA，90分（含）~95分为AA，85分（含）~90分为A。

（二）B类公司为总体服务质量较好的公司。其中80分（含）~85分为BBB，75分（含）~80分为BB，70分（含）~75分为B。

（三）C类公司为总体服务质量较差的公司。其中65分（含）~70分为CCC，60分（含）~65分为CC，55分（含）~60分为C。

（四）D类公司为总体服务质量差的公司。55分以下为D。

第十五条　重庆保监局负责评价结果的公布。

第十六条　对于B类公司，重庆保监局可针对发现的个别重大问题，根据有关法律法规采取约谈、监管谈话、下发监管函、督促整改等监管措施。

第十七条　对于C类和D类公司，重庆保监局根据有关法律法规采取重点约谈、监管谈话、下发监管函、结果抄送总公司、要求整改、加大现场检查力度等监管措施。D类公司服务质量问题需公司内部问责的，重庆保监局可提出问责建议。

第十八条　针对评价中存在的服务问题，各保险公司应建立客观、有效的内部问责机制，根据部门职责分工明确具体责任部门，切实加强整改。

第十九条　保险公司、保险中介机构及从业人员不得利用评价结果进行销售误导和同业诋毁。

第四章　附则

第二十条　本办法由重庆保监局负责解释和修订。

第二十一条　本办法自印发之日起实施。

附件：1. 重庆保险公司服务评价定量指标填报表

2. 重庆保险公司服务评价“车险报案查勘现场测试”指标值赋值规则

（以上附件详见重庆银保监局官方门户网站）

附录二　重庆市人民政府办公厅关于进一步落实涉企政策促进实体经济平稳发展的意见

渝府办发〔2018〕25号

各区县(自治县)人民政府,市政府有关部门,有关单位:

为贯彻落实党的十九大精神,深入推进供给侧结构性改革,有效降低实体经济企业成本,优化企业发展环境,助推企业转型升级,进一步提升产业竞争力,增强经济稳定增长动力,经市政府同意,现就进一步落实涉企政策促进实体经济平稳发展提出如下意见。

一、切实降低企业融资成本

(一)鼓励商业银行对诚信经营、发展前景好、产品适销对路的中小微企业贷款给予优惠利率支持,并纳入政府年度金融贡献评价机制。(牵头单位:市金融办、中国人民银行重庆营管部、重庆银监局)

(二)引导金融机构对诚信经营、发展前景好、产品适销对路但暂时有困难的中小微企业不随意断贷和抽贷,对破产重组企业提供必要资金支持。对未执行银行业债权人委员会决议,随意断贷、抽贷的金融机构加大监管惩戒力度。(牵头单位:重庆银监局、市金融办、中国人民银行重庆营管部、市经济信息委)

(三)对诚信经营、发展前景好、产品适销对路但暂时有困难的中小微企业,在中小微企业发展相关资金中对其产品生产新增流动资金贷款给予贴息,贴息比例不超过贷款基准利率的50%。(牵头单位:市中小企业局;配合单位:市经济信息委、市财政局、市工商局)

(四)对参与"政银担"合作的融资担保机构,为符合相关条件的小型、微型企业提供的新发生融资担保业务,给予一定比例风险补偿。(牵头单位:市中小企业局;配合单位:市财政局、市经济信息委、市商务委、市工商局)

(五)完善中小微企业转贷应急机制,帮助诚信经营、发展前景好、产品适销对路但暂时有困难的中小微企业度过续贷难关。完善转贷应急资金管理平台,提高服务效率和水平。(牵头单位:市中小企业局;配合单位:市财政局、市金融办、中国人民银行重庆营管部、重庆银监局)

(六)支持中小微企业在区域性场外市场挂牌,对挂牌孵化板企业给予一次性奖励3万元,挂牌成长板企业给予一次性奖励25万元,挂牌中小企业板(专精特新板)企业给予一次性奖励30万元。(牵头单位:市中小企业局;配合单位:市财政局)

(七)积极对接和争取国家中小企业发展基金等政府产业投资基金,加快项目储备,进一步加大对中小微企业的支持力度。(牵头单位:市中小企业局;配合单位:市财政局)

二、规范金融服务收费

(八)督促金融机构清理服务收费项目及价格,列出收费目录清单,在金融机构官方网站或营业网点进行公示,鼓励在重庆市人民政府公众信息网上公布。(牵头单位:重庆银监局、市金融办)

(九)进一步规范企业融资过程中担保、评估、登记、审计、保险等中介机构收费行为,清理不必要的资金“通道”和“过桥”环节收费,清理规范后的收费项目向社会公布。(牵头单位:市金融办;配合单位:中国人民银行重庆营管部、重庆银监局、市物价局)

(十)金融机构在发放贷款时不得附加不合理条件,金融机构贷款定价应充分反映资金成本、风险成本和管理成本,不得以额外收费将经营成本转嫁给服务对象,对直接与贷款挂钩、没有实质服务内容的收费项目一律取消;对发放贷款收取利息应尽的工作职责,不得再分解设置收费项目,不得在贷款业务中混淆资金价格和服务价格。开展对执行情况的监督检查,加大违规处罚力度。(牵头单位:重庆银监局、市金融办;配合单位:中国人民银行重庆营管部)

三、进一步降低企业担保抵押重组成本

(十一)鼓励引导金融机构和担保机构提高信用良好企业的抵押物折扣率,降低担保费率;担保机构为中小微企业贷款担保,担保费率不超过2%且不收取其他费用的,市财政按照不低于担保额的0.5%给予补贴。(牵头单位:市财政局;配合单位:市中小企业局、市工商局、市国资委、市金融办)

(十二)鼓励银行以政府采购合同为依据向政府采购中标供货商提供信用贷款等融资服务。鼓励和引导金融机构加强信贷产品和服务创新,加强与税

务、工商、海关等部门的信息共享和服务联动，支持企业采用知识产权、仓单、商铺经营权、商业信用保险单、应收账款、动产等质押融资，积极探索铁路提单国际信用证等融资方式。加快推进市级物流金融服务平台建设，促进银行业金融机构、物流企业及供应链上下游企业对接互通，推动企业依托供应链融资。（牵头单位：市财政局、重庆银监局；配合单位：市金融办、市地税局、市国税局、市工商局、重庆海关、市知识产权局、中国人民银行重庆营管部）

（十三）引导金融机构研究完善担保贷款项目利率风险定价机制和保证金存缴机制，对为实体经济企业提供担保服务、风险控制能力强、社会效益好的融资担保机构，提供免收或少收保证金、在规定范围内提高担保放大倍数、控制贷款利率上浮幅度等支持措施；在处理业务风险时，与融资担保机构加强沟通协调，采取一致行动。（牵头单位：市金融办、重庆银监局）

（十四）在资产重组过程中，通过合并、分立、出售、置换等方式，将全部或部分实物资产及其相关联债权、负债和劳动力一并转让给其他单位和个人，其中涉及的不动产、土地使用权、货物转让行为，不征收增值税。（牵头单位：市国税局；配合单位：市财政局）

（十五）通过并购贷款等方式加大对企业兼并重组的支持力度，在企业落实债权债务责任和风险可控的基础上，依法依规对被兼并企业到期的银行贷款给予展期或转贷，对兼并重组后的企业给予综合授信支持。（牵头单位：重庆银监局、市金融办）

四、切实降低企业用工成本

（十六）将现行对困难企业的社保缴费政策拓展到制造业、采矿业、建筑业、餐饮业等行业。小微企业比照我市个体工商户参加城镇企业职工基本养老保险的办法执行。（牵头单位：市人力社保局）

（十七）将失业保险基金支持企业稳岗政策实施范围扩大到所有依法参保缴费、不裁员或少裁员的企业，对符合条件的企业按规定给予稳岗补贴。（牵头单位：市人力社保局）

（十八）争取国家工业转型升级（中国制造2025）等专项资金，用活市工业和信息化专项资金，对进行智能化改造的企业给予奖补支持。（牵头单位：市经济信息委；配合单位：市财政局）

五、进一步降低企业用能用地物流成本

(十九)进一步完善电力、天然气市场交易规则,深入推进输配电价、气价改革,强化重庆电网输配电价监管,建立完善地方电网和增量配电网、天然气管道运输、城镇燃气配气价格管理和成本监审规则,推动企业改进管理、降低成本、提高效率。简化企业用户电力增容、减容、暂停、变更等办理手续,缩短办理时限。(牵头单位:市物价局、市经济信息委;配合单位:市发展改革委)

(二十)积极推进工业用地长期租赁、先租后让、租让结合供应,工业用地的使用者可以在规定期限内按合同约定分期缴纳土地价款,降低工业企业用地成本。保障物流业用地供应,科学合理确定物流用地容积率。(牵头单位:市国土房管局、市规划局;配合单位:市经济信息委、市财政局)

(二十一)完善收费公路价格形成机制,强化公路运输收费监管,坚决查处高速公路清障救援等服务中的各种乱收费行为,规范车辆超限处罚标准。全面清理机场、铁路、港口码头经营性收费项目,完善政府定价的收费目录清单,禁止除法规规章规定项目外的指定经营、强制服务、强行收费行为。(牵头单位:市物价局、市交委、市公安局)

六、加大民营企业产品采购力度

(二十二)推广应用《重庆市重点鼓励采购产品指导目录》《重庆市高新技术产品(服务)名单》《重庆市重点医药品种目录》,鼓励政府机关、企事业单位在同等条件下优先采购目录产品和服务。(牵头单位:市经济信息委、市科委;配合单位:市发展改革委、市财政局、市中小企业局)

(二十三)支持制造业龙头企业通过专业分工、服务外包、订单生产、共享平台等形式,带动中小微企业进入产业链或配套体系。通过市工业和信息化专项资金,对龙头企业采购中小微企业配套产品年累计在1亿元及以上的,按不超过新增采购结算额的1%给予奖励,单个企业奖励金额不超过200万元。(牵头单位:市经济信息委;配合单位:市财政局、市中小企业局、市工商局)

七、鼓励民营企业股权多元化

（二十四）通过充分利用政府股权投资基金等引导资产管理公司、私募股权基金增资入股我市民营企业。（牵头单位：市金融办；配合单位：市财政局）

（二十五）通过加强信息沟通、搭建推介平台等方式鼓励金融资产管理公司对银行不良资产打包处置，对企业实行债权转股权，对现有资产优良的民营企业进行托管租赁，优化民营企业公司治理结构，提高抗风险能力。（牵头单位：市金融办）

八、改进政府服务

（二十六）对国家明文规定且有收费标准的行政事业性收费项目，除环境及资源约束类项目外收费标准按国家规定的下限执行；市定的行政事业性收费项目，按照方便企业、公开透明、强化监督的原则，进行全面清理、简化、整合；定期向社会公布涉企行政事业性收费、政府性基金等目录清单。对银行业金融机构、水电气等垄断性公用企业的"搭车收费"情况进行重点检查，依法从重处罚违规者。（牵头单位：市财政局、市物价局；配合单位：市经济信息委）

（二十七）放开经营服务性项目市场准入，交由企业和社会机构双方按市场规则自主协商，行政管理部门不得指定社会机构为企业提供服务。（牵头单位：市民政局、市物价局、市工商局）

（二十八）不涉及公共利益和公众安全的非国有资金投资项目，可以依法不招标。国有资金投资项目的法人单位，自身依法具有该项目工程建设、产品生产或者服务提供的资格和能力，相应的工程、产品或服务可以不招标。（牵头单位：市发展改革委）

（二十九）全面落实西部大开发等各项税收优惠政策，做到应享尽享。（牵头单位：市地税局、市国税局；配合单位：市财政局、市发展改革委、市经济信息委、市商务委）

（三十）督促有关区县（自治县）政府、市政府有关部门和单位，按照相关要求履约支付拖欠企业的工程款、土地款等款项，对履约情况进行督查及通报。（牵头单位：市政府督查室；配合单位：市发展改革委、市财政局、市经济信息委、市城乡建委、市水利局、市交委、市人力社保局、市国土房管局、市国资委）

各区县（自治县）政府、市政府有关部门和单位要加强对涉企政策的宣传解读和监督检查，确保涉企政策落地见效。涉企政策落实情况每半年报市发展改革委汇总，由市政府督查室进行通报。

本意见自印发之日起施行，《重庆市人民政府办公厅关于进一步落实涉企政策促进经济平稳发展的意见》（渝府办发〔2016〕8号）同时废止。

重庆市人民政府办公厅

2018年3月7日

附录三　重庆市人民政府关于印发重庆市推进普惠金融发展工作方案的通知

渝府发〔2018〕5号

各区县(自治县)人民政府,市政府有关部门,有关单位:

《重庆市推进普惠金融发展工作方案》已经市政府同意,现印发给你们,请认真贯彻执行。

重庆市人民政府

2018年3月8日

重庆市推进普惠金融发展工作方案

为贯彻落实《国务院关于印发推进普惠金融发展规划(2016—2020年)的通知》(国发〔2015〕74号)和全国金融工作会议精神,结合我市实际,制定本方案。

一、工作目标

到2020年,建立与现代金融中心建设相适应的普惠金融服务和保障体系,重点为全市农村贫困人口实现脱贫、贫困区县(自治县,以下简称区县)摘帽提供金融支撑,普惠金融发展水平居全国中上游水平。

提高金融服务覆盖率。乡镇(街道)一级基本实现银行物理网点和保险服务全覆盖,2018年实现全市行政村银行基础服务全覆盖,2020年全市保险深度达到5%,保险密度达到3500元/人。

提高金融服务可得性。让特殊群体获取方便快捷、价格合理的金融服务。保持小微企业贷款增速高于全市贷款增速,保持涉农贷款持续稳定增长,实现政策性农业保险农户愿保尽保。

提高金融服务满意度。有效提高各类金融工具的使用效率。提高小微企业和农户申贷获得率。金融服务投诉率明显降低。

优化普惠金融发展环境。持续完善小微金融服务机制,加强农村地区支付结算基础设施建设,普惠金融教育和普惠金融消费者权益得到较好保障。

二、强化金融机构普惠服务主体作用

（一）鼓励政策性银行加强普惠服务。鼓励政策性银行以批发资金转贷形式与其他持牌金融机构合作，支持政策性银行为基础设施、特色农林产业、易地扶贫搬迁等提供长期资金，支持中国农业发展银行重庆市分行加大对粮食加工、农业基建信贷投放；支持进出口银行重庆分行加大农产品出口信贷以及境外金融机构贷款转贷。（责任单位：重庆银监局、中国人民银行重庆营管部）

（二）增强商业银行在渝机构支农支小能力。商业银行单列涉农信贷计划，推进社区和乡镇特色网点建设。鼓励中小商业银行推进普惠专营机构和小微企业专营支行、特色支行、社区支行建设，大型银行督促分支机构做实普惠金融事业部，中国农业银行重庆市分行、中国邮政储蓄银行重庆分行继续深化“三农金融事业部”改革。（责任单位：重庆银监局、中国人民银行重庆营管部）

（三）发挥地方法人银行普惠主力军作用。地方法人银行要切实发挥支持中小微企业和“三农”主渠道作用。村镇银行涉农和小微企业贷款占比力争达到80%以上。鼓励条件成熟的银行进行小微企业信贷子公司改革。（责任单位：重庆银监局、中国人民银行重庆营管部、市扶贫办）

（四）发挥保险公司保障优势。引导保险机构持续加大对农村保险服务网点投入，发挥基层农业服务组织等农业保险协办方作用。逐步实现农业保险承保理赔信息在各级政府公共信息网站、乡镇公开。（责任单位：重庆保监局、重庆银监局、市农委、市林业局、市扶贫办）

（五）深化证券期货经营机构服务涉农、小微企业功能。支持证券期货经营机构与区县政府合作，为当地涉农、小微企业提供上市挂牌、发行债券、套期保值等金融服务。（责任单位：重庆证监局）

（六）发挥要素市场资源配置功能。支持涉农要素市场发展，依托重庆农村土地交易所建设全市农村综合型产权流转交易市场，支持重庆股份转让中心创新适合中小微企业的融资产品。（责任单位：市金融办、市国资委、市中小企业局、市国土房管局、市农委）

（七）发挥引导基金和担保公司作用。发挥市级农业产业引导基金、新型农业经营主体创投基金作用，鼓励和引导社会资金设立农业产业专项投资基金。发展主要为小微企业和“三农”服务的新型融资担保公司。政府性融资担保机构力争五年内小微企业和“三农”融资担保在保户数占比达到75%。（责任单位：

市财政局、市金融办、市农委、重庆银监局、市国资委、市中小企业局）

（八）探索新型农村合作金融发展。在条件较好的农民合作社组建新型农村合作金融组织，加强与业务开展相适应的资本约束。支持农村小额信贷组织发展，试点组建为银行等机构发放贷款提供服务的合作非营利性的村级金融服务组织。鼓励开展互助合作保险。（责任单位：市金融办、重庆银监局、重庆保监局、中国人民银行重庆营管部、市农委、市扶贫办）

（九）引导新型机构深度开展普惠服务。加强小额贷款公司、融资租赁和典当行等机构监管，稳妥发展网络贷款业务。促进互联网金融组织规范健康发展，稳妥推进网络借贷、网络股权融资、网络金融产品销售等具有普惠性质的创新业务形态，加强信息披露，规范发展与自身信用及经营能力相适应的业务种类及规模，督促依法合规经营。（责任单位：市金融办、中国人民银行重庆营管部、重庆银监局、重庆证监局、重庆保监局、市商务委、市工商局、市通信管理局）

三、完善普惠金融基础设施体系

（一）健全普惠金融信用信息体系。依托全市各级信用信息平台，推动公共信用信息与金融机构、征信机构等信用信息互动融合。鼓励地方金融类机构接入人民银行征信系统。以创建信用户、信用村、信用乡镇、金融生态区县为载体，逐步构建全市农村信用体系。（责任单位：中国人民银行重庆营管部、重庆银监局、市发展改革委、市经济信息委、市公安局、市工商局、市财政局）

（二）完善农村产权服务机制。进一步加强农村产权权属登记及流转管理、农村资产和价格评估、以互联网为基础的集中统一抵（质）押登记服务、农村资产流转处置、风险分担补偿和金融机构激励建设。不断拓宽可作为贷款抵押物的农村产权范围，探索开展订单、存货、地上附着物及种植（养殖）物、涉农保险保单等抵（质）押贷款。（责任单位：市金融办、中国人民银行重庆营管部、重庆银监局、重庆保监局、市发展改革委、市财政局、市农委、市国土房管局、市林业局、市工商局）

（三）鼓励大数据、云计算等新技术运用。提高“小微E贷通”银企对接平台的利用率。支持地方法人银行成立互联网金融专营事业部或独立法人机构。支持符合条件的新型金融机构利用互联网平台开展服务，支持具备较强数据收集及分析能力的企业设立或入股新型金融机构。（责任单位：中国人民银行重庆

营管部、重庆银监局、重庆证监局、重庆保监局、市金融办）

（四）推进支付环境建设。引导金融机构进一步发展电子支付手段，鼓励网络支付机构服务电子商务发展，实现"惠农通"或乡村POS终端等自助设备全市行政村全覆盖。拓展"云闪付"等移动金融及金融IC卡应用。将符合条件的村镇银行等接入支付清算系统。（责任单位：中国人民银行重庆营管部、重庆银监局、市金融办）

四、强化普惠产品和服务

（一）做好普惠信贷服务。鼓励信贷类机构坚持精细化、差异化，改进小微信贷技术、流程、机制。鼓励银行机构下放审批权限，创新与涉农担保公司、保险公司的合作形式，探索发展投贷联动、线上融资，利用人民银行征信中心动产融资统一登记公示系统，推进动产质押贷款业务。实现扶贫小额信贷对符合条件的建档立卡贫困户全覆盖。鼓励金融机构改进知识产权抵押、融资、理财、咨询等综合性金融服务，丰富就业创业金融产品。推广产业链金融服务模式，发展"公司+农民合作社+农户"等信贷模式。开发适合医疗机构的融资品种，探索与残疾人保障及就业扶持政策结合的金融产品，试点推广住房反向抵押贷款。（责任单位：重庆银监局、中国人民银行重庆营管部、重庆保监局、市农委、市金融办、市扶贫办、市国土房管局、市林业局、市卫生计生委）

（二）支持中小企业直接融资。支持利用银行间债券市场、交易所债券市场直接融资，发行企业债、公司债、债务融资工具。鼓励符合条件的中小企业、涉农林企业进入重庆拟上市企业储备库，加快上市培育进程，推动贫困地区企业利用好上市挂牌"绿色通道"。支持股权投资基金为科技型中小企业提供资本支持，发展农业专项股权投资基金投资涉农林企业。发挥股权融资平台对大众创业、万众创新的支持作用。（责任单位：重庆证监局、中国人民银行重庆营管部、市发展改革委、市金融办）

（三）拓宽农村产权及使用权交易品种。发挥农村产权流转交易市场功能，加快建设农村产权抵押融资信息系统，开展"地票"、承包土地经营权、林权等依法可流转的农村产权等品种交易试点。（责任单位：市农委、市发展改革委、市国土房管局、市金融办）

（四）支持农产品远期定价服务。积极推动农业经营主体进入期货市场开展套期保值业务。鼓励创新期货产品有关风险管理工具,支持开展涉农产品远期定价、远期交易等创新型业务。(责任单位:重庆证监局、市农委、市金融办)

(五)加快发展普惠保险。加快发展小微企业信用保险、借款人意外伤害保险,完善小额贷款保证保险财政补偿机制。发展设施农业、农产品收益等保险,推广“保险+期货”试点。扩大商业养老保险覆盖面,实现贫困户大病医疗补充保险区县全覆盖,建卡贫困户农村扶贫小额保险全覆盖。支持保险公司开展适合特殊群体的小额人身保险等业务。鼓励保险公司投资符合条件的小微企业专项债券,引导保险资金参与民生工程建设。(责任单位:重庆保监局、市人力社保局、市扶贫办、市农委、市残联、市金融办、重庆银监局)

五、配套普惠金融政策体系

(一)加强货币政策引导。灵活运用货币政策工具,鼓励和引导地方法人金融机构加大小微企业和“三农”信贷资源配置。加大再贷款、再贴现支持力度,支持符合条件的地方法人金融机构发行小微企业金融债券、“三农”金融债券。(责任单位:中国人民银行重庆营管部、重庆银监局、市金融办)

(二)发挥监管激励机制作用。督促金融机构制定和落实普惠考评机制,对小微企业和“三农”不良贷款率高于当年该银行贷款不良率目标2个百分点以内(含)的,有关信贷人员可以尽职免责。落实分级分类监管,引导小额贷款公司普惠金融服务。引导金融机构实践绿色金融理念。适度调整贫困地区新型机构准入政策。(责任单位:市金融办、重庆银监局、中国人民银行重庆营管部、重庆证监局、重庆保监局)

(三)发挥财税政策作用。优化金融业发展专项资金使用结构,完善和落实对县域金融机构涉农贷款增量奖励、涉农专项贴息等政策,对涉农保险、融资性担保、农村基础金融服务给予财政支持。推动各区县建立扶贫小额信贷风险补偿机制,积极争取和探索小额贷款公司对小微企业和“三农”贷款的财政扶持政策。(责任单位:市财政局、市金融办、市地税局、市国税局、市农委、市中小企业局、市扶贫办、中国人民银行重庆营管部、重庆银监局、重庆保监局)

(四)完善风险分担机制。推进“政银担”合作,加大财政支持,完善小微企业和“三农”融资担保风险分担及补偿机制。发挥再担保公司作用,做大做强政府性融资担保机构。发挥政府转贷资金作用,探索小额贷款公司贷款风险补偿

分担机制。(责任单位:市财政局、市国资委、市中小企业局、中国人民银行重庆营管部、重庆银监局、重庆保监局、市金融办)

(五)加强金融知识公众教育。健全覆盖全市主要乡镇(街道)的金融知识宣传阵地,督促金融机构深入乡镇(街道)、村(社区)开展金融公众教育,推动大中小学积极开展金融知识普及教育。开展金融知识扫盲工程,强化金融案件高发领域风险宣传,加强金融消费信息披露和风险提示。(责任单位:中国人民银行重庆营管部、重庆银监局、重庆证监局、重庆保监局、市金融办、市教委)

(六)加大金融消费者权益保护力度。加强对理财产品、信用卡、代理保险等销售行为的合规管理,发挥金融消费权益保护信息管理系统作用,完善金融消费者投诉分类处置工作,畅通消费争议解决渠道,及时查处侵害金融消费者合法权益的行为。开展金融广告治理,有效防范和处置互联网金融风险。切实落实监督管理部门对非法集资的防范、监测和预警等职责,坚决守住不发生区域性风险、不引发系统性风险的底线。(责任单位:市公安局、中国人民银行重庆营管部、重庆银监局、重庆证监局、重庆保监局、市金融办、市工商局)

六、强化组织保障体系

(一)加强组织保障。市金融办、中国人民银行重庆营管部、重庆银监局、重庆证监局、重庆保监局总牵头,有关责任单位参与,建立推进普惠金融发展协调机制。各区县政府、市政府有关部门及各金融机构按照全市统一部署,协调配合,扎实推进。

(二)健全监测评估。各区县政府、市政府有关部门和单位要按职责设计形成包括普惠金融可得情况、使用情况、服务质量的统计指标体系,逐年分解任务。加快建立推进普惠金融发展监测评估体系,实施动态监测与跟踪分析。

(三)强化检查督促。各区县政府结合实际制定贯彻落实措施,市政府有关部门和单位做好全市普惠金融发展的检查督促工作,及时将新情况、新问题上报市政府。

附录四　重庆市金融工作办公室关于印发重庆市小额贷款公司银行账户管理指引的通知

渝金发〔2018〕1号

各区县(自治县)金融办(金融工作管理部门),两江新区现代服务业局,保税港区金融办,万盛经开区金融办,各小额贷款公司,市小额贷款公司协会:

现将《重庆市小额贷款公司银行账户管理指引》印发给你们,请遵照执行。

附件:重庆市小额贷款公司银行账户管理指引

重庆市金融工作办公室

2018年4月3日

重庆市小额贷款公司银行账户管理指引

第一章　总则

第一条　为加强小额贷款公司监管,规范小额贷款公司银行账户管理,防控金融风险,根据市政府办公厅《重庆市小额贷款公司试点管理暂行办法》(渝办发〔2008〕第239号)和中国人民银行颁发的《人民币银行结算账户管理办法》(中国人民银行令〔2003〕第5号)、《非银行支付机构网络支付业务管理办法》(中国人民银行公告〔2015〕第43号)、外汇账户管理的有关规定,制定本指引。

第二条　在重庆市内注册设立的小额贷款公司及其分支机构,应遵守本指引的规定。

第三条　本指引所称银行账户,指小额贷款公司及其分支机构开立的所有银行账户,包括人民币存款账户和外汇存款账户。人民币存款账户用于注册验资(人民币)、日常结算、现金收付、贷款和利息结算、融资转存(人民币)、理财结算(人民币)、分支机构运营等。外汇存款账户用于资本金(外币)管理、外债管理、结汇待支付资金管理、理财结算(外币)等。

第二章 银行账户的开立和使用

第四条 小额贷款公司银行账户的开户银行应是在渝商业银行及其在渝分支机构。

小额贷款公司因融资业务需要在市外开立银行账户的,只能用于核算相关融资资金,并在偿还融资后10个工作日内撤销。

小额贷款公司在市外开立人民币存款账户的,应报经市级监管部门同意后按人民银行当地分支机构的规定开立。在市外开立外债相关专用账户的,应报经市级监管部门同意后按外汇管理部门的规定开立。

第五条 小额贷款公司开立银行账户,应选择自愿配合监管部门监督账户使用情况和主动报告异常现象的银行。

小额贷款公司开立银行账户时,应与开户银行书面约定配合包括但不限于监督账户使用情况和主动报告异常现象的相关内容。

第六条 外资小额贷款公司股东为其筹建小额贷款公司开立筹建保证金账户,应与开户银行和市级监管部门签订《三方共管账户资金协议》,并凭市级监管部门出具的《共管账户划款通知书》办理资金支付。该账户的开户银行应具备开设离岸账户或NRA账户资质。

第七条 小额贷款公司的银行账户开立、变更或撤销后,应在10个工作日内填报《重庆市小额贷款公司银行账户备案表》(见附件),并附开户许可证、开户协议、变更申请、撤销申请等相关资料复印件(加盖公司公章),报市、区县两级监管部门备案。每半年后1个月内向市、区县两级监管部门报送由公司基本存款账户开户银行打印的《已开立结算账户清单》。

第八条 小额贷款公司的工资、奖金、费用和现金的支取只能通过基本存款账户办理。

小额贷款公司的基本存款账户可用于放贷和收贷收息。

第九条 小额贷款公司银行账户的资金,除支付贷款、费用、分红以及其他合规款项外,不得以任何理由转入小额贷款公司的股东及其关联企业和个人的银行账户。

第十条 小额贷款公司应主动定期与银行对账,按季于季后10个工作日内向市、区县两级监管部门报送所有银行存款的流水清单电子件。

第三章　银行账户的监督管理

第十一条　区县监管部门负责对辖区内小额贷款公司银行账户的日常监管，银行账户开立、变更、撤销的备案管理，对资金流水进行排查分析，甄别资金来源和资金运用的合规性，对异常现象采取相应监管措施，及时报告市级监管部门。

第十二条　市、区县两级监管部门的工作人员应对小额贷款公司的银行账户信息保密，对小额贷款公司银行账户和资金流水的有关资料，除国家法律、行政法规另有规定外，未经公司允许不得对外泄露。

第十三条　小额贷款公司的开户银行负责配合监管部门监督账户使用情况，在发生异常现象时主动及时向监管部门报告。对监督不到位的开户银行，市级监管部门责成小额贷款公司撤销其账户。

第十四条　违反本指引规定或填报虚假账户信息的小额贷款公司，监管部门将按照情节轻重，采取责令限期整改、约见高管或股东进行监管谈话、监管评级扣分、高管考核扣分、行业内部通报批评、开展现场检查、取消有关董事和高管人员任职资格等监管措施。

第四章　附则

第十五条　小额贷款公司在财务公司开立账户的，比照本指引执行。

第十六条　本指引自2018年4月20日起施行。在本指引施行前，小额贷款公司已经开立的银行账户，应当于本指引施行之日起1个月内，按照本指引第七条规定备案相关资料；已经开立的银行账户不符合本指引有关要求的，在本指引施行之日起3个月内完成整改。

第十七条　本指引由重庆市金融工作办公室负责解释。

附件

重庆市小额贷款公司银行账户备案表

填报单位（公章）：

序号	账户名称	开户银行	银行账号	开户许可证号	备案类型	币种	账户类型	账户用途	备注

单位负责人：　　　　填表人：　　　　联系电话：　　　　填表时间：　　年　月　日

说明：1.请小额贷款公司开立银行账户后10个工作日内将本表报送至市金融办地方处，同时还须报送开户许可证等相关资料；

2.本表中“账户名称”和“开户银行”应填报全称，不得使用简称代替；

3.“备案类型”“币种”“账户类型”和“账户用途”栏目在规定选项中选择填入。如“账户用途”栏目选择“其他”的，应在"备注"栏中说明具体用途。

附录五　重庆市人民政府办公厅关于认真做好金融业综合统计工作的通知

渝府办发〔2018〕81号

各区县(自治县)人民政府,市政府有关部门,有关单位:

为贯彻落实《国务院办公厅关于全面推进金融业综合统计工作的意见》(国办发〔2018〕18号)精神,经市政府同意,现就做好我市金融业综合统计工作通知如下:

一、建立工作机制,加强协作联动

中国人民银行重庆营管部负责统筹我市金融业综合统计工作,牵头建立重庆市金融业综合统计工作小组,市金融办、重庆银监局、重庆证监局、重庆保监局、市统计局、市发展改革委、市财政局等为成员单位。由中国人民银行重庆营管部牵头,明确有关单位各阶段目标任务,定期组织召开重庆市金融业综合统计工作碰头会,通报进展情况,部署具体任务,分析研判存在的问题和困难,研究制定有效工作措施。各成员单位要按照任务分工落实责任,形成合力,共同推进。

二、开展调查研究,摸清工作底数

市政府有关部门和单位要按照近期和中期各阶段目标任务,深入开展摸底调查,为金融业综合统计各项制度的具体实施做好准备;密切跟踪金融业综合统计制度实施进展,及时反馈制度执行中的问题、意见及建议;积极参与、主动支持中国人民银行重庆营管部组织开展的系统重要性金融机构、金融控股公司、地方金融组织、互联网金融机构及其他新型金融机构统计框架调查研究。

三、开展创新探索,完善统计体系

市政府有关部门和单位要在中国人民银行重庆营管部统一安排协调下,加强对新机构、新业态、新工具等金融领域的统计探索。在贯彻落实各阶段目标任务过程中，金融机构、地方金融组织及其主管部门应全力配合中国人民银行重庆营管部，探索开展新金融统计指标体系构建，完善社会融资规模创新业务统计，全面反映金融对实体经济的支持；围绕系统重要性金融机构、金融控股公司统计框架开展先行先试，为深入推进金融业综合统计工作积累经验、建言献策。

四、加强数据核查，提高数据质量

中国人民银行重庆营管部牵头建立数据评估机制，组织有关单位定期开展数据核查和质量评估，规范统计口径、统计指标的计算方法和来源，强化各种报表数据的衔接。要落实数据质量岗位责任制，建立有效的约束和激励机制，确保统计数据质量。

五、完善保障措施，确保工作推进

市政府有关部门和单位要加强领导、精心组织、强化保障，全力推进全市金融业综合统计工作。加大从业人员培训力度，努力打造高素质金融统计人才队伍。加大宣传力度，突出标准化、规范化、综合化的现代金融统计理念，为顺利推进金融业综合统计工作营造良好的舆论环境。

重庆市人民政府办公厅

2018年6月11日

附录六　重庆银监局关于进一步加强银行业金融机构债权人委员会工作的通知

（渝银监办发〔2018〕78号）

各银监分局，各政策性银行重庆(市)分行、各大型银行重庆市分行、各股份制银行重庆分行、邮储银行重庆分行、重庆银行、重庆三峡银行、重庆农村商业银行、重庆富民银行、各城市商业银行重庆分行、各外资银行重庆分行、各信托公司、各金融租赁公司、各财务公司、各资产管理公司重庆办事处(分公司)、大渡口融兴村镇银行、九龙坡民泰村镇银行、沙坪坝融兴村镇银行、南岸中银富登村镇银行、市银行业协会：

重庆银行业金融机构债权人委员会(以下简称“债委会”)工作制度建立以来，在支持供给侧结构性改革、防范化解风险、维护金融债权等方面取得了较好成效。为进一步落实中国银行保险监督管理委员会相关要求，完善债委会运行机制，提升工作效果，现将有关事项通知如下：

一、加大规范基础工作力度

各银行业金融机构要进一步深化对债委会重要作用的认识，更加积极主动地开展工作。

(一)及时签署债委会文件。对债权人协议、债委会公约、债委会议事规则等有关文件，已成立的债委会应进行梳理，主席单位要主动加强与成员单位对接，确保全面签署完成上述文件；新成立的债委会，原则上各债权单位均应签署上述文件并在债委会成立后10个工作日内完成。

(二)建立健全内部工作机制。各银行业金融机构要确定债委会工作的统一牵头部门、具体责任部门、配合部门以及相关岗位职责，要加强对内部债委会工作团队管理，建立债委会工作内部沟通协调机制、考核督办机制等。要确保由业务骨干负责债委会日常工作并作为本单位的授权代表。

(三)落实保密要求。认真落实债委会议事保密规则，注意信息传递方式的保密性，不得随意向外界透露债委会会议内容，不得泄露相关工作秘密、商业秘密及其他敏感信息。

（四）做好宣传引导。强化相关舆情和声誉风险管理，积极通过多渠道、多方式进行政策宣导、新闻宣传，引导有关各方正确认识债委会的自律与服务属性，澄清误解，营造良好工作氛围。

二、进一步落实债委会主席单位牵头责任

主席单位要积极运用和完善"联合授信、联合稳贷、联合惩戒"三项机制，在信息收集、规则制定、决策执行、内外协调、稳贷增贷等方面主动担当。

（五）及时摸清底数并分类。主席单位要第一时间牵头摸清企业主营业务及经营状况、关联企业情况、资产负债情况（包括小额贷款公司、民间借贷）、风险底数等基本情况，其中各债权单位的债权情况应逐笔与企业（集团）提供数据进行比对。根据企业的债务规模、风险严重程度、行业重要性、区域重要性将企业分为"重点关注类""关注类""普通类"，报银行业协会协商确定，并视后续情况动态调整。

（六）加强信息报送。主席单位应向监管部门债委会工作牵头处室、对应机构监管处室及银行业协会报送债委会工作简报、报表、会议纪要及重要事项。首次报送应在债委会成立20个工作日内完成，其中"重点关注类"企业最迟5个工作日内报送，内容包括债委会文件签订情况、企业基本情况及各单位债权情况；后期报送内容包括近期企业基本情况中的变化情况及债委会工作推进情况等。对"重点关注类"企业应按周报送，对"关注类"企业应按季报送，对"普通类"企业每半年报送一次。债委会会议纪要和重要事项应第一时间报送。"重点关注类"企业召开债委会会议应邀请主席单位对应机构监管处室、银行业协会参会。

（七）加强集体研究及信息共享。主席单位要结合实际情况确定各债委会召开会议的周期频次，并根据风险变化情况及时调整；主席单位要提前做好会议准备工作，明确会议议题，严格参会纪律，形成会议决议，强化会后督办。主席单位应将债委会工作简报按上报频率及时与成员单位共享。

（八）牵头制定风险防范化解方案。主席单位要引导债委会全体成员单位在全面理性研判情况的基础上根据"一企一策"的原则制定联合授信管理和债权维护方案，确定增贷、稳贷、减贷、重组等信贷管理措施，有力推进风险防范化解和不良资产处置。对于具备金融债务重组条件的企业，应根据企业行业属

性、业务特点、财务状况等有针对性地研究制定重组方案。

(九)起好带头作用。主席单位要在风险处置化解中积极当好“压仓石”“领头羊”,带头落实债委会决议,积极运用多种方式协调债权人相关方特别是成员单位一致行动,做好与债委会成员单位以外债权人的沟通协调,代表债委会主动与政府相关部门、相关司法部门等进行沟通协调,争取更多支持,达成更多共识,更大程度地保全金融债权。

三、进一步落实债委会成员单位配合责任

各银行业金融机构应牢固树立大局意识,积极配合主席单位开展债委会工作。

(十)动态共享企业状况。各成员单位应积极配合主席单位建立企业基本情况及全口径债务监测台账,动态掌握企业经营管理中的变化或突发情况,及时向主席单位报告,加强沟通交流与信息共享。

(十一)认真执行债委会决议。各成员单位之间要做到有效沟通、密切合作,共同商定风险防范化解方案,认真执行债委会决议,不得以内部流程为由敷衍搪塞或相互推诿掣肘。

(十二)不得损害其他成员单位利益。各成员单位在采取不良资产转让等债务管理措施前,应及时向债委会报告,不得隐瞒任何可能损害其他成员单位合法权益的信息,不得单方面采取任何可能损害其他成员单位利益的措施。

四、强化银行业协会统筹协调

银行业协会要在信息收集整理、经验总结与宣传、日常指导协调等方面发挥更大作用。

(十三)收集整理债委会工作信息。根据主席单位上报的各项数据和工作简报及时建立并更新各债委会报表及工作台账,全面掌握各债委会各项工作推进情况,并于每季度结束后5个工作日内报送监管部门债委会工作牵头处室。首次成立债委会的会议纪要应及时报送监管部门债委会工作牵头处室。银行业协会可视情况完善大额授信管理系统功能,必要时开发债委会数据统计管理系统。

(十四)加强债委会工作经验共享。定期组织研讨典型案例,形成可复制、

可推广的经验，做好相关宣传，营造良好氛围。

（十五）指导协调债委会日常工作。要做好对债委会工作的日常指导协调，加强与政府部门、相关行业协会的沟通协作，研究探索进一步优化债委会运行机制。

五、强化监管部门监督指导

各级监管部门要根据职责分工认真落实监管督导责任。

（十六）统筹协调债委会工作。债委会工作牵头处室应统筹协调各机构监管处室、各银监分局、银行业协会做好债委会有关工作，研究出台辖内债委会工作有关规范性文件，按季向银保监会上报债委会工作情况，不定期上报债委会工作动态。

（十七）具体督导债委会工作。主席单位对应机构监管处室、银监分局负责具体指导主席单位依法合规、勤勉尽责地开展相关牵头工作。要通过收集信息、列席会议、座谈讨论、专题研究等方式持续跟进重点企业（包括重点关注类、关注类，下同）风险状况和债委会运行情况，及时给予政策咨询和指导。并建立重点企业债委会工作台账，按季向债委会工作牵头处室报送重点关注类企业债委会工作推进情况，对风险化解工作中的重大问题，及时向银保监会报告。债委会成员单位对应机构监管处室、银监分局应配合做好债委会督导工作。

（十八）增强上下内外沟通协作。各级监管部门要根据职责分工及时将债委会工作有关情况内部共享，协调一致。对债委会运行过程中的重大问题和重要事项，主席单位对应机构监管处室、银监分局应主动加强与地方政府、司法部门以及异地监管部门等的协作配合，并会同地方政府做好舆论宣传引导。

（十九）加强对债委会工作的考核。各机构监管处室、各银监分局应对债委会主席单位履行牵头职责、各成员单位自觉遵守债权人协议、债委会公约、债委会议事规则等文件及落实相关决议情况等进行考核，必要时纳入年度监管评价。

（二十）强化问责。各机构监管处室、各银监分局要继续强化问责，对不加入债委会、不配合债委会工作、拒不执行债委会决议、履行债委会职责不到位，造成一定负面影响或严重后果的银行业金融机构，采取约谈主要负责人、通报批评、责令对有关责任人给予纪律处分等措施。

六、推进建立完善政银企协作配合机制

政银企协作配合机制是有效推进债委会工作、确保困难企业债务风险有效化解的重要保障。各银行业金融机构要继续推动完善政银企协作配合机制。

(二十一)促协同推进。抢抓关键时点,积极向相关政府部门谏言献策,促进各方对重点企业风险化解与银行债权保护的协同推进。

(二十二)促多方共赢。认真研究各方诉求,平衡各方利益,通过债委会机制促进政银企各方及时、充分沟通,形成共识,达成合作“最大公约数”。

(二十三)建专业团队。促进各方围绕各自职能职责建立专业团队,充分沟通、协调行动,实现高效运转。

《关于印发组建重庆市银行业债权人委员会工作方案的通知》(渝银监办发〔2016〕35号)继续有效,与本文件不一致之处以本文件为准。

重庆银监局

2018年6月20日

附录七　重庆市人民政府办公厅关于认真开展创新企业境内发行股票或存托凭证试点工作的通知

渝府办发〔2018〕94号

各区县(自治县)人民政府、市政府有关部门、有关单位:

为认真贯彻落实《国务院办公厅转发证监会关于开展创新企业境内发行股票或存托凭证试点若干意见的通知》(国办发〔2018〕21号)精神,经市政府同意,现就我市开展创新企业境内发行股票或存托凭证试点工作有关事项通知如下:

一、深入调查摸底。对照试点的条件和规则,深入开展调查摸底,主要从财务指标、企业规模、核心技术和发展潜力等方面,着重围绕互联网、大数据、云计算、人工智能、软件和集成电路、高端装备制造、生物医药等高新技术产业和战略性新兴产业,找准有条件、有潜力开展试点的企业。(责任单位:市经济信息委、市科委)

二、强化政策指导。对符合试点条件的企业要重点帮扶,形成时间表、路线图。利用好国家政策供给,借助中介机构专业力量,着力完善企业治理结构、健全内部控制制度、规范关联交易行为。加强对涉及的发行条件、审核程序、信息披露、投资者保护及法律责任等方面的政策培训,提高企业利用试点政策的意识和能力,从源头上提高企业质量。(责任单位:市金融办、重庆证监局)

三、加强政策扶持。对拟试点企业开展跟踪服务和重点培养,在产业扶持政策、项目用地指标、高新技术企业申报认定等方面给予必要的政策扶持。鼓励商业银行等金融机构优先支持创新型企业发展,鼓励我市产业引导基金、战略性新兴产业基金等股权投资基金,积极对接拟试点企业引进战略投资。(责任单位:市金融办、市经济信息委、市政府有关部门)

四、做好沟通汇报。由市金融办牵头,联合重庆证监局,加强与中国证监会及所属科技创新产业化咨询委员会的沟通汇报,密切关注政策试点情况,根据证券监管部门的指导意见,加快培育符合条件的试点企业,争取优先将我市创新型企业纳入试点名单。(责任单位:市金融办、重庆证监局)

五、加强组织领导。各区县(自治县)政府、市政府有关部门和单位要深刻领会开展创新企业境内发行股票或存托凭证试点对推动我市经济高质量发展的重要意义，全面加强对试点工作的组织协调，形成工作合力，按照《重庆市人民政府办公厅关于印发企业上市相关政务服务事项办理规程的通知》（工作通知〔2017〕1882号）要求，依法协调解决拟试点企业在上市过程中遇到的各种问题。

重庆市人民政府办公厅

2018年6月29日

附录八　重庆市人民政府办公厅关于印发重庆市提升经济证券化水平行动计划（2018—2022年）的通知

渝府办发〔2018〕109号

各区县（自治县）人民政府，市政府有关部门，有关单位：

《重庆市提升经济证券化水平行动计划（2018—2022年）》已经市政府同意，现印发给你们，请认真贯彻执行。

重庆市人民政府办公厅

2018年8月7日

重庆市提升经济证券化水平行动计划（2018—2022年）

党的十九大报告提出，要提高直接融资比重，促进多层次资本市场健康发展。为发挥资本市场在促进经济发展方式转型升级、优化经济结构、转换增长动力等方面的重要作用，构建实体经济、科技创新、现代金融、人力资源协同发展的产业体系，推动质量变革、效率变革、动力变革，提升经济证券化水平，促进全市经济高质量发展，特制定本行动计划。

一、总体思路

坚持以习近平新时代中国特色社会主义思想为指导，深入贯彻党的十九大和十九届二中、三中全会精神以及全国金融工作会议精神，把提升经济证券化水平作为深化供给侧结构性改革的重要抓手，把利用多层次资本市场作为改造提升传统产业、培育新兴产业、壮大特色产业的重要路径，按照“企业主动、政府推动、市场拉动”的原则，树立“抓上市就是抓招商、抓升级、抓发展”的理念，统筹运用市场化机制，加快形成高质量的拟上市企业“预备队”，增加上市公司数量，提升上市公司质量，健全私募股权投资体系，发挥区域股权市场培育功能，不断提升直接融资比重，提高资本市场服务实体经济能力。

二、行动目标

到2022年年底，实现我市境内外上市公司数量倍增目标，全市新增境内外上市公司70家、达到140家，新增IPO申报公司100家、新增辅导备案公司200家、新增以上市为目标的股改公司350家，形成充足的拟上市资源梯队，证券化率超过全国平均水平。

重庆市提升经济证券化水平计划目标

单位：家

新增公司 / 年份	境内外上市公司	IPO申报公司	辅导备案公司	以上市为目标的股改公司
2018年	5	15	20	50
2019年	10	15	30	60
2020年	15	20	40	70
2021年	20	25	50	80
2022年	20	25	60	90

三、重点任务

（一）扩充拟上市资源储备库。按照“培育一批、股改一批、辅导一批、申报一批、上市一批”的路径，定期分行业对规模以上企业开展全面调查，重点以我市支柱产业、优势产业企业为主，根据上市条件，及时筛选出主营业务突出、经营业绩良好、发展潜力较大的上市后备企业（以下简称后备企业），择优纳入市级拟上市资源储备库，形成市、区县（自治县，以下简称区县）两级梯次培养格局。对上市资源储备库实行动态管理，择优汰劣，5年内新增100家左右优质规范的上市主体。（责任单位：各区县政府、市金融办、市国资委、市经济信息委、市科委、市商务委）

（二）加速推动企业股份制改造。根据后备企业规模、所处行业和发展阶段，在主办券商和具有证券从业资格的会计师事务所、律师事务所指导下，积极帮助企业制定合理的股改和上市方案，降低企业改制成本，对接引进战略投资者，有序推动后备企业开展股份制改造，5年内新增以上市为目标的股改公司350家。鼓励有上市发展战略的新设市场主体初始登记为股份有限公司。（责任

单位:各区县政府、市金融办)

(三)分类推进企业选择上市路径。坚持境内和境外上市、直接和间接上市并重。立足沪深A股市场上市主渠道,积极推动规模较大、效益较好、竞争力较强的企业在沪深主板、中小板市场上市,科技含量较高、成长性较好、规模不大的中小企业在创业板上市;鼓励有条件的企业通过资产置换、吸收合并等方式探索"借壳"上市;对外向型或新业态、新商业模式企业,鼓励境外上市,努力使全市上市企业行业分布更广泛、产业结构更合理、目标市场更全面。(责任单位:市金融办)

(四)聚焦重点行业和创新型企业。以汽车、电子(集成电路)、医药制造等行业为重点,促进相关龙头企业能上则上、应上尽上。按照《国务院办公厅转发证监会关于开展创新企业境内发行股票或存托凭证试点若干意见的通知》(国办发〔2018〕21号)精神,争取将我市符合国家战略、掌握核心技术、市场认可度高,属于互联网、大数据、云计算、人工智能、软件和集成电路、高端装备制造、生物医药等高新技术产业和战略性新兴产业的创新型企业纳入试点名单,尽快推动创新型"独角兽"企业进入改制上市流程。(责任单位:市经济信息委、市科委、市金融办)

(五)用好"绿色通道"政策。抓住国家对扶贫开发工作重点县和集中连片特殊困难地区县的企业,申请首次公开发行股票并上市实行即报即审、审过即发的政策机遇,引导资本市场在服务乡村振兴战略中发挥更大的作用。坚持培育与引进"两条腿"走路,加大对本地优势特色农业产业化企业和旅游龙头企业的引导和资源整合注入,促使其尽快符合上市要求;加快引进迁入意愿较强,与本地特色产业、优势产业、传统产业关联度较高、互补性强的市外企业,全力扶持其上市。(责任单位:有关区县政府、市农委、市旅发委)

(六)加强全流程精细化管理。加强与中国证监会沟通,推动正在排队拟上市企业尽快通过发行审核会议。认真总结未通过审核发行股票企业的经验教训,对有意愿再次报审的企业,帮助其完善有关材料和手续,尽快再次报审。对照上市企业的标准和条件,规范申请辅导备案企业运作。对暂不满足上市条件的企业,支持其进入新三板或重庆股份转让中心挂牌,进一步完善法人治理结构,健全内控制度,为改制上市奠定良好基础。(责任单位:市金融办、重庆证监局)

(七)加大财政扶持力度。继续实施市级拟上市重点培育企业财政扶持政策，加大奖补范围和力度，鼓励区县政府参照制定财政奖励办法。

1. 对市金融办认定的市级拟上市重点培育企业，在3年重点培育期内，以其上一年度缴纳企业所得税为基数，缴纳的增量部分，由市财政在其纳入重庆证监局上市辅导备案后，按市级留成部分给予奖补，累计奖补额度最高不超过600万元，上市成功后不再享受。

2. 对进入我市重点拟上市企业储备库的企业进行股份制改造，用未分配利润、盈余公积、资本公积(不含股份制企业股票溢价发行收入所形成的资本公积金)转增股本，自然人股东获得转增股本数额，按照利息、股息、红利所得应缴纳的个人所得税，可在不超过5年的期限内，按规定实施分期纳税。

3. 对重点培育企业拟在境内外证券交易所上市的，股份制改造完成后给予50万元奖励，申报材料正式受理后给予50万元奖励，审核通过后给予100万元奖励。对重点培育企业拟在全国中小企业股份转让系统挂牌的，股份制改造完成后给予30万元奖励，审核通过后给予30万元奖励。以上财政奖励“分段计算，不重复享受”，每家企业累计奖励不超过200万元。(责任单位：市财政局、市金融办、市税务局)

(八)提升上市服务效率。按照企业上市政务服务事项办理有关规定，对企业上市涉及的立项、社保、土地、环评、税收、工商、产权确认等问题，开辟“绿色通道”，予以优先办理；对企业的特殊需求，采取“一事一议”方式妥善解决；对后备企业生产经营中存在的各类不规范行为，应通过教育、警告、限期整改等方式，促进企业守法、规范经营，避免“以罚代管”。(责任单位：各区县政府、市政府有关部门)

(九)支持上市企业再融资和并购重组。鼓励和支持上市公司运用资本市场再融资功能，通过增发、配股、发行公司债、可转债等方式，扩大再融资规模。发挥政府引导作用，建立市场化并购基金，集聚社会资本，加快实施境内外核心项目并购，提升上市公司质量。推动绩差上市公司通过资产注入、引入战略投资等方式恢复持续经营能力和再融资能力。(责任单位：各区县政府、重庆证监局、市金融办、市国资委)

(十)加大股权投资力度。健全私募股权投资体系，开展股权基金交流推介活动，积极储备优质项目，吸引国内外股权投资基金来渝投资。鼓励产业引导股权投资基金、战略性新兴产业股权投资基金、科技风险投资基金为处于种子期、初创期、成长期不同发展阶段的企业提供融资支持，重点聚焦先进制造、大

健康、互联网、新材料、节能环保等新兴产业领域。(责任单位:市金融办、市财政局、市国资委、重庆证监局)

(十一)加快区域性股权市场建设。推动重庆股份转让中心加快建设成为服务我市中小微企业股权融资的重要资本市场和全市重要金融基础设施,支持重庆股份转让中心继续发展成长板和孵化板,完善科技创新板和青年创新创业板。以培育多层次合格投资者为核心,有效活跃市场融资和交易功能。以股改企业和国企混改为重点突破,多渠道提升挂牌企业的质量和数量。(责任单位:市金融办、市国资委、市经济信息委、重庆证监局)

(十二)提升中介机构服务水平。落实支持保荐机构、会计师事务所和律师事务所等中介机构发展的优惠政策,加快推动我市上市培育中介机构发展。鼓励内控完善、经验丰富、执业水平高的外地中介机构来渝开展业务。建立中介机构执业和诚信评价机制,在重庆证监局官网上发布证券公司名录及分类评价、执业质量等信息,对推动企业上市积极主动、成效明显的中介机构,优先向后备企业宣传和推介。(责任单位:市金融办、市财政局、市司法局、重庆证监局)

四、保障措施

(十三)加强组织统筹。市金融办要抓好企业上市工作的统筹规划、组织协调、服务指导、政策落实,牵头研究解决企业上市的重大问题。重庆证监局、重庆银监局、重庆保监局、中国人民银行重庆营管部等部门要进一步加强对辅导企业的指导,着力提高企业通过发行审核会议比率。市经济信息委、市科委、市商务委、市国资委、市工商联等部门,要培育筛选更多优质的拟上市规模以上工业企业、高科技企业、服务业企业、国有企业、民营企业进入拟上市资源储备库。各区县政府要落实企业上市工作主体责任,建立完善拟上市企业名录,落实时间表、路线图和责任人,开展全程跟踪服务,协调解决企业上市过程中的问题和障碍,推动企业尽快满足上市要求。(责任单位:各区县政府、市金融办、重庆证监局、市政府有关部门)

(十四)加大产业扶持力度。市政府有关部门要对重点后备企业加强分类指导,在产业扶持政策、各类财政性资金补助、项目用地指标、高新技术企业申报认定等方面给予必要的政策扶持,同等条件下优先安排。(责任单位:市发展改革委、市财政局、市国土房管局、市经济信息委、市科委等)

（十五）加大金融扶持力度。支持市内金融机构在风险可控前提下，优先支持后备企业发展，为后备企业制定综合融资方案。对金融机构积极支持企业上市的，在评定支持地方经济发展突出贡献奖、拓展业务等方面给予优先考虑。（责任单位：市金融办、中国人民银行重庆营管部、重庆银监局、重庆证监局、重庆保监局）

（十六）加强培训宣传。持续深化与境内外交易所的战略合作，推动沪深交易所培训基地落户我市，构建市、区县双层次、广覆盖、多样化的培训体系，开展基础知识、操作规程、审核环节等多方面培训。建立由券商等专家组成的企业上市顾问团，为我市企业股改和上市提供智力支持。加强企业上市和直接融资工作宣传报道，为后备企业吸引各类外部投资机构、中介机构关注，引入社会资本创造良好的舆论和市场环境。（责任单位：市金融办、市政府新闻办、重庆证监局、市人力社保局）

（十七）加强督查考核。将企业上市工作纳入区县政府经济社会发展实绩考核，按照在重庆股份转让中心挂牌、新三板挂牌、辅导备案、申报IPO、上市分阶段考核。市级有关部门要加强督促检查，将企业上市工作做细做实，确保目标明确到位、责任分工到位、人员配备到位、工作落实到位。（责任单位：市政府督查室、市金融办、各区县政府）

附录九　重庆市金融办公室、重庆市财政局、重庆市农业委员会关于开展农村产权抵押融资风险补偿申报工作的通知

各区县(自治县)金融办(金融工作管理部门)、财政局、农业主管部门,市级有关部门、重庆农村土地交易所、有关金融机构:

为贯彻落实《重庆市人民政府关于加快推进农村产权抵押融资工作的意见》(渝府发〔2014〕4号)和《重庆市农村“三权”抵押融资风险补偿资金管理暂行办法》(渝财农〔2011〕99号),决定对2011年1月1日至2017年12月31日期间我市金融机构发生的农村产权抵押融资贷款损失补偿开展申报工作,现将有关事宜通知如下:

一、申报条件及标准

(一)申报条件

同时满足以下条件的农村产权抵押融资贷款:

1.贷款发放时间在2011年1月1日至2017年12月31日期间。

2.贷款已经金融机构核销或五级分类划为损失类;担保机构已代偿且逾期180天的贷款。

3.融资机构为开展农村产权抵押融资服务的银行、担保公司、小额贷款公司(接入人民银行征信系统)、监管部门批准的农村资金互助社、村级农村金融服务组织。

4.以农村土地承包经营权、农村居民房屋、林权、大中型农机具、农村小型水利设施(库、塘、堰)、农民对集体资产股份占有权、农村集体经营性建设用地、地上种植(养殖)物及附属设施、农村建设用地复垦指标、地票、保单等为抵押物的贷款,以及土地收益保证贷款。

单户金额在15万元以下的农户小额信用贷款(扶贫小额信用贷款除外),按照《重庆市人民政府关于加快推进农村产权抵押融资工作的意见》(渝府发〔2014〕4号)精神,参照农村产权抵押融资风险补偿政策执行。

5.贷款用途是为满足个人、专业大户、家庭农场、农民合作社、企业在重庆

市范围内发展种植(养殖)业、林业、渔业和农副产品加工、流通等农业产业化项目产前、产中及产后服务的资金需求。

6. 贷款利率在同等条件下优惠5%~10%。

(二)补偿标准

融资机构符合条件的农村产权抵押本金损失经核实、审批后可获得风险补偿,补偿比例为本金损失额度的35%,其中市级风险补偿资金承担20%,区县风险补偿资金承担15%。对单笔贷款的风险补偿总额不超过350万元人民币,同一笔贷款只能享受一次政府风险补偿政策。

二、申报程序及资料

(一)申报程序

1. 清理存量农村产权抵押融资数据。银行、担保公司等融资机构要对存量农村产权抵押融资项目及符合申报风险补偿金条件的已核销农村产权抵押融资项目进行清理,认真填写附件1,于2018年8月31日前将加盖单位公章的纸质件及电子表格报送市金融工作办公室,地方法人银行、村镇银行、担保公司等法人机构应将本法人机构数据汇总后统一报送,有分支机构的融资机构,应将各分支机构项目数据汇总后统一报送,由市金融工作办公室交由重庆农村土地交易所统一录入农村产权抵押融资信息系统。

2. 融资机构申报风险补偿金。各融资机构应于2018年9月30日前,向借款人注册地农村产权交易机构提交申报资料中1~2项纸质件(尚未成立农村产权交易机构的区县直接向市级农村产权交易机构申报),未办理抵押登记或抵押融资交易鉴证的,需先办理农村产权抵押融资交易鉴证再申报风险补偿金;同时将申报资料通过扫描后在重庆农村产权抵押融资信息管理系统进行网上申报。担保机构已为承贷银行代偿的,由担保机构提出申请。未按规定时间报送的,逾期不予受理。

(二)申报资料

1. 书面申请文件;

2. 重庆市农村产权抵押融资风险补偿申报表(附件2);

3. 贷款合同、抵押合同、抵押登记证书或抵押融资交易鉴证书、抵押物评估报告及农村产权抵押物价值认定表;

4.贷前调查、贷时审查、贷后检查各环节各程序相关报告、审批表等相关材料(复印件上应加盖公章和经办人员私章,并注明“与原件核对一致”);

5.贷款五级分类认定表、已按损失类计提专项准备的凭证、报表等其他证明材料(有分支机构的融资机构需市级部门盖章审核);

6.担保机构已代偿的,应提供银行通知其代为偿还借款的公函、代偿资金划转凭证的复印件(复印件上应加盖公章和经办人员私章,并注明“与原件核对一致”);

7.追索记录,包括电话追索、信件追索、上门追索、提起诉讼等原始记录,并由经办人和负责人共同签章确认;

8.补充说明等其他资料。

三、审批程序及资金拨付

(一)初审

1.区县农村产权交易机构审查。区县农村产权交易机构对抵押标的物进行审查,符合要求的,交易机构在15个工作日内出具审查意见,并通过抵押融资信息管理系统提交区县金融工作管理部门。

2.区县金融工作办公室、财政局审查。区县金融工作管理部门通过抵押融资信息管理系统对风险补偿金申报资料、申报金额的真实性、合法性进行审查,在15个工作日内出具审查意见。并形成抵押融资风险补偿金审查汇总表,线下送区县财政局审查后,将经区县财政局盖章的风险补偿金审查汇总表上传抵押融资信息管理系统,并提交市金融办审核。

(二)复审

市金融办通过抵押融资信息管理系统对风险补偿金申报材料是否完备进行复审,符合要求的,线上报送市财政局;市财政局对申报材料进行复核,符合补偿条件的贷款,由市金融办会同市财政局、市农委联合下达风险补偿金审批文件。

(三)划拨

市财政局根据文件要求通知风险补偿资金代管机构将补偿资金的市级承

担部分直接拨付融资机构(有分支机构的汇总拨付市级机构)。区县财政应承担部分由区县财政直接拨付各融资机构。

四、监督管理及财务处理

申报资料必须真实可靠,复印件须加盖公章。任何单位和个人不得弄虚作假,骗取资金。对违反规定的,按照《财政违法行为处罚处分条例》等国家有关法律法规的规定,除全额收缴风险补偿金外,将追究有关责任人、责任单位的责任。涉嫌犯罪的,依法追究刑事责任。

融资机构收到风险补偿资金后,仍应按照“账销案存”的原则,统一管理,面向市场,有效处置,积极清收,减少损失。不良资产处置前应将处置方案报区县金融工作管理部门和财政局同意,原则上应通过农村产权流转交易机构进行公开处置。处置后应向区县金融工作管理部门和财政局书面报告,贷款清收及处置对应的抵押资产收回的现金,应按该笔贷款前期取得补偿比例退还到市财政局和区县财政局指定的风险补偿专项资金账户。

本通知未尽事宜,由市金融办、市财政局、市农委负责解释。

附件:1. 重庆市农村产权抵押融资项目信息清理表

2. 重庆市农村产权抵押融资风险补偿申报表

市金融办　市财政局　市农委

2018年8月13日

附件1-1

重庆市农村产权抵押融资项目信息清理表(银行等金融机构直接抵押贷款)

单位名称(盖章):　　　　填报人:　　　　联系电话:　　　　年　　月　　日

序号	项目基本信息															抵押物信息												损失情况	
	贷款合同编号	贷款金融机构名称	所属地区	贷款金额(万元)	贷款起始时间	贷款期限(月)	贷款发放时间	贷款利率	贷款用途	借款主体名称	贷款主体类型	贷款五级分类	是否农户小额信用贷款	农村产权抵押物对应贷款本金余额(万元)	其他抵押物对应贷款本金余额(万元)	抵押物类型	区县	街道[乡][镇]	居委会[村]	详细地址	权证编号	合同信息	抵押物规模(面积、容积)	计价单位	抵押物评估价值(万元)	抵押登记部门	抵押登记编号	贷款本金损失情况(万元)	农村产权抵押融资对应的贷款本金损失情况(万元)
1	2	3	4	5	6	7	8	9	10	11	12	13	14	15	16	17	18	19	20	21	22	23	24	25	26	27	28	29	30

说明：1.序号(1)：项目流水序号，同一个项目多个抵押物多行填写时候，按照同一个序号编号；

2.所属区县(4)：放贷金融机构所属区县；

3.贷款起始时间(6)：合同中约定的贷款起始时间，格式按照“年-月-日”填写；

4.贷款发放时间(8)：贷款时间的发放时间，格式按照“年-月-日”填写；

5.贷款用途(10)：种植养殖、农产品加工、农用物资和农副产品流通、农田基础设施建设、房屋装修建设、其他用途；

6.借款主体类型(12)：普通农户、专业大户、家庭农场、专业合作社、农业企业、其他主体；

7.贷款五级分类(13)：正常、关注、次级、可疑、损失；

8.是否农户小额信贷(14)：填写“是”“否”，如果属于农户小额信贷，则不用填写抵押物信息；

9.抵押物类型(17)：承包地经营权、农村居民房屋、林权、大中型农机具、农村小型水利设施、农民集体资产股权、农村集体经营性建设用地、地上种植养殖物及附属设施、农村建设用地复垦指标、地票、保单、其他；

10.权证编号(22)：填写对应抵押物权证编号，如果以合同抵押的，填写对应合同信息(23)；

11.计价单位(25)：例如：亩、平方米等；

12.抵押登记部门(27)：在相关农业、林业、国土部门进行了抵押登记的，填写抵押登记部门，并填写抵押登记编号(28)；

13.贷款本金损失情况(29)、农村产权抵押融资对应的贷款本金损失情况(30)：在需要申请风险补偿时，进行填写，并提交上次相关附件；

14.有多个抵押物，请填写多行。

附件1−2

重庆市农村产权抵押融资项目信息清理表(担保方式抵押贷款)

单位名称(盖章):　　　　填报人:　　　　联系电话:　　　　年　　月　　日

序号	项目基本信息														抵押物信息												担保信息						风险损失信息	
	贷款合同编号	贷款金融机构名称	所属地区	贷款金额(万元)	贷款起始时间	贷款期限(月)	贷款发放时间	贷款利率	贷款用途	借款主体名称	贷款主体类型	贷款五级分类	农村产权抵押物对应贷款本金余额(万元)	其他抵押物对应贷款本金余额(万元)	抵押物类型	区县	街道[乡][镇]	居委会[村]	详细地址	权证编号	合同信息	抵押物规模(面积、容积)	计价单位	抵押物评估价值(万元)	抵押登记部门	抵押登记编号	担保公司名称	担保合同编号	担保合同签订时间	所属区县	担保余额(万元)	反担保措施	贷款本金损失情况(万元)	农村产权抵押融资对应的贷款本息损失情况(万元)
1	2	3	4	5	6	7	8	9	10	11	12	13	14	15	16	17	18	19	20	21	22	23	24	25	26	27	28	29	30	31	32	33	34	35

说明：1.序号（1）：项目流水序号，同一个项目多个抵押物多行填写时候，按照同一个序号编号；

2.所属区县（4）：放贷金融机构所属区县；

3.贷款起始时间（6）：合同中约定的贷款起始时间，格式按照"年-月-日"填写；

4.贷款发放时间（8）：贷款时间的发放时间，格式按照"年-月-日"填写；

5.贷款用途（10）：种植养殖、农产品加工、农用物资和农副产品流通、农田基础设施建设、房屋装修建设、其他用途；

6.借款主体类型（12）：普通农户、专业大户、家庭农场、专业合作社、农业企业、其他主体；

7.贷款五级分类（13）：正常、关注、次级、可疑、损失；

8.抵押物类型（16）：承包地经营权、农村居民房屋、林权、大中型农机具、农村小型水利设施、农民集体资产股权、农村集体经营性建设用地、地上种植养殖物及附属设施、农村建设用地复垦指标、地票、保单、其他；

9.权证编号（21）：填写对应抵押物权证编号，如果以合同抵押的，填写对应合同信息（22）；

10.计价单位（24）：例如：亩、平方米等；

11.抵押登记部门（26）：在相关农业、林业、国土部门进行了抵押登记的，填写抵押登记部门，并填写抵押登记编号（27）；

12.担保合同签订时间（30）：按照合同时间，格式按照"年-月-日"填写；

13.所属区县（31）：担保机构所属区县；

14.担保余额（32）：实际产生发放的余额，单位"万元"；

15.反担保措施（33）：仅以土地经营权为唯一抵押物、土地经营权附加其他抵押物，且土地经营权评估价值超过抵押物总价值50%、土地经营权附加其他抵押物，且土地经营权评估价值未超过抵押物总价值50%、土地经营权抵押，且附加担保人担保的方式、其他担保方式；

17.贷款本金损失情况（34）、农村产权抵押融资对应的贷款本金损失情况（35）：在需要申请风险补偿时，进行填写，并提交上次相关附件；

18.有多个抵押物，请填写多行。

附件 2-1

重庆市农村产权抵押融资风险补偿申报表(银行等金融机构直接抵押贷款)

单位名称(盖章):　　　　　　　　填报人:　　　　　　　　年　　月　　日

序号	项目基本信息													抵押物信息		风险损失及补偿信息		
	贷款合同编号	贷款金融机构名称	所属地区	贷款金额(万元)	贷款起始时间	贷款期限(月)	贷款发放时间	贷款利率	贷款用途	借款主体名称	贷款五级分类	是否属于农户小额信用贷款	农村产权抵押物对应贷款本金余额(万元)	抵押物类型	抵押物评估价值(万元)	贷款本金损失情况(万元)	农村产权抵押融资对应的贷款本金损失情况(万元)	申请补偿金额(万元)
1	2	3	4	5	6	7	8	9	10	11	12	13	14	15	16	17	18	19

说明：1.序号（1）：项目流水序号，同一个项目多个抵押物多行填写时候，按照同一个序号编号；

2.所属区县（4）：放贷金融机构所属区县；

3.贷款起始时间（6）：合同中约定的贷款起始时间，格式按照“年-月-日”填写；

4.贷款发放时间（8）：贷款时间的发放时间，格式按照“年-月-日”填写；

5.贷款用途（10）：种植养殖、农产品加工、农用物资和农副产品流通、农田基础设施建设、房屋装修建设、其他用途；

6.贷款五级分类（12）：正常、关注、次级、可疑、损失；

7.抵押物类型（15）：承包地经营权、农村居民房屋、林权、大中型农机具、农村小型水利设施、农民集体资产股权、农村集体经营性建设用地、地上种植养殖物及附属设施、农村建设用地复垦指标、地票、保单、其他；

10.贷款本金损失情况（17）、农村产权抵押融资对应的贷款本金损失情况（18）：在需要申请风险补偿时，进行填写，并提交上次相关附件；

11.申请补偿金额（19）：融资机构拟申请的风险补偿金金额，单位“万元”；

12.有多个抵押物，请填写多行。

附件2-2

重庆市农村产权抵押融资风险补偿申报表(担保方式抵押贷款)

单位名称(盖章):　　　　填报人:　　　　年　月　日

序号	项目基本信息												抵押物信息		担保信息				风险损失及补偿信息		
	贷款合同编号	贷款金融机构名称	所属区县	贷款金额(万元)	贷款起始时间	贷款期限(月)	贷款发放时间	贷款利率	贷款用途	借款主体名称	贷款五级分类	农村产权抵押物对应贷款本金余额(万元)	抵押物类型	抵押物评估价值(万元)	担保公司名称	担保合同编号	担保余额(万元)	反担保措施	贷款本金损失情况(万元)	农村产权抵押融资对应的贷款本息损失情况(万元)	申请补偿金额(万元)
1	2	3	4	5	6	7	8	9	10	11	12	13	14	15	16	17	18	19	20	21	22

说明:1.序号(1):项目流水序号,同一个项目多个抵押物多行填写时候,按照同一个序号编号;

2.所属区县(4):放贷金融机构所属区县;

3.贷款起始时间(6):合同中约定的贷款起始时间,格式按照“年-月-日”填写;

4.贷款发放时间(8):贷款时间的发放时间,格式按照“年-月-日”填写;

5.贷款用途(10):种植养殖、农产品加工、农用物资和农副产品流通、农田基础设施建设、房屋装修建设、其他用途;

6.贷款五级分类(12):正常、关注、次级、可疑、损失;

7.抵押物类型(14):承包地经营权、农村居民房屋、林权、大中型农机具、农村小型水利设施、农民集体资

产股权、农村集体经营性建设用地、地上种植养殖物及附属设施、农村建设用地复垦指标、地票、保单、其;

8.担保余额(18):实际产生发放的余额,单位“万元”;

9.反担保措施(19):仅以土地经营权为唯一抵押物、土地经营权附加其他抵押物,且土地经营权评估价值超过抵押物总价值50%、土地经营权附加其他抵押物,且土地经营权评估价值未超过抵押物总价值50%、土地经营权抵押,且附加担保人担保的方式、其他担保方式;

10.贷款本金损失情况(20)、农村产权抵押融资对应的贷款本金损失情况(21):在需要申请风险补偿时,进行填写,并提交上次相关附件;

11.申请补偿金额(22):融资机构拟申请的风险补偿金金额,单位“万元”;

12.有多个抵押物,请填写多行。

附录十　重庆市金融工作办公室、重庆市经济信息委员会、重庆市商务委员会、中国人民银行重庆营业管理部关于印发跨境人民币业务推广工作方案的通知

渝金发〔2018〕6号

各区县(自治县)人民政府、市政府有关部门、有关金融机构、有关单位:

《跨境人民币业务推广工作方案》已经开放型经济体制改革专项小组第十次会议审议通过,现印发给你们,请认真贯彻执行。

市金融办　市经济信息委

市商务委　中国人民银行重庆营管部

2018年8月13日

跨境人民币业务推广工作方案

为贯彻落实我市内陆开放高地建设战略行动计划,更好地服务我市开放型经济发展,提升跨境人民币结算在中西部地区竞争力,特制定本工作方案。

一、总体目标

立足于重庆“两点”定位,服务于“两地”“两高”目标,围绕提升各类主体在“一带一路”沿线国家和地区的跨境人民币业务规模和水平为重点,坚持“走出去”与“引进来”并重,积极发挥跨境人民币业务作为金融改革开放的重要载体作用,紧盯结算主体及应用场景两个关键,夯实跨境人民币结算实体产业及金融主体两大基础,扩大跨境人民币在贸易结算、跨境融资、跨境投资三大领域应用,实现跨境人民币结算规模的扩大、涉外企业跨境人民币业务占比的提升及跨境人民币结算覆盖领域的拓展,促进重庆的跨境人民币业务持续快速发展,降低企业汇率风险和汇兑成本,更好地支持全市涉外经济发展。

二、夯实实体产业基础

1.引导异地结算企业回渝结算。发挥全市重点开放平台产业载体作用,全面排查外向型经济主体在渝结算情况,梳理形成在渝注册但未在渝结算企业清单,加强跨境人民币结算便利化优势政策宣导,研究出台专项引导政策及实施方案,吸引异地结算企业回渝结算。(牵头单位:市商务委;配合单位:市经信委、中国人民银行重庆营管部)

2.做大跨境人民币结算产业支撑。围绕智能制造、现代物流、航空产业、文化旅游等开放型经济重点产业和总部经济、外贸综合服务、供应链管理、绿色经济等新型业态,将跨境人民币支付结算作为招商引资、战略合作的重点内容,培育跨境人民币结算新的产业支撑点。(牵头单位:市商务委;配合单位:中国人民银行重庆营管部)

3.吸引跨境人民币结算功能集聚。依托市政府与行业龙头企业的战略合作,吸引支付宝、腾讯、京东等集团公司在渝布局跨境人民币支付业务,为"一带一路"沿线国家企业与消费者的跨境贸易提供支付服务。优化营商环境,引进一批跨国公司在渝设立资金运营中心,开展全球及"一带一路"沿线国家人民币资金运营管理及结算业务。吸引跨境电商来渝开展人民币结算,扩大跨境互联网电子商务结算。(牵头单位:市商务委)

三、筑牢金融主体基础

4.引入服务于"一带一路"结算机构。积极吸引全国性银行业金融机构在渝设立资金结算、跨境金融、后台服务等各类功能性、区域性金融总部和业务管理中心,扩大"一带一路"结算业务规模,将沿线国家和地区跨境人民币结算业务归集到重庆。(牵头单位:市金融办;配合单位:市商务委、中新示范项目管理局)

5.加强与南向通道沿线国家机构间同业合作。以中新示范项目为依托,引导在渝银行业金融机构、第三方支付机构积极稳妥发展与包括新加坡在内的"一带一路"沿线国家和地区机构的合作关系,通过人民币购售、账户融资等业务合作,为企业进口产品提供人民币支付便利,提高人民币计价结算的接受度。(牵头单位:中国人民银行重庆营管部)

6.做大金融要素市场结算规模。依托咖啡交易中心争取国家外管总局支持，探索与要素市场跨境交易相适应的跨境结算试点，助推区域要素市场支持“一带一路”建设，待模式成熟后，复制推广到其他符合条件的要素市场跨境交易。支持和鼓励重庆联交所等地方要素市场依法依规开展产权交易、碳排放权交易人民币跨境结算。支持品牌、商标和许可所有权等非生产、非金融资产按规定开展跨境转让并采用人民币结算。（牵头单位：中国人民银行重庆营管部、市金融办）

7. 打造区域性人民币跨境支付代理平台。推动重庆中国商业银行等地方法人银行以直接参与者方式加入人民币跨境支付系统，为本地及周边中小银行提供人民币跨境支付专业化代理服务，丰富地方中小银行人民币跨境支付渠道，打造区域性人民币跨境支付代理平台。（牵头单位：中国人民银行重庆营管部）

四、便利贸易领域应用

8. 提升与“一带一路”沿线国家和地区贸易中跨境人民币结算。结合“一带一路”沿线国家和地区企业对人民币接受程度逐渐提高的趋势，围绕原油、成品油、塑料原料、天然橡胶、铁矿砂、煤炭等进口产品及钢材、电子、汽车、装备制造等出口重点领域，全力推动双边贸易中更多使用人民币作为结算货币，降低汇率风险，减少财务成本，增进企业扩大国际贸易的信心，提升南向通道贸易活跃度。（牵头单位：市商务委）

9. 提升各类贸易的人民币使用率。巩固传统货物贸易项下跨境人民币结算进出口业务，提升一般贸易跨境人民币结算比例。主动开辟跨境旅游、电信、运输、金融等服务贸易中的人民币结算项目，提高服务贸易项下跨境人民币结算占比。支持保税维修、保税研发、租赁业务等新业态企业，以及总部贸易、转口贸易企业等创新贸易业态使用跨境人民币，逐步扩大跨境人民币使用率。（牵头单位：市商务委）

10. 推广制造企业跨境人民币结算。鼓励电子设备等制造企业长短期利益相结合，在跨境贸易中增加人民币计价和结算的占比，形成普遍使用人民币结算的氛围，争取在国际制造业和货币体系分工中的主动权。（牵头单位：中国人民银行重庆营管部、市经济信息委）

11. 创新契合实际需求的跨境结算服务。结合内陆一般贸易、加工贸易、转口贸易、总部贸易等多种贸易业态特点及需求,制定跨境人民币结算便利化创新试点方案。开发满足跨国公司及“走出去”企业需求的人民币双向资金池产品,支持第三方支付机构开展跨境电子商务人民币收付。(牵头单位:中国人民银行重庆营管部)

12.创新物流金融拓宽结算领域。以物流金融创新试点为切入点,深化跨境金融服务创新,推进陆上及陆海贸易新规则探索,结合中欧(重庆)班列及中新互联互通项目南向通道建设,推进陆上及陆海贸易新规则探索,加大人民币在跨境贸易、物流中的应用。各商业银行要加强与物流金融公司合作,通过全流程货物监控以及创新铁路提单机制在保障商业银行控货权的前提下开展铁铁联运、公铁联运等陆路运输单证交单的国际信用证结算及融资业务;积极探索多式联运提单作为信用证结算的交单单据并开展信用证项下的各类融资服务。(牵头单位:中国人民银行重庆营管部、市金融办)

13.便利货物贸易跨境人民币结算。进一步简化结算流程,支持银行在落实展业三原则的基础上,凭企业提交的收付款指令直接为其办理货物贸易跨境人民币结算业务,无需提供跨境人民币收付款说明纸质件。(牵头单位:中国人民银行重庆营管部)

14.便利“一带一路”沿线国家和地区人民币结算。积极推动金融机构参与人民币对新加坡元、马来西亚林吉特、泰国泰铢等的直接挂牌交易和越南盾、柬埔寨瑞尔的区域挂牌交易,探索小货币在西部地区跨省交易,为企业扩大与“一带一路”沿线国家和地区贸易的双边本币结算提供价格合理的汇率避险产品。(牵头单位:中国人民银行重庆营管部)

五、扩大跨境融资领域应用

15.扩大跨境人民币融资政策运用。统筹协调人民银行全口径跨境融资政策和发改委外债规模管理政策运用,发挥全口径宏观审慎管理项下无需事前审批、在净资产2倍内自主决定融资额度和方式的政策优势,加大全口径跨境融资政策在辖区推广应用,优先支持以人民币计价的跨境融资项目。(牵头单位:中国人民银行重庆营管部、市发展改革委)

16.做大跨境人民币融资规模。加强企业与金融机构对接,推动完善支持企业获取境外银行商业贷款、赴境外发债、上市等配套政策措施,遴选具有境外融资意愿及符合条件的企业，鼓励跨境融资重点储备项目优先选用人民币作为跨境融资币种。探索中小企业跨境融资的有效途径，引导金融机构做好中小企业对接国际市场的相关工作。（牵头单位：中国人民银行重庆营管部）

17.探索跨境人民币业务创新。围绕双向人民币融资、人民币项下跨境担保等改革创新举措，支持金融机构创新跨境人民币融资通道合作模式，鼓励结合实体企业需求，创新跨境人民币融资产品。探索人民币不良债权跨境转让、人民币贸易融资资产跨境转让等业务创新，引导更多的中西部地区企业来渝开展以人民币计价的跨境融资业务。（牵头单位：中国人民银行重庆营管部、市金融办）

18.争取机构总部跨境人民币融资支持。加强与丝路基金、国家开发银行、进出口银行等总行对接，支持重庆企业“走出去”境外项目人民币贷款，将更多央行抵押补充贷款（PSL）资金支持的贷款投放落户重庆。（牵头单位：中国人民银行重庆营管部）

六、拓宽跨境投资领域应用

19.引进设立人民币股权投资基金。完善人民币股权投资基金引进相关配套政策，支持境内外机构来渝设立人民币股权投资基金、人民币海外投资基金推动“一带一路”建设。探索与南向通道沿线国家与地区共同设立股权投资基金，开展对“一带一路”沿线国家和地区的人民币对外直接投资，支持中新互联互通项目南向通道等境外重点项目建设。（牵头单位：中国人民银行重庆营管部、市金融办）

20.构建全方位的跨境投资国际合作。加强与国内知名的证券投资基金合作，推动来渝设立人民币基金产品，参与内地与香港基金产品互认，加大重庆基金产品在港销售力度。积极鼓励和引导我市商业银行争取成为人民币合格境外机构投资者的托管人。（牵头单位：市金融办、重庆证监局；配合单位：重庆银监局）

21.用活跨境人民币投资政策。充分运用人民币基金境外投资及区域性净头寸总规模试点政策，加强与境外金融机构合作，支持人民币股权投资基金在境外开展非上市公司股权并购等投资，支持重庆企业“走出去”。引导地方法人金融机构在风险可控的基础上争取获得人民币境外证券投资业务资格并开展相关业务，积极支持商业银行积极争取成为人民币合格境内机构投资者的境内托管银行。加大政策宣传，支持辖区符合条件的单位和个人参与“港股通”、RQDII产品投资。(牵头单位：中国人民银行重庆营管部；配合单位：市金融办、重庆证监局、重庆银监局)

22.提升境外主体人民币资产投资意愿。鼓励我市商业银行积极争取总行支持，加强与系统内海外分行及境外银行的联动，作为结算代理人代理境外机构投资者投资银行间债券市场，作为托管人为境外机构投资者投资境内金融市场办理资金结算。创新面向国际的人民币金融产品，提升境外主体人民币资产持有意愿；开发更多的汇率避险产品，提高境外主体人民币使用及持有的便利化程度。(牵头单位：中国人民银行重庆营管部)

七、完善配套保障措施

23.推进中新项目及自贸试验区跨境结算创新。用好跨境人民币结算便利化政策，推动企业进一步深入开展自贸试验区跨境人民币业务创新试点，拓展跨境人民币业务应用范围。充分发挥中新金融互联互通合作优势，对接新加坡境外人民币金融市场，支持重庆市优势企业在境外开展跨境人民币业务。(牵头单位：市金融办；配合单位：市商务委、中新示范项目管理局)

24.争取跨境人民币结算优惠政策。争取人民银行总行支持，推动进一步降低跨境双向人民币资金池业务准入门槛，并放宽结算额度限制。尽快制定跨境人民币股权投资基金区域性净头寸总规模约束管理试点实施细则。争取人民银行总行构建统一、高效的人民币跨境清算体系，探索将境内代理行模式与境外清算行模式整合至CIPS清算系统，优化系统结算模式、充实业务种类以及延长清算运营时间，为人民币“走出去”开辟快捷通道。(牵头单位：中国人民银行重庆营管部)

25.研究出台专项财政扶持政策。探索对跨境结算使用人民币占比较高或人民币结算金额较大的本地企业予以适当的财政奖励，鼓励和引导企业在跨境经营活动中更多使用人民币。(牵头单位：市财政局)

26.强化部门间信息共享及政策协调。完善市金融办、中国人民银行重庆营管部、市发展改革委、市商务委等部门关于跨境金融服务的信息共享机制，对重点项目推进情况、政策障碍等进行动态沟通，共同解决项目推进过程中的重大问题。市发改委、市商务委等部门定期将外商直接投资备案或核准信息向人民银行和商业银行通报。(牵头单位:市金融办、中国人民银行重庆营管部)

27.推动开放类创新平台信息共享。推进开放类创新平台嵌入金融功能模块,支持银行与重庆国际贸易‘单一窗口’进行对接,共享‘单一窗口’相关信息,提高跨境结算审单效率和融资服务水平。(牵头单位:市口岸办、中国人民银行重庆营管部)

28.强化跨境人民币结算宣传力度。通过金融机构柜台和电子展板、江北嘴路演中心、网络金融开放平台、各部门官方网站微博公众号、新闻媒体等多渠道开展政策宣传,通过金融大讲堂、专项培训等多形式开展政策与实务培训,加大对实体企业高层领导的政策宣导,引导更多企业采用人民币计价结算。(牵头单位:中国人民银行重庆营管部、市金融办)

附录十一　重庆市人民政府办公厅关于推进金融标准创新建设的实施意见

渝府办发〔2018〕147号

各区县(自治县)人民政府,市政府有关部门,有关单位:

为深入贯彻落实《中共中央国务院关于开展质量提升行动的指导意见》和《国务院关于加强质量认证体系建设促进全面质量管理的意见》(国发〔2018〕3号)精神,推进金融行业增强标准化意识,发挥金融标准在金融业健康发展中的技术支撑作用,探索金融标准建设新模式、新经验,结合中国人民银行、中国银保监会、中国证监会、国家标准委《关于在重庆市、浙江省开展金融标准创新建设试点的批复》(银发〔2018〕171号)要求,经市政府同意,现就我市推进金融标准创新建设工作提出以下实施意见。

一、总体要求

全面贯彻党的十九大和十九届二中、三中全会精神,坚持以习近平新时代中国特色社会主义思想为指导,紧紧围绕习近平总书记对重庆提出的"两点"定位、"两地""两高"目标和"四个扎实"要求,统筹推进"五位一体"总体布局和协调推进"四个全面"战略布局,牢固树立新发展理念,在金融科技、绿色金融、物流金融、普惠金融和金融风险防控等领域开展金融标准创新建设,在金融标准化工作机制建立、重点标准实施、产业培育、标准化评价监督等方面先行先试,探索金融标准化工作新路径和新模式,充分发挥金融标准支撑金融业平稳健康发展的作用。

二、主要目标

通过金融标准创新建设和机制探索,形成一批可复制可推广的创新成果。到2020年,实现以下目标:

（一）金融标准创新建设取得积极进展

在金融科技、绿色金融、物流金融、普惠金融及金融风险防控等领域实施多个金融标准创新建设项目，突出重庆特色，开展团体标准、企业标准建设5~10项，参与国家标准、行业标准编制2~5项。金融标准化服务产业初步成型。

（二）金融标准应用实施效果显著

实现全市金融机构重点金融标准对标达标率90%以上，金融消费者满意率显著提升，金融标准认证、评价体系基本完善，金融标准"排行榜"制度建立健全，金融标准支撑金融业高质量发展的作用逐步显现。

（三）金融标准化意识显著增强

金融标准化工作机制建立健全，形成知标准、懂标准、用标准的浓厚氛围，金融标准化意识显著增强。

三、重点工作

（一）开展金融标准创新建设

1. 金融科技领域。紧跟金融科技发展趋势，按照我市以大数据智能化为引领的创新驱动发展战略行动计划工作部署，探索新兴技术在金融领域的应用标准，助力我市金融业转型升级。在大数据方面，加强金融大数据标准研究和实践，积极参与金融大数据标准体系建设。在云计算方面，应用实施《云计算技术金融应用规范》（JR/T016601670168—2018），推进云计算技术与金融业务融合，努力打造金融云计算应用"重庆样本"。在人工智能方面，以智能网点、智能客服等为重点，推进相关标准落地实施，提升移动互联网环境下金融服务的安全、便捷水平。加强与中国互联网金融协会沟通，探索在互联网金融产品和消费者权益保护等方面开展标准化合作。（牵头单位：中国人民银行重庆营管部；配合单位：重庆银监局、重庆证监局、重庆保监局）

2. 绿色金融领域。建立健全与多层次绿色金融市场相适应、科学适用的绿色金融标准体系，以标准化手段助力金融机构提高绿色金融服务供给的质量和效率，促进绿色金融市场规模化、规范化发展。推动绿色重点项目库标准化建设，结合重庆产业发展实际，探索可纳入绿色金融范畴的投融资活动，确定具体产业目录和技术标准。探索银行业金融机构绿色金融业务流程标准化，提升金融机构绿色金融业务管理专业化、规范化。积极参与绿色信贷和绿色债券等绿色金融产品的信息披露标准研究，支撑对绿色金融资金运用的监管和评估，扩大绿色金融知晓度和影响力。(牵头单位：中国人民银行重庆营管部；配合单位：重庆银监局、重庆证监局、重庆保监局)

3. 物流金融领域。按照重庆建设内陆国际物流枢纽和口岸高地的要求，推动物流金融创新试点。探索建立动产抵质押登记公示、智能物流监管一体化标准，赋予物流动产融资功能。建立并利用中欧班列铁路提单规则、东盟班车公路提单规则、内河航运提单规则和铁公水空多式联运提单规则，积极打造各式提单融资的产品标准和营运标准规范。探索建立物流金融数据标准和采集使用规范，建立并实施物流金融数据互联互通接口标准，促进物流金融规范化、创新性发展。(牵头单位：市金融办；配合单位：中国人民银行重庆营管部)

4. 普惠金融领域。加强特色金融标准研究，以标准化手段支持普惠金融发展，加快建设广覆盖、可持续、互助共享、线上线下同步发展的普惠金融标准体系。加快中小微企业信贷信息管理标准建设，积极打造中小微企业信用标准体系。探索制定和实施普惠金融服务规范，完善支持社保、医疗、教育、交通等领域的金融标准，提升金融服务的覆盖率、可得性、满意度。应用金融消费投诉分类标准，加强线上信贷业务征信合规管理，保护金融消费者权益。(牵头单位：中国人民银行重庆营管部；配合单位：重庆银监局)

5. 金融风险防控领域。以强化金融监管为主线，以守住不发生系统性风险、不引发区域性风险为底线，以统筹监管系统重要性金融机构、统筹监管金融控股公司和重要金融基础设施为重点，在风险监测、风险计量、信用评价、风险提示与公示、信息保护等方面开展标准研究。探索制定金融机构重大事项报告分类、金融资产管理产品分类框架等金融标准，加快实施互联网金融、金融基础设施、金融信息安全等金融标准，将其作为金融制度的有效补充，指导金融机构建立更加系统的风险管理框架，探索建立金融风险防控标准化专家库，助力主动防范化解系统性金融风险，争取实现早识别、早预警、早发现、早处置。(牵头单位：中国人民银行重庆营管部；配合单位：市金融办、重庆银监局、重庆证监局、重庆保监局)

在金融监管、金融统计、金融产品与服务等领域持续跟踪研究并开展标准建设，利用融入“一带一路”建设、建设中国（重庆）自由贸易试验区和实施中新（重庆）战略性互联互通示范项目的机遇，加强国际金融标准合作，努力将我市打造为金融标准建设应用高地。（牵头单位：中国人民银行重庆营管部；配合单位：市商务委、市金融办、重庆银监局、重庆证监局、重庆保监局、中新示范项目管理局）

（二）推动金融标准应用实施

6.开展重点金融标准对标达标行动。组织全市金融机构按照《金融消费者投诉分类标准》（JR/T0169—2018）、《银行营业网点服务规范》（GB/T32318—2015）、《银行业产品说明书描述规范》（GB/T32319—2015）、《金融业信息系统机房动力系统规范》（JR/T01310132—2015）、《商业银行内部控制评价指南》（JR/T0125—2015）、《移动终端支付可信环境技术规范》（JR/T0156—2017）、《金融服务信息安全指南》（GB/T27910—2011）和《中国银监会办公厅关于印发银行业金融机构监管数据标准化规范的通知》（银监办发〔2017〕48号）、《证券期货业信息系统审计指南》（中国证监会公告〔2016〕25号）等重点金融标准开展对标行动，确保规范达标。（牵头单位：中国人民银行重庆营管部；配合单位：重庆银监局、重庆证监局、重庆保监局）

7.加强金融标准认证。推动金融标准认证采信机制建设，组织协调金融机构、第三方检测认证机构开展金融标准认证，实现金融标准检测认证规范化、程序化，重点推进银行业营业网点等标准认证，促进金融标准应用实施。（牵头单位：中国人民银行重庆营管部；配合单位：市金融办）

8.探索建立金融标准化水平评价体系。以法人金融机构为主体，研究将金融标准制定、宣传、应用实施等情况进行量化，并将其作为金融机构标准化水平指标，建立金融标准化水平评价体系，综合评价金融机构标准化工作，提升标准化主体的工作积极性和能动性。（牵头单位：中国人民银行重庆营管部；配合单位：市质监局）

9.培育金融标准“领跑者”。以金融标准化水平指标为基础，建立金融标准“排行榜”，培育金融标准“领跑者”，引导金融机构积极开展金融标准化工作，在标准研制、标准应用实施、标准宣传贯彻等方面加大投入力度，不断提升金融标准化工作水平，培育1~2家金融机构成为金融标准“领跑者”。（牵头单位：中国人民银行重庆营管部；配合单位：市质监局）

（三）培育打造金融标准化服务业

10.培育打造金融标准化、金融科技产业基地。积极争取国家标准化委员会、中国人民银行的支持，按照政府引导、市场主导的原则，推动在重庆设立国家金融科技及创新业务标准化服务中心、国家金融科技及创新业务认证中心，积极探索建设国家金融科技产业基地，带动金融科技产业发展。（牵头单位：市金融办；配合单位：中国人民银行重庆营管部）

11.探索质量增信融资制度。推动金融业与其他行业标准化服务机构加强合作，探索建立全行业企业标准化工作水平指标体系，引导金融机构将企业标准化工作水平指标作为企业申请金融支持的评价指标或者参考要素，加大金融支持高质量发展的力度。（牵头单位：中国人民银行重庆营管部；配合单位：市质监局、重庆银监局、重庆证监局、重庆保监局）

（四）加大金融标准宣传培训力度

12.打造金融标准化人才库。加强与标准化服务机构、高等院校、科研机构合作，开展金融标准专题研究、学术研讨、经验交流，强化金融标准化政策传递和业务培训，打造一批具有金融和标准化技术知识的人才队伍，到2020年年末，人才库规模达100人以上。（牵头单位：中国人民银行重庆营管部；配合单位：市金融办、市质监局、重庆银监局、重庆证监局、重庆保监局）

13.开展金融标准普及宣传。以“质量月”“世界标准日”等主题活动为平台，探索开展多种形式的宣传活动，利用媒体、网络、会议等平台，调动金融机构营业网点、网上银行等消费者直接接触的媒介，开展多层次、多角度的金融标准宣传、培训、讲座、研讨和解读。引导金融机构主动在金融产品中贯彻金融标准，鼓励金融机构发表金融标准化研究成果。（牵头单位：中国人民银行重庆营管部；配合单位：市质监局、重庆银监局、重庆证监局、重庆保监局）

四、保障措施

（一）强化统筹协调

建立由市政府分管领导牵头负责的金融标准创新建设工作协调机制，负责统筹协调金融标准创新建设工作的组织、推进、实施等，办公室设在中国人民银行重庆营管部。市金融办会同中国人民银行重庆营管部积极争取有关项目落地，组织协调推动有关标准化产业建设与发展等工作。重庆银监局、重庆证监局、重庆保监局负责各自领域金融企业标准、团体标准制定、修订以及宣传等工作。市质监局负责为金融标准创新建设提供指导和技术支持。相关牵头单位应按照统一管理、分工负责的原则，协调配合、共同推进金融标准创新建设各项工作任务。（牵头单位：中国人民银行重庆营管部；配合单位：市金融办、市质监局、重庆银监局、重庆证监局、重庆保监局）

（二）强化督导落实

加强金融标准创新建设工作督导，各牵头单位应对银行、证券、保险等金融机构的金融标准建设、金融标准应用实施、金融标准化宣传等工作进行督导，定期向协调机制办公室报送金融标准创新建设工作进度，确保金融标准创新建设有序推进。（牵头单位：中国人民银行重庆营管部；配合单位：市金融办、市质监局、重庆银监局、重庆证监局、重庆保监局）

（三）形成长效机制

及时总结推广可复制的经验和做法，创新培训方式，吸引更多人才参与金融标准化工作，引导更多的机构开展金融标准制定、应用和创新，形成金融标准创新建设工作的长效机制。（牵头单位：中国人民银行重庆营管部；配合单位：市金融办、市质监局、重庆银监局、重庆证监局、重庆保监局）

重庆市人民政府办公厅

2018年10月9日

附录十二　重庆市人民政府办公厅关于进一步加强高校不良网络借贷风险防范管理的通知

渝府办〔2018〕21号

市政府有关部门，有关单位：

近年来，我市按照国家有关部署和要求，不断加强高校在校学生网络借贷（指通过网络订立借贷合同，以下简称网贷）监管和风险防范教育引导，取得一定成效，但也存在一些问题。部分不良金融机构和平台针对高校在校学生违规开展"求职贷""培训贷""创业贷""回租贷"等业务，给高校校园安全和在校学生合法权益带来严重损害，造成不良社会影响。为切实保护高校在校学生合法权益，维护高校安全稳定，按照打好防范化解重大风险攻坚战和扫黑除恶专项斗争要求，经市政府同意，现就进一步加强高校不良网贷风险防范管理有关事项通知如下：

一、加强高校借贷准入监管

根据《中国银监会教育部人力资源社会保障部关于进一步加强校园贷规范管理工作的通知》（银监发〔2017〕26号）及我市互联网金融风险和P2P网贷风险专项整治要求，现阶段一律暂停网贷信息中介机构开展高校在校学生网贷业务，禁止小额贷款公司发放校园贷；未经批准，禁止任何组织和个人进入高校宣传推广信贷业务和为高校在校学生提供信贷服务。市金融办、重庆银监局、中国人民银行重庆营管部要督促有关机构严格遵守规定，建立识别高校在校学生身份的工作机制，清理规范业务行为。市政府有关部门和单位要将违规开展"校园贷""求职贷""培训贷""创业贷""回租贷"等行为纳入常规和专项检查重要内容，加大整治力度。（牵头单位：市金融办、重庆银监局、中国人民银行重庆营管部；责任单位：市公安局、市工商局、各高校）

为满足高校在校学生在消费、创业、培训等方面合理的信贷资金和金融服务需求，市教委会同市金融办、重庆银监局等部门定期发布针对高校在校学生信贷服务的合法金融机构目录。（牵头单位：市教委、市金融办、重庆银监局）

二、加强高校不良网贷信息监测

建立高校不良网贷日常监测机制，市教委、市委网信办要分别统筹高校、高校所在地区县（自治县）网信部门，将针对高校学生的网贷宣传信息、高校在校学生参与网贷舆情等纳入监测和管控重点，加大监测力度。市工商局要加强广告日常监管，严禁发布针对高校在校学生网贷的广告，对举报查实的校园网贷广告及时予以取缔。市公安局要及时掌握利用网贷侵犯学生合法权益的行为。（牵头单位：市教委、市委网信办、市工商局、市公安局；责任单位：各高校）

各高校要加强校园网贷信息监测，防止通过课堂、传单、微信朋友圈、微博、信息推送、熟人推荐等形式吸引高校在校学生参与网贷，及时清理各类借贷广告讯息。要定期排查和全面掌握高校在校学生参与网贷情况，每季度进行一次摸排，及时发现校园不良网贷苗头性、倾向性、普遍性的问题。对于监测和摸排发现的问题，要及时报告当地有关部门和市教委。（牵头单位：市教委；责任单位：各高校）

三、加大高校不良网贷问题查处力度

对监测、摸排、举报、检查发现的高校不良网贷问题，市级有关部门要及时受理、及时核查、及时处理。对金融监管部门批准设立的金融机构，市金融办、重庆银监局、中国人民银行重庆营管部等监管机构要视情况采取督促限期整改、依法依规予以关闭或取缔等措施；对外地网贷机构，市金融办要及时移送相关省（区、市）有部门处理。对涉嫌非法集资、非法证券、非法期货和向高校在校学生通过虚增债务、故意违约、强立债权、暴力讨债等实施“套路贷”的违法犯罪行为，公安部门要予以严厉打击。对经市级有关部门认定存在违法违规行为的网贷机构网站和移动应用程序，通信主管部门要及时依法处置，工商部门要依法责令其停止发布广告。（牵头单位：市金融办、重庆银监局、中国人民银行重庆营管部、市公安局；责任单位：市通信管理局、市工商局、市教委）

四、加强不良网贷风险警示和教育引导

市教委、各高校要加强对高校不良网贷的风险警示和教育引导工作。市教委要会同市金融办、重庆银监局、中国人民银行重庆营管部、市公安局等积极开

展“金融知识进校园”“法制教育进校园”等活动，及时发布高校不良网贷典型案例和预警。各高校要在学校官网醒目位置、官方微信微博上播放《警惕非法“校园贷”》宣传视频，并在新生教育宣传和主题班会等活动中集中播放；要在每学年秋季开学后一段时间内，集中开展防范不良网贷专项宣传教育活动，向每一名学生发放网贷风险告知书并签字确认。要加强学生消费观教育，引导学生理性、科学、适度消费，及时发现和纠正学生超前消费、过度消费等错误观念。（牵头单位：市教委；责任单位：各高校、市金融办、重庆银监局、中国人民银行重庆营管部、市公安局）

各高校要完善高校不良网贷摸排机制和应急处置机制。通过信息员收集、大数据分析、技术手段等，及时发现和掌握高校在校学生的异常消费情况、参与不良网贷信息、网贷舆情和侵犯学生合法权益现象等。对排查出的风险隐患，要按规定及时向有关部门和市教委报告，加强早期应对，坚决杜绝出现大的风险。高校发现在校学生参与不良网贷情况，要及时告知学生家长，并会同学生家长及有关方面做好应急处置工作。对于发现的重大事件，各高校要及时报告当地金融监管部门、公安部门和市教委。（牵头单位：市教委；责任单位：各高校、市公安局、市金融办、重庆银监局、中国人民银行重庆营管部）

五、加强学生精准资助和帮扶援助

各高校要加强资助政策宣传，全面落实国家和我市学生资助政策，通过多种渠道和措施，确保满足家庭经济困难学生生活费等基本需求。进一步健全能兼顾共性需求和个体差异的资助体系，充分挖掘校内外资源，筹集专项基金，满足学生临时性需求和拓展学习、创新创业等发展性需求。要加强对参与不良网贷高校在校学生的帮扶，一人一档建立台账，开展临时救助，解决和保障他们的基本生活需求。对重点学生，要安排落实专门人员关注和跟踪，及时开展心理健康教育，切实防止出现学生因无力还贷而发生恶性事件。（牵头单位：市教委；责任单位：各高校）

市级有关部门、各高校要高度重视高校不良网贷风险防范管理工作，明确分工，压实职责，加强信息共享，形成监管合力。市金融办、重庆银监局要在对网络借贷信息中介机构开展校园网贷业务整治的基础上，协同市级有关部门进一步加大整治力度，杜绝网贷机构发生高利放贷、暴力催收等严重危害学生安全的行为。市教委要加强对高校的督促、引导和管理，对高校及市级有关部门通过监测、排查等发现的问题，组织定期研判，并依据扫黑除恶专项斗争、互联网金融风险专项整治等工作机制处置。各高校要切实担负起教育管理学生的主体责任，完善工作机制，建立学校负总责、市级有关部门各负其责的管控体系。对于因不良网贷引发恶性事件或造成重大不良影响的，要追究有关部门、高校及相关人员责任。

重庆市人民政府办公厅

2018年10月12日

附录十三　重庆市人民政府关于做好稳外贸稳外资稳外经有关工作的通知

渝府发〔2018〕50号

各区县(自治县)人民政府,市政府有关部门,有关单位:

当前,我市外贸、外资和外经工作正面临新形势、新挑战。为贯彻党中央、国务院决策部署,深入推进供给侧结构性改革,保持我市经济平稳健康发展,现就做好稳外贸、稳外资、稳外经有关工作通知如下:

一、加快推进外贸动力结构转换

(一)支持企业加大技术改造力度。深入推进工程建设项目审批制度改革试点,积极争取国家专项资金并统筹市工业和信息化、科技等资金,对企业技术改造、智能制造、绿色制造、上云上平台等方面给予支持。发挥政府投资基金作用,加大对企业技改研发项目的支持力度。贯彻落实国家关于技术改造内外资项目鼓励政策、进口设备减免关税、重大技术装备及进口原材料和零部件免征进口关税、进口环节增值税等税收优惠政策。(市经济信息委牵头,市科技局、市商务委、市财政局、重庆海关配合)

(二)支持企业提升品牌影响力。加快培育一批具有全球影响力的自主品牌,支持企业创建出口知名品牌,开展自主品牌国际营销,在"一带一路"沿线选择重点国家举办展会,整体推广"重庆造"产品形象。利用全市商务发展资金支持企业开展品牌国际推广,开展境外商标注册、专利申请和技术认证,并购国外品牌企业,建设境外生产基地,建立品牌设计、营销和推广中心,提高自主品牌出口比重,并在风险可控前提下对外贸企业收购境外品牌、营销体系等加大信贷支持。加强部门联动,引导和鼓励企业加强自主知识产权备案,探索建立海关、税务、外汇等部门的合作机制,强化对自主品牌出口的管理和支持。(市商务委牵头,市经济信息委、重庆市税务局、市知识产权局、重庆海关、中国人民银行重庆营管部配合)

(三)支持企业加快研发创新。着力构建以市场为导向、企业为主体、产学研贸相结合的技术创新体系,继续落实企业研发投入补助、重大新产品补助政策,引导企业加大创新投入。鼓励各类创投基金和各类担保基金对符合条件的新型研发机构,优先给予股权投资和提供科技担保服务。支持各类市场主体申报国家进口贴息资金,以进口、境外并购、国际招标、招才引智等方式引进高新技术、先进工艺设备和关键零部件,多措并举实施原始创新与消化吸收再创新,开展关键技术壁垒攻关,通过智能化、数字化等技术加快升级汽车、摩托车、通机等传统产业,不断提升技术装备水平和核心竞争力。(市科技局牵头,市经济信息委、市商务委、市财政局配合)

(四)支持企业多元化开拓国际市场。支持企业组合应用展会、跨境电子商务、抱团"走出去"、建立境外营销网络等手段,以"一带一路"沿线国家市场为重点,加大国际市场开拓力度,深耕美国、欧盟、日本、韩国等传统市场,着力开拓东盟、非洲、俄罗斯、南美等新兴市场,抢抓订单,对企业参展参会、国际市场考察、开展跨境电子商务、建设展示展销中心等给予资助和提供便利条件。对企业参加"一带一路"沿线国家的境外重点展会给予展位、人员费用补助,展位费资助比例提高至90%。(市商务委牵头,市贸促会配合)

二、积极有效利用外资

(五)加大招商引资力度。全面实施外资准入前国民待遇加负面清单管理制度,严禁在负面清单之外的领域针对外商投资准入进行限制。进一步优化外商投资导向,引导外资更多投向人工智能、大数据、智能制造、大健康、新能源和智能汽车、新材料及与进出口紧密相关的关键中间品和技术制造等产业。对2018—2022年在我市设立的年实际到位外资金额(不含外方股东贷款,下同)超过500万美元的新项目或增资项目(房地产业、金融业及类金融业项目除外,下同),以其当年实际到位外资金额(美元)为基数,按不低于2%的额度予以奖励(人民币)。对在我市新设的年实际到位外资金额超过3000万美元的制造业项目,及年实际到位外资金额不低于1000万美元的大数据、智能制造类制造业项目,由市商务委会同市财政局报市政府审定后,按"一事一议"方式给予重点支持。市级财政奖励政策与区县(自治县,以下简称区县)、开放平台奖励政策,合规企业均可享受。(市商务委、市招商投资局牵头,市发展改革委、市经济信息委、市财政局、各区县政府、两江新区管委会、重庆经开区管委会、重庆高新区管委会配合)

三、完善跨境投资布局

（六）加强国际产能合作。推动我市拥有比较优势（汽摩、通机、建材、化工、环保等）的企业加快实施以大型国有企业和相关龙头企业带动、中小企业抱团发展的海外产业布局战略。支持企业积极参与“一带一路”沿线国家基础设施（港口、铁路、机场和电力等）、自由贸易功能平台及产业园区建设，加强产业、贸易、服务等领域的联动发展，构建全球化开放型产业供应链体系。引导企业优化对外投资战略，着眼境外资源开发、市场拓展和技术获取，推动我市企业在紧缺关键技术领域开展海外并购。强化一二三产业管理部门联动合作，搭建企业对外投资合作平台。支持企业以人民币开展对外直接投资，并可将人民币资金借贷给境外与其具有股权关联关系的企业。做好风险预警与防范化解工作，及时向企业发布海外安全预警信息，规范企业投资经营行为，指导督促企业合法合规经营，强化环境保护意识，切实履行社会责任。（市商务委、市发展改革委牵头，市经济信息委、市国资委、市住房城乡建委、市农业农村委、市政府外办、市金融监管局、中国人民银行重庆营管部配合）

四、加大政策支持力度

（七）优化退税服务管理。加快推进“税库银”电子数据联网进程，有序扩大无纸化管理试点，逐步取消纸质收入退还书，进一步提高出口退税办理效率，2018年年底前将办理出口退税平均时间由13个工作日缩短到10个工作日，确保合规业务及时足额退税。实施出口退（免）税企业分类管理，对当年实现正增长、不涉及国家重点监管敏感商品的出口100强企业，比照一类企业提供绿色办税通道（特约服务区），建立重点联系制度，及时解决企业有关出口退（免）税问题。贯彻执行融资租赁货物出口退税政策。强化部门协调，严厉打击出口骗税。（重庆市税务局牵头，中国人民银行重庆营管部配合）

（八）进一步落实优惠税收政策。非居民纳税人享受税收协定待遇，由审批制改为纳税人自行申报享受。全面落实境内单位和个人提供国际运输服务、航天运输服务，向境外单位提供的完全在境外消费的研发、合同能源管理等服务，适用增值税零税率（取得国际运输服务项目相关资质的，适用零税率；未取得的，适用免税政策）；境内单位和个人销售工程项目在境外的建筑、工程监理等服务，为出口货物提供邮政、收派、保险服务，向境外单位提供完全在境外消费的电信、知识产权、专业技术等服务，免征增值税；对设在重庆的外商投资企业，其主营业务的产业项目列入外商投资产业指导目录与中西部地区外商投资优势产业目录，且当年度主营业务收入占企业收入总额70%以上的，减按15%税率缴纳企业所得税；对境外投资者从中国境内居民企业分配的利润，符合规定条件的，实行递延纳税政策，暂不征收预提所得税。外籍个人取得的住房补贴、伙食补贴、搬迁费、洗衣费、出差补贴、探亲费、语言训练费、子女教育费等按规定暂免征收个人所得税；符合条件的外籍专家取得的薪金所得免征个人所得税。(重庆市税务局牵头，市发展改革委配合)

(九)完善财政支持政策。市级各部门要加强部门预算资金统筹，保障招商引资必要的工作经费。优化商务发展、科技创新等市级相关专项资金支出结构，在保持现有政策的连续性和稳定性的基础上，加大对稳外贸、稳外资、稳外经工作的支持力度。对符合产业政策、诚信经营、发展前景好、产品适销对路但暂时经营困难的企业，在企业生产经营、融资、市场开拓等方面给予适当支持。加强政策资金使用的事前审核，强化流程管理和追踪问效，区县应及时将市级专项转移支付资金按规定分配下达到部门和项目。(市财政局、市商务委牵头，各区县政府配合)

(十)减免规范部分涉企收费。严禁在进出口环节违规设立行政事业性收费，继续实施收费目录清单制度，在重庆口岸收费目录清单外不得收费，收费清单内的行政事业性收费和政府性基金，在“十三五”期间按照党中央、国务院决策部署和市委、市政府要求做好减负降费相关工作。推动降低合规费用，2018年年底前实现单个集装箱进出口环节合规成本同比降低100美元以上。规范电子政务平台收费，开展全市电子政务平台检查，坚决取缔依托行政机关、依靠行政权力提供强制服务的“红顶中介”，行业商(协)会不得强制企业入会或违规收费。全面落实免除查验无问题外贸企业吊装移位仓储费用等政策措施，将免除费用范围从水运口岸扩大到铁路口岸、保税港区和综合保税区。探索国际贸易“单一窗口”通过市级财政购买服务方式，向第三方购买数据服务，并免费向企业开放，便利口岸通行。(市发展改革委牵头，市市场监管局、市财政局、市政府口岸物流办配合)

(十一)完善就业保障政策。加强重点企业跟踪监测工作，实时掌握其用工变化情况，研究制定分级预警、分级响应、分类施策的就业应急预案。鼓励企业内部安置，稳定一批；启动再就业帮扶，转岗一批；支持农民工返乡创业，带动一批；实施特别职业培训计划，储备一批；公益性岗位安置，过渡一批；开展失业救助，帮扶一批。实施援企稳岗“护航行动”，认真落实鼓励用人单位吸纳就业困难失业职工的社会保险补贴、岗位补贴、创业担保贷款及贴息等政策，对用人单位吸纳外向型企业失业职工就业6个月以上的，一次性给予500元/人的用工补助；对外向型企业失业职工自主创业的，优先引导其入驻各类创业载体，按规定落实创业担保贷款贴息、创业培训补贴、一次性创业补助、税收减免等扶持政策；对制造业企业和外向型企业不裁员或少裁员的，暂按企业及其职工上年度市级缴纳失业保险费总额不低于50%给予稳岗补贴；对制造业企业和外向型企业开展在职职工技能提升培训和转岗培训的，按公布的培训成本100%给予补贴，确保社会就业总体稳定。（市人力社保局牵头，市发展改革委、市经济信息委、市商务委、市金融监管局、市工商联、市总工会配合）

五、切实改善融资服务

（十二）大力支持外贸外资外经企业融资。各银行机构要对外贸外资外经重点项目、平台及企业贷款给予支持，不得在发放贷款时附加不合理条件和违规收取服务费用。加大对银行金融机构监管考核力度，建立100强外贸外资外经企业名单，并将银行对其融资作为考核指标。鼓励金融机构创新金融和外汇产品，增加出口信用保险保单融资和出口退税账户质押融资，合理确定贷款利率，加大对外贸企业尤其是中小微企业信贷投放并适当降低融资门槛，不随意抽贷、断贷。鼓励金融机构为相关企业及时提供贷款和保理服务，并提供个性化融资和汇率风控产品，相关费率不高于沿海地区银行费率。设立出口信用保险保单融资风险补偿资金池，对诚信经营、依法纳税的中小微外贸企业出口信用保险项下融资坏账损失提供风险补偿，缓解中小外贸企业融资难、融资贵问题。设立中小型外贸企业风险补偿及政策性专项补助资金，在由物流金融创新平台等第三方金融机构提供融资增信前提下，为新兴外贸行业提供国际贸易融资保证金补助和风险补偿，使企业缴存保证金比例降低至10%以内。（市金融监管局牵头，市商务委、中国人民银行重庆营管部、重庆银保监局配合）

（十三）充分发挥出口信用保险作用。创新出口信用担保业务承保模式，增加进口信用保险和“一带一路”沿线国家市场的出口信用承保业务，支持区县建立出口信用保险中小企业政府统保平台。进一步降低短期出口信用保险、政府统保平台和风险控制水平高的出口企业的整体险费率，努力扩大短期出口信用保险承保规模。对大型成套设备出口融资应保尽保，对企业赴境外投资和建设国际营销售后服务网络提供信用保险服务。支持企业投保出口信用保险，充分利用中国出口信用保险公司的网络、信息和专业优势，获取海外企业标准资信报告和重点行业、重点国别的风险分析报告，对企业产生的资信费、咨询费给予资助。（市商务委、中国信保重庆营管部负责）

六、营造法治化国际化营商环境

（十四）进一步提高投资便利化水平。推行负面清单以外领域外商投资企业商务备案与工商登记“一口办理”。允许银行审核真实、合法的电子单证，为企业办理集中收付汇、轧差结算业务。外商投资企业外汇资本金实行意愿结汇，结汇所得人民币资金的使用采取负面清单管理原则。支持外商投资企业以人民币形式来华开展直接投资。支持以投资为主要业务的创业投资、股权投资等外商投资企业以外汇资本金及结汇资金开展境内股权投资。放宽企业开展跨国公司外汇资金集中运营管理试点备案限制。支持跨国企业办理跨境双向人民币资金池业务。积极争取实施外国高端人才服务“一卡通”试点，进一步简化工作许可办理程序。（市市场监管局、市金融监管局、市人力社保局、中国人民银行重庆营管部负责）

（十五）进一步提升贸易便利化水平。落实全国通关一体化要求，推动实现“统一申报单证、统一作业系统、统一风险研判、统一指令下达、统一现场执法”。对空运货物实行即到、即查、即放，无需提前预约监管，实现已放行电子商务包裹“7×24小时”自主出区。对关区水、铁、空口岸货物进出卡口施行“7×24小时”通关便利化政策全覆盖，保障生鲜、肉类产品以及海关特殊监管区域进出口货物快速放行。进一步精简进出口环节监管证件，加快推进相关证件联网核查，支持企业自主选择申报地，鼓励企业自主选择运输方式，推进进出口企业年报与工商年报工作多报合一，实现整体通关时间和进出口监管证件办理时间再压缩三分之一。在海关特殊监管区域复制推广“四自一简”监管创新措施。认真落实国务院降低进口汽车及零部件、抗癌药品等进口关税政策，对符合相关规定的进口商品减（免）征关税或增值税、消费税。推动“两仓”监管智能化，简化海关作业手续。强化重庆关区担保一体化、智能化管理，实现重庆关区范围内“一保通用”。积极争取“关税保证保险”试点，进一步推广“银关保”“财务公司担保”，丰富海关税收担保类型。发挥社会检验检测机构作用，在进出口环节进一步推广第三方检验检测结果采信制度。（市政府口岸物流办牵头，重庆海关配合）

重庆市人民政府

2018年11月21日

附录十四　重庆市人民政府办公厅关于开展中小企业商业价值信用贷款改革试点工作的通知

渝府办发〔2018〕173号

各区县(自治县)人民政府、市政府有关部门、有关单位:

为贯彻落实《中共重庆市委重庆市人民政府关于全面优化营商环境促进民营经济发展的意见》有关要求,着力解决中小企业融资难、融资贵问题,进一步促进全市民营经济高质量发展,经市政府同意,现就我市开展中小企业商业价值信用贷款改革试点工作有关事项通知如下:

一、积极推进中小企业商业价值信用贷款改革试点工作

融资难是中小企业最直接、最现实和最迫切的问题,也是关系到中小企业持续健康发展的重要因素。各区县(自治县,以下简称区县)政府、市政府有关部门和单位要深入贯彻落实习近平总书记在全国民营企业座谈会上的重要讲话精神,立足逐步降低融资成本,激发金融机构内生动力,积极推进中小企业商业价值信用贷款改革试点工作(以下简称试点工作),创新模式、靶向施策,探索依靠对中小企业商业价值的信用评价,实现不需要抵押、质押,也不需要担保机构(担保人)担保的信用贷款,切实缓解中小企业融资难。市经济信息委负责牵头制定试点工作方案,遴选合作银行和试点区县。试点期间,要明确各方责任,及时发现、妥善处理存在的问题,认真总结经验教训,优化工作措施,积极稳妥推进,探索建立长效机制,严格规范管理,防控各类风险。试点期满后,要认真总结经验,逐步在全市复制推广,鼓励引导更多银行参与,惠及更多企业。(责任单位:市经济信息委、市财政局、市金融监管局、中国人民银行重庆营管部、重庆银保监局、试点区县政府、有关合作银行)

二、建立全市统一的试点运行平台

按照政府主导、公益化运作的原则，由市经济信息委牵头建立全市统一的中小企业商业价值信用贷款试点运行平台（以下简称试点运行平台），具体承担中小企业商业价值信用贷款日常运行工作。试点运行平台要明确功能定位，充分利用专业机构和产学研等社会力量，利用大数据、区块链等技术探索创新中小企业商业价值评价体系，不断丰富和完善商业价值信用贷款的应用场景；发挥银企对接的窗口作用和系统运维的技术支撑作用；承担数据、资金、项目、清偿等管理工作。市经济信息委要督导试点运行平台建立跟踪监测机制和日常运营台账，及时评估运营风险，针对薄弱环节补短板，防范各类风险。（责任单位：市经济信息委、市发展改革委、市大数据发展局）

三、建立数据共享和安全保密机制

市级有关部门和单位要站在支持改革创新，打造一流营商环境、全力支持中小企业发展的高度，以更加便捷、高效的方式实现信息互联互通、数据共享共用，形成工作合力，共同推进试点工作。企业公开信息以重庆市公共信用信息平台为基础，建立中小企业公共信息专题数据库；企业非公开信息由试点运行平台以委托、授权、协议方式获取，市级有关部门和单位要采取灵活方式支持；企业其他社会信息以合作、购买服务等方式收集获取。利用防火墙、区块链等先进技术记录涉企数据来源、走向、运用及输出痕迹，建立涉企数据安全保密责任制度，制定数据泄密应急处置预案，有效应对突发事件和紧急情况。（责任单位：市发展改革委、市大数据发展局、市经济信息委、市人力社保局、市规划自然资源局、市商务委、市文化旅游委、市市场监管局、市知识产权局、重庆市税务局、中国人民银行重庆营管部、重庆银保监局、重庆海关、国网市电力公司、试点区县政府、有关合作银行）

四、建立政策激励和约束机制

市经济信息委、市财政局要优化中小微企业发展专项资金使用政策，统筹制定政府风险补偿、政银损失分担、银行团队绩效奖励等激励机制以及合作银行参与、退出机制，每年从市级中小微企业发展专项资金中安排一定额度用于试点运行平台正常运营和维护。要加强中小企业信用体系建设,引导企业树立“守信激励、失信惩戒”的发展理念,对提供不实涉企信息、骗取和逃废商业价值信用贷款的企业,要实施联合惩戒。各试点区县政府要制定相应的配套政策和措施。(责任单位:市经济信息委、市发展改革委、市财政局、试点区县政府、有关合作银行)

五、建立部门协同、市区联动机制

市级有关部门和单位要立足职能职责,做好监管和服务工作。市经济信息委负责统筹试点工作,建立部门协同机制,定期召集相关部门互通情况、研究问题、优化政策,定期会同市财政局对试点工作开展绩效评价。中国人民银行重庆营管部、重庆银保监局、市金融监管局要引导和支持在渝银行积极参与,给予正向激励。试点区县政府要在市级统筹指导下,结合实际情况建立协调机制和保障机制,鼓励和组织企业积极参与,遇到新情况、新问题要及时上报。市级有关部门、试点区县政府和合作银行要充分利用网络、电视、报刊等媒体,广泛宣传试点政策和典型案例,营造鼓励创新、宽容失败、尽职免责的良好氛围。(责任单位:市经济信息委、市财政局、市金融监管局、中国人民银行重庆营管部、重庆银保监局、试点区县政府)

重庆市人民政府办公厅

2018年11月28日

后记

《重庆金融2019》是由重庆市地方金融监督管理局牵头，会同中国人民银行重庆营管部、重庆银保监局、重庆证监局共同编写，由重庆市金融发展服务中心统筹编撰。本书主要围绕重庆金融业的重点工作，全面反映了2018年重庆市金融行业运行、金融服务实体经济、防控金融风险以及深化金融改革情况，是记录重庆金融业发展的重要载体。

《重庆金融2019》的编写过程中得到了社会各界的支持和帮助，有关金融监管部门、金融机构、研究机构的专家学者在完善内容和数据整理等过程中付出了辛勤的劳动。对此，我们向所有支持本书出版的部门和工作人员表示诚挚的感谢和深深的敬意。为保证本书质量，编辑部进行了严格的组稿、审稿、反馈、编辑等一系列工作。

本书编写时间紧、任务重，不可避免还存在疏漏和不妥之处，恳请广大读者批评指正，提出宝贵意见和建议。

《重庆金融2019》编辑部

2019年10月14日